普通高等院校工商管理类专业系列教材

现代企业运营虚拟仿真综合实验教程

主　编　薛维军　袁秋菊　张　勤

副主编　韦　玮　张　超　王　洋

　　　　张　剑

北京理工大学出版社

BEIJING INSTITUTE OF TECHNOLOGY PRESS

内容简介

现代企业运营虚拟仿真综合实验是建立一个高度仿真的经济环境，引导实验学生进行多角色的虚拟企业实际经营活动的课程，即在仿真的商业环境下通过完成企业多角色扮演，让学生体验从企业创建到经营、管理，再到参与竞争的全周期实验活动。该实验通过模拟企业间的竞争与协作，加深学生对经济环境和行业领域专业知识的理解，综合训练学生的业务处理能力，不断增强学生的经营管理意识和商业沟通技能。

本书可作为高等院校经济管理类专业本、专科学生实验、实践环节的教学用书。

图书在版编目（CIP）数据

现代企业运营虚拟仿真综合实验教程 / 薛维军，袁秋菊，张勤主编. —北京：北京理工大学出版社，2021. 8

ISBN 978-7-5682-9821-6

Ⅰ. ①现…　Ⅱ. ①薛… ②袁… ③张…　Ⅲ. ①企业管理-仿真系统-高等学校-教材　Ⅳ. ①F272. 7-39

中国版本图书馆 CIP 数据核字（2021）第 159844 号

出版发行 / 北京理工大学出版社有限责任公司
社　　址 / 北京市海淀区中关村南大街 5 号
邮　　编 / 100081
电　　话 /（010）68914775（总编室）
（010）82562903（教材售后服务热线）
（010）68944723（其他图书服务热线）
网　　址 / http：//www. bitpress. com. cn
经　　销 / 全国各地新华书店
印　　刷 / 北京国马印刷厂
开　　本 / 787 毫米×1092 毫米　1/16
印　　张 / 16. 25
字　　数 / 382 千字
版　　次 / 2021 年 8 月第 1 版　2021 年 8 月第 1 次印刷
定　　价 / 49. 00 元

责任编辑 / 封　雪
文案编辑 / 杜　枝
责任校对 / 刘亚男
责任印制 / 李志强

图书出现印装质量问题，请拨打售后服务热线，本社负责调换

前言

生态产业园的概念最早由 Ernest Lowes 提出，是综合了生产、销售、运送、分解和循环等项活动的集合体，由一系列分工不同的企业组成。其内部坚持企业间的物质流、能量流和资源流垂直封闭，生产、流通、消费、回收为一体，减少资源和能源的损耗。外部网络维度链条可发挥市场、政府、中介、技术创新机构、行业协会等价值节点的协同作用，实现多主体协同管理。尤其在“互联网+”的时代环境下，生态工业园里显示了不竭的生命力。而青年学子是未来经济建设的源动力，因此，从战略高度编写一本相关教材，有助于增强大学生的经济、管理知识储备，提高经营管理艺术和技巧，与时代相偕。

目前，市面上的教材和其他相关书籍多以理论为主，虚拟仿真企业运营的教材多以电子沙盘为平台，以竞争为主要环境，研究个体企业的运作。本书借助虚拟仿真综合实验平台，搭建生态工业园模式，将企业运营全业务链体系化、理论知识系统化、企业经营业务网络化，多角度、全方位指导学生实践，培养新时代应用型人才。

本书通过模拟企业运营，可以训练学生在仿真环境中运用已经掌握的专业知识的能力；通过在不同岗位轮换“工作”，可以训练学生从事经济管理的综合执行能力、综合决策能力和创新创业能力，感悟复杂市场环境下的企业经营，学会工作，学会思考，培养其全局意识和综合职业素养。企业综合仿真实验的教学活动是关注行业、企业、岗位、任务和工作过程的综合训练，既要求体验环境，又要求完成决策，同时还要求执行各种管理岗位的任务，达到决策、执行、体验“三位一体”的实践教学目标。

本书分为四篇：第一篇介绍虚拟商业环境，包括为什么开设仿真实验、教学主要内容和时间安排、实验环境及背景（包括组织架构、经营规则和市场环境）；第二篇介绍企业设立过程，包括公司组建和工商注册；第三篇介绍企业经营，包括现代制造业及商贸企业、现代政务服务、物流服务、现代公共服务等内容，围绕工业园的综合经营管理，推动其成长和成型；第四篇介绍经营总结，包括各机构数据分析、总结，实验报告撰写的格式与要求等。

学生在学习过程中需要注意各个机构的独立性和产业生态链下的协同协作性，从整体的顶层设计出发，注意资源的短缺性，进行合理配置，避免被生态系统抛弃，同时还要注意每个环节之间的逻辑关系和理论知识的学习。

本书既是针对经济管理类本、专科及高职学生的实验教材，也可作为校内实习指导书、学科竞赛指导书和创新创业指导书。

本书由薛维军、袁秋菊、张勤担任主编，韦玮、张超、王洋、张剑担任副主编。薛维军编写了第一、第二、第三章，袁秋菊编写了第四、第九章，张勤编写了第五章，韦玮编写了第八章，张超编写了第六章，王洋编写了第七章，张剑编写了第十章，最后由薛维军统稿。本书在编写过程中，得到了北京方宇博业科技有限公司的大力支持和帮助，在此表示衷心感谢。

由于编者自身水平有限、时间限制，书中不足之处难以避免，敬请广大读者批评指正，并提出宝贵意见，以便我们今后能更好地完善。

目录

第一篇　虚拟商业环境

第二篇　企业设立

第三篇　企业经营

第四篇　经营总结

第一篇　虚拟商业环境

导　论

随着我国经济的发展，企业的经济管理活动变得越来越复杂，对人才的质量要求也不断提高。同时，伴随着经济增速的下滑，大学生就业难成为当今社会一大热点问题，一方面是大量的大学生面临毕业即失业的情况，另一方面是大量的企业找不到合适的复合型人才。目前发展的几大产业中，具备创新型、复合型、实践型的经济管理类人才成为热门需求。

为满足社会发展对复合型经济管理人才的需求，除了企业内部进行再培养以外，作为人才培养输出的高校，在经济管理类人才的培养上更应该切合社会需求，加强经管类人才对相关专业的教学实践，注重人才对虚拟仿真知识的学习和实践运用，促进复合型、创新型、综合型经管类人才的培养。

第一节　T 型人才培养与体验式教学

一、什么是 T 型人才

21 世纪的知识经济时代强调以全面发展为中心的素质教育，但绝不能将它理解为一种涉猎领域很广、知识面很宽，但对专业知识的掌握没有一定深度的知识结构。知识经济时代，素质教育的知识结构应该是“T”字型结构。“一”表示知识掌握的宽度，“I”表示专业知识掌握的深度。素质教育的目标既不是使人的知识结构成为“一”字型，也不是使人的知识结构成为“I”字型。“一”字型结构虽然知识面宽，但没有独到精深的专长，它的不足之处正如常言所说“百通不如一精”。“I”字型，即只强调专业知识，忽略知识的宽广，那么，这个“专”也是没有基础或基础不扎实的。况且，在经济社会发展日益复杂的今天，众多问题靠单科知识是解决不了的，甚至是理解不了的。在边缘学科层出不穷的当今，“I”字型人才在专业上也很难做出成绩。因此，可以说素质教育中的全面发展的知识结构要求的是博专相济、相辅相成的“T”字型知识结构，是培养在具有相当深厚专业知识的基础上的博学多才且具有一定基础知识前提下的专门人才。

二、T 型人才培养内容

为了培养出这类专深与广博相结合的人才，在教学内容与课程设计上必须不断更新，美国学者考夫曼在《教育的未来》一书中提出了下列六项内容。

(1) 接近并使用信息：包括图书馆和参考书、电脑数据库、商业和政府机构的有关资料等。

(2) 培养清晰的思维：包括分析语义学、逻辑、数学、电脑编程、预测方法、创造性思维。

(3) 有效的沟通：包括公开演说、身体语言、文学、语辞、绘画、摄影、制片、图形绘制。

(4) 了解人与生活环境：包括物理、化学、天文学、地质和地理学、生物和生态学、人种遗传学、进化论、人口学等。

(5) 了解人与社会：包括人类进化论、生物学、语言学、文化人类学、社会心理学、种族学、法律、变迁的职业形态等。

(6) 个人能力：包括生理魅力与平衡、求生训练与自卫、安全、营养、卫生和性教育、消费与个人财物、最佳学习方式和策略、记忆术、自我动机和自我认识等。

考夫曼设计的课程虽然非常广泛，但它是一个满足未来知识社会发展和人类自身发展双重需要的完整的教育体系。

三、经管类应用型人才素质、能力和知识结构的模型

经管类应用型人才素质、能力和知识结构的模型如图 1-1 所示。

数学知识	英语知识	计算机	法律知识	应用文	管理理论	财务会计	运营管理	企业战略	工业工程	市场营销	质量管理	……
					专业知识和能力							

图 1-1　经管类应用型人才素质、能力和知识结构的模型

T 型模式的本质是在通才教育的基础上，突出专业技能的训练，培养符合当今社会经济发展需要的综合性应用型人才，使其在具有一定综合知识广度的基础上，掌握某一个或某领域方向的知识，具有一定的应用操作技能。综合性应用型人才既具有一定的综合性知识，又具有一定的应用操作技能，是一种既专又宽的综合型人才。

四、体验式教学法

体验式教学法（Experiential Learning）是指在教学过程中，根据学生的认知特点和教学内容，通过创造实际的或重复经历的情景和机会，呈现或还原教学内容，引导学生由被动到主动、由依赖到自主、由接受性到创造性地对教育情景进行体验，使学生在亲历的过程中理解知识、掌握知识、发展能力的教学观和教学形式。

体验式教学法为 T 型人才培养开拓了一个全新的教学模式：学生从死读书、读死书中解

放出来，从为应付考试而学习到“我要学习”；教师从“主角”变为“配角”；充分激发学生的学习热情、激情，提高学生的动手能力、思考分析能力和创新能力，使之成为社会真正需要的管理人才。

第二节 经济管理虚拟仿真实验及课程意义

虚拟仿真实验是一种可以创建和体验虚拟世界的计算机系统，它利用计算机技术生成一个逼真的，具有视、听、触等多种感知的虚拟环境，用户通过使用各种交互设备，同虚拟环境中的实体相互作用，从而产生身临其境之感的交互式视景仿真和信息交流，是一种先进的数字化人机接口技术。

与传统的实验相比，虚拟仿真实验的主要特征是：操作者能够真正进入一个由计算机生成的交互式三维虚拟现实环境中，与之产生互动，进行交流。通过参与者与虚拟仿真环境的相互作用，并借助人本身对所接触事物的感知和认知能力，帮助启发参与者的思维，以全方位地获取虚拟环境所蕴涵的各种空间信息和逻辑信息。沉浸、临场感和实时交互性是虚拟现实的实质性特征，对时空环境的现实构想（即启发思维、获取信息的过程）是虚拟仿真实验的最终目的。

一、虚拟仿真实验课程的特点

（一）教学开放性

多个教学场地、多个教学团队在同一段时间同时开展教学，同时开展课程；根据不同的教学目标进行课程设计与课程训练内容的参数调整，满足不同难度的教学需求；根据需求增加或置换相应的知识模块，灵活配置教学任务，有侧重地针对学员个人的知识、能力、素质进行教学个性化设计。

（二）高度真实性

从产业环境设置到企业实践流程，从实训场地环境设计到企业信息化任务细节，从人员招聘到企业架构配置再到企业注册流程与企业经营业务规范，都与现实社会一一对应，高度仿真，加强了实习的沉浸感。

（三）体验对抗性

多角色互动式企业体验，加深实训者对创新、创业和企业的理解，增强其职业发展意识。让实训者在企业管理、供应链管理、市场销售管理、企业上下游业务中切身体验岗位级、部门级、企业级、供应级、产业级五级深度对抗，增强学员自身的探索、开拓、创新能力。

（四）训练复合性

特别强调商业环境下的业务问题解决，综合考察学生专业技术运用、经营管理意识与沟通协作技能。在实际业务开展过程中，完成诸如沟通、协作、学习等职业核心能力的训练与深度体悟。

(1) 理论知识与实践技能相融合：对学生进行主修专业与相关专业的综合性方法、技能的训练，使学生获得一个有机整合的、彼此关联的科学知识体系，或综合的方法、技能体系。

(2) 学生主体作用与教师主导作用相结合：充分尊重学生的主体地位，充分发挥教师的主导作用；创新教学管理方式，激发学生的积极性、主动性和创造性。

(3) 知识传授、能力培养、素质教育相整合：构建起集知识传授、能力培养、素质教育于一体的具有前瞻性、富有时代感的科学的课程体系；兼容并包，形成一套有助于培养和发挥学习潜能、降低教学成本、提高教学效果的多样化的教学手段与方法体系。

(4) 产业、行业、岗位的丰富性：岗位级、部门级、企业级、供应级及产业级的多级竞争与协同。

(5) 高度仿真企业与环境：包括企业/公司创建训练、经营决策训练、岗位技能训练、信息化系统操作的多层次训练，以及政务服务、生产性服务、公共服务等多种类型的服务机构和任务。

(6) 完备的教学过程管理：支持教学设计、教学过程、教学评价、教学资源、教学观测的完整过程信息化教学管理。

(7) 独有创新衍化机制：学生认识有关经济管理活动某一时期变动趋势或变动规律的同时，充分发挥自主创新意识，开展创新实践活动。

二、虚拟仿真实验课程的意义

(一) 符合国家中长期教育改革和规划发展的要求

本课程符合《国家中长期教育改革和发展规划纲要（2010—2020 年）》高等教育发展任务中提出的“要不断优化高等教育结构，高校教育应重点扩大应用型、复合型、技能型人才培养规模，促进多学科交叉和融合”的要求和“提高学生的专业知识应用能力、业务处理能力、交际沟通能力、组织协调能力、综合素质与创新能力是培养高素质技术技能型人才的关键”的主体思想。

同时，2015 年印发的《教育部 国家发展改革委 财政部关于引导部分地方普通本科高校向应用型转变的指导意见》（教发〔2015〕7 号）提出，转型高校应创新应用型技术技能型人才培养模式，加强实验、实训、实习环节，实训实习的课时占专业教学总课时的比例达到 30% 以上，建立实训实习质量保障机制。

(二) 适应社会经济发展对人才的要求

虚拟仿真实验在沟通能力、团队意识、职业道德，特别是综合素质方面的培养和训练等方面，具有先天的优势。本课程依托虚拟仿真实验，在有限的空间内，突破各学科专业在人才培养中各自为战的局面，建立依托经济管理类学科专业理论知识，以信息化为手段，融会贯通各学科知识和技能，实现知识传授、能力培养和综合素质教育有机融合的综合平台。

(三) 促进专业培养与职业岗位相匹配

本课程通过虚拟仿真模拟，可以针对特定岗位进行系统化训练，以专业集群和综合实习为目标，将不同专业互相融合，对经济管理活动的认识逐渐从理性的抽象过渡到感性的具体，并将所获得的知识逐渐内化为从事经济管理的各种能力，拓展学生的眼界、知识面，提高学生将所学知识运用到实际工作中去的应用能力、综合能力、协作能力，以及在运用过程中的判断能力、决策能力和创新能力。特别是通过角色扮演、角色互换等方式，帮助学生在了解每个岗位工作内容的同时，理解与企业商业环境中其他组织、单位的协同关系，有助于他们更好地适应社会环境。最终使相关专业学生都可以在此课程体系中进行拓展应用，从而构建一个从知识、能力到素质三个层面呈递进结构的实践教学体系。

（四）实践教学与就业创业结合

本课程结合大学生的专业实习和毕业实习，通过虚拟仿真实验建立校内实习基地，作为培养复合型、应用型、创新型人才的平台，将实践教学与区域经济特点相结合，以经济管理虚拟仿真综合实践为突破点，建成可在专业认知、专业集群建设、虚拟仿真综合实习、就业创业训练、创新项目孵化、人才能力测评、社会实践等各方面提供全程人才服务的综合体。

第三节 教学内容与时间安排

一、教学内容

现代企业运营虚拟仿真实验平台架构如图 1-2 所示。

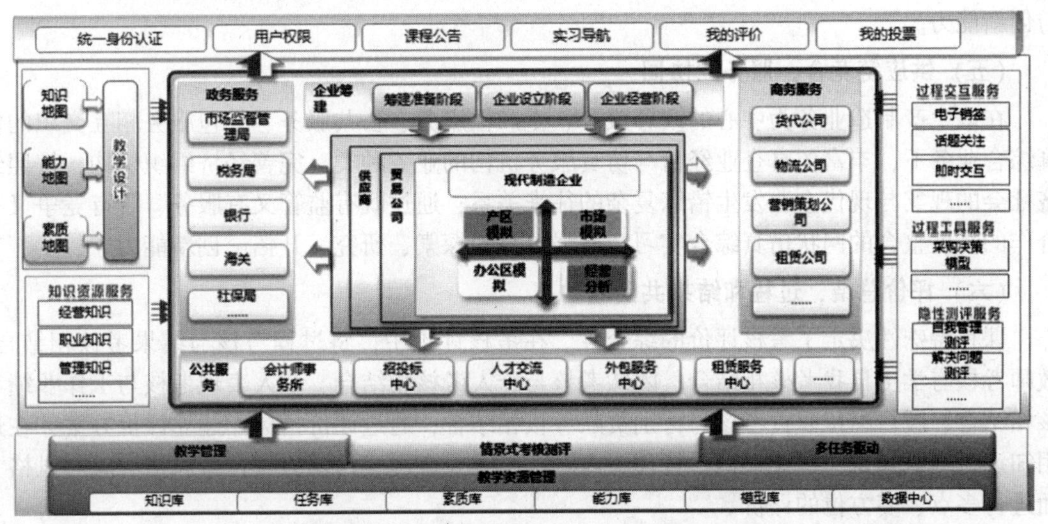

图 1-2 现代企业运营虚拟仿真实验平台架构

现代企业运营虚拟仿真课程是以生态产业链的价值链理论为底层架构设立起来的仿真实验课程。它遵循“将社会搬进校园”的理念，建立制造企业、贸易公司、会计师事务所、银行、税务局、市场监督管理局、新闻中心等高仿真的“生态工业园”，模拟现实社会经济环境和职场工作环境。学生按照现实工作岗位要求，在其中仿真企业运营管理和模拟工作，并在工作的过程中了解和熟悉工作岗位、企业、行业和社会，从而培养职业意识、提高职业能力和综合实践能力。

本课程教学内容主要分为以下几个部分。

（一）组建经营团队，建立流程和制度

合理设计企业组织结构、工作流程，以及与上下级、同级之间的协作关系等，为企业经营打下良好基础，加强有关组织结构设计方面知识的学习，促使其灵活运用有关知识设计合理的组织结构，提高构建团队、适应团队、形成合作的能力。

（二）筹建公司和机构，完成企业注册

了解企业登记注册的条件与流程，制定公司长期战略规划和目标，进行内部分工协作，准备有关文件，实地操作办理相关手续，了解企业法律形式、企业登记方面的知识，并运用有关专业知识和企业战略规划制定方法。

（三）经营现代企业，岗位任务作业

进行现代企业经营管理，通过角色扮演，处理相关业务；把同一课程中的不同知识点、同一专业不同课程的知识贯穿、综合起来，提高专业知识应用能力、业务处理能力、交际沟通能力、组织协调能力。

（四）运营服务机构，提供专业服务

在企业经营与岗位作业的基础上，完善仿真政务服务环境、生产性服务环境、公共服务环境、外包服务环境等，提高仿真资本运作环境的建设，拓展到政务、服务外包等业务，把不同专业、不同学科、不同课程的知识点贯穿、综合起来，使其与专业、与课程更好地融合，使学生在受到系统的、充分的、深入的专业能力锻炼的同时，提高综合能力、综合素质与创新能力。

（五）供应链竞合，服务业协同

在以生产制造业务为中心的政务服务、生产性服务、公共服务、外包服务相互交织的仿真综合业务下，丰富仿真企业经营与仿真服务机构的业务种类，完善经济组织机构，按照经济社会的现实与现代企业发生错综复杂的往来关系，通过既有监管又有服务、既有竞争又有合作的高度整合的网状仿真综合实习，增强自身的探索、研究、开拓、创新能力。

（六）评价总结，过程和结果共同驱动

课程特殊性决定了考核评价的综合性。在考核评价中，将过程考核与结果考核相结合、教师考核与学生自我考核相结合、团队考核与个人考核相结合、个人表现考核与工作业绩考核相结合、履行岗位职责考核与特别贡献考核相结合，通过评价指标库建立评价方案，在通用知识、专业知识、行业知识、管理、人际、思维、态度、内驱力、行事风格、应对风格方面进行多点、多方位的评价。

二、时间安排

在现代企业运营虚拟仿真实验的教学设计上，针对不同情况，主要采取连续集中、间隔集中的教学模式，尽量保证过程的连续性。通过虚拟几十个机构、上百个角色、上千个训练任务，模拟企业多个部门，扮演企业各部门角色，训练处理企业具体经营业务，实现在仿真经济环境下的部门组织管理、企业级经营、供应链级协同的三级模拟对抗。

本课程具体时间安排如表 1-1 所示（仅供参考）。

表 1-1　课程时间安排

课程阶段		上课时间	任务名称	机构								
				制造企业	贸易企业	市场监督管理局	税务局	商务银行	会计师事务所	物流公司	招投标中心	媒体中心
课前准备			简历准备	√	√	√	√	√	√	√	√	√
第一天	课程导入期	08：30—09：00	动员会	√	√	√	√	√	√	√	√	√
			课程组织安排									
			课程介绍									
		09：00—10：30	CEO 竞选	√	√	√	√	√	√	√	√	√
		10：30—11：30	团队组建	√	√	√	√	√	√	√	√	√
			模拟现场招聘会									
			学生准备简历									
		11：30—12：00	企业入驻	√	√	√	√	√	√	√	√	√
			工作岗位就业									
			办公用品整理									
	注册期	13：40—14：30	企业注册讲解	√	√	√	√	√	√	√	√	√
			用户名注册讲解									
			企业注册讲解									
		14：30—17：00	企业正式注册	√	√	√	√	√	√	√	√	√
			制造、贸易、物流企业注册									
		17：30—17：40	整理相关办公用品，打扫卫生，下班									
第二天	规则讲解期	08：30—10：00	企业经营规则讲解	√	√	√	√	√	√	√	√	√
		10：00—11：50	企业经营规则熟悉与平台操作	√	√							
			经营规则熟悉									
			平台功能熟悉									

续表

课程阶段		上课时间	任务名称	机构								
				制造企业	贸易企业	市场监督管理局	税务局	商务银行	会计师事务所	物流公司	招投标中心	媒体中心
第二天	试运营期	13：40—15：20	企业第一季度试运营									
			制造、贸易基础设施建设	√	√							
			制造企业购买厂区、厂房，租赁/建造仓库，采购原料，投入生产，招聘人员	√								
			制造企业研发新品、市场投资、资质认证	√								
			贸易企业购买厂区、业务洽谈		√							
			贸易企业市场投资、资质认证		√							
			制造、贸易税种登记，一般纳税人认定	√	√		√					
			税务局税种、一般纳税人审批	√	√		√					
			银行贷款业务	√	√			√				
			物流公司制定运输费用	√	√					√		
			市场监督管理局商标注册、评选	√	√	√						
			招投标流程、投标文件熟悉								√	
			事务所验资业务						√			
			媒体公司日常报道、采访、摄像									√
		15：20—15：30	上期业务完成处理									
		15：30—16：50	企业第二季度试运营									
			制造、贸易基础设施建设	√	√							

续表

课程阶段		上课时间	任务名称	机构								
				制造企业	贸易企业	市场监督管理局	税务局	商务银行	会计师事务所	物流公司	招投标中心	媒体中心
第二天	试运营期		制造企业购买厂区、厂房，租赁/建造仓库，采购原料，投入生产，招聘人员	√								
			制造企业研发新品、市场投资、资质认证	√								
			贸易企业购买厂区、业务洽谈		√							
			贸易企业市场投资、资质认证		√							
			制造、贸易税种登记，一般纳税人认定	√	√		√					
			税务局税种、一般纳税人审批	√	√		√					
			银行贷款业务	√	√			√				
			物流公司制定运输费用	√	√					√		
			市场监督管理局商标注册、评选	√	√	√						
			招投标流程、投标文件熟悉								√	
			媒体公司日常报道、采访、摄像									√
		16：50—17：00	上期业务完成处理									
		17：00—17：10	整理相关办公用品，打扫卫生，下班									
第三天		08：30—09：50	企业第三季度试运营									
			制造、商贸企业第五季度报税	√	√							
			制造企业投入生产、研发新品	√	√							
			制造贸易、企业业务洽谈	√	√							
			制造贸易、企业抢购订单	√	√							

续表

课程阶段		上课时间	任务名称	机构								
				制造企业	贸易企业	市场监督管理局	税务局	商务银行	会计师事务所	物流公司	招投标中心	媒体中心
第三天	试运营期		制造贸易、企业订单物流交付	√	√					√		
			市场监督管理局证照检查、罚款	√	√	√				√		
			银行贷款业务	√	√			√				
			物流货物运输、仓库货物管理							√		
		09：50—10：00	上期业务完成处理	√	√	√	√	√	√	√	√	√
		10：00—11：50	企业第四季度试运营	√	√	√	√	√	√	√	√	√
			制造、商贸企业第六季度报税	√	√							
			制造企业投入生产、研发新品	√	√							
			制造贸易、企业业务洽谈	√	√							
			制造贸易、业务抢购订单	√	√							
			制造贸易、企业订单物流交付	√	√					√		
			市场监督管理局市场交易行为监督、罚款	√	√	√				√		
			市场监督管理局、媒体公司组织商业路演									
			银行贷款业务	√	√			√				
			物流货物运输、仓库货物管理							√		
			事务所年度审计业务						√			
		11：50—12：00	试运营总结	√	√	√	√	√	√	√	√	√
	企业经营期	13：30—15：20	企业第一季度经营	√	√	√	√	√	√	√	√	√
			制造、商贸企业第七季度报告	√	√							
			制造企业投入生产、研发新品	√	√							
			制造贸易、企业业务洽谈	√	√							

续表

课程阶段		上课时间	任务名称	机构								
				制造企业	贸易企业	市场监督管理局	税务局	商务银行	会计师事务所	物流公司	招投标中心	媒体中心
第三天	企业经营期		制造贸易、企业抢购订单	√	√							
			制造贸易、企业订单物流交付	√	√					√		
			市场监督管理局市场交易行为监督、罚款	√	√	√				√		
			被投资的企业与投资企业进行投融资签定									
			银行贷款业务	√	√			√				
			物流货物运输、仓库货物管理							√		
			事务所验资业务						√			
		15：20—15：30	上期业务完成处理	√	√	√	√	√	√	√	√	√
		15：30—17：20	企业第二季度经营	√	√	√	√	√	√	√	√	√
			制造、商贸企业第八季度报税	√	√							
			制造企业投入生产、研发新品	√	√							
			制造贸易、企业业务洽谈	√	√							
			制造贸易、企业抢购订单	√	√							
			制造贸易、企业订单物流交付	√	√					√		
			市场监督管理局市场交易行为监督、罚款	√	√	√				√		
			银行贷款业务	√	√			√				
			物流货物运输、仓库货物管理								√	
		17：20—17：30	整理相关办公用品，打扫卫生，下班	√	√	√	√	√	√	√	√	√
第四天	企业经营期	08：00—09：50	企业第三季度经营									
			制造、商贸企业第五季度报税	√	√							

续表

课程阶段		上课时间	任务名称	机构								
				制造企业	贸易企业	市场监督管理局	税务局	商务银行	会计师事务所	物流公司	招投标中心	媒体中心
第四天	企业经营期		制造企业投入生产、研发新品	√	√							
			制造贸易、企业业务洽谈	√	√							
			制造贸易、企业抢购订单	√	√							
			制造贸易、企业订单物流交付	√	√					√		
			市场监督管理局证照检查、罚款	√	√	√				√		
			银行贷款业务	√	√			√				
			物流货物运输、仓库货物管理							√		
		09：50—10：00	上期业务完成处理	√	√	√	√	√	√	√	√	√
			企业第四季度经营	√	√	√	√	√	√	√	√	√
		10：00—11：50	制造、商贸企业第六季度报税	√	√							
			制造企业投入生产、研发新品	√	√							
			制造贸易、企业业务洽谈	√	√							
			制造贸易、企业抢购订单	√	√							
			制造贸易、企业订单物流交付	√	√					√		
			市场监督管理局市场交易行为监督、罚款	√	√	√				√		
			市场监督管理局、媒体公司组织商业路演									
			银行贷款业务	√	√			√				
			物流货物运输、仓库货物管理							√		
			事务所年度审计业务						√			
		11：50—12：00	上期业务完成处理	√	√	√	√	√	√	√	√	√
		13：30—15：20	企业第五季度经营	√	√	√	√	√	√	√	√	√

续表

课程阶段		上课时间	任务名称	机构								
				制造企业	贸易企业	市场监督管理局	税务局	商务银行	会计师事务所	物流公司	招投标中心	媒体中心
第四天	企业经营期		制造、商贸企业第七季度报税	√	√							
			制造企业投入生产、研发新品	√	√							
			制造贸易、企业业务洽谈	√	√							
			制造贸易、企业抢购订单	√	√							
			制造贸易、企业订单物流交付	√	√					√		
			市场监督管理局市场交易行为监督、罚款	√	√	√				√		
			获得投资的企业与投资企业进行投融资签约									
			银行贷款业务	√	√			√				
			物流货物运输、仓库货物管理							√		
		15：20—15：30	上期业务完成处理	√	√	√	√	√	√	√	√	√
		15：30—17：20	企业第六季度经营	√	√	√	√	√	√	√	√	√
			制造、商贸企业第八季度报税	√	√							
			制造企业投入生产、研发新品	√	√							
			制造贸易、企业业务洽谈	√	√							
			制造贸易、企业抢购订单	√	√							
			制造贸易、企业订单物流交付	√	√					√		
			市场监督管理局市场交易行为监督、罚款	√	√	√				√		
			银行贷款业务	√	√			√				
			物流货物运输、仓库货物管理							√		
		17：20—17：30	整理相关办公用品，打扫卫生，下班	√	√	√	√	√	√	√	√	√

续表

课程阶段		上课时间	任务名称	机构								
				制造企业	贸易企业	市场监督管理局	税务局	商务银行	会计师事务所	物流公司	招投标中心	媒体中心
第五天	企业经营期	08：00—09：50	企业第七季度经营									
			制造、商贸企业第五季度报税	√	√							
			制造企业投入生产、研发新品	√	√							
			制造贸易、企业业务洽谈	√	√							
			制造贸易、企业抢购订单	√	√							
			制造贸易、企业订单物流交付	√	√					√		
			市场监督管理局证照检查、罚款	√	√	√				√		
			银行贷款业务	√	√			√				
			物流货物运输、仓库货物管理							√		
		09：50—10：00	上期业务完成处理	√	√	√	√	√	√	√	√	√
		10：00—11：50	企业第八季度经营	√	√	√	√	√	√	√	√	√
			制造、商贸企业第六季度报税	√	√							
			制造企业投入生产、研发新品	√	√							
			制造贸易、企业业务洽谈	√	√							
			制造贸易、企业抢购订单	√	√							
			制造贸易、企业订单物流交付	√	√					√		
			市场监督管理局市场交易行为监督、罚款	√	√	√				√		
			市场监督管理局、媒体公司组织商业路演									
			银行贷款业务	√	√			√				
			物流货物运输、仓库货物管理							√		
			事务所年度审计业务						√			

续表

课程阶段		上课时间	任务名称	机构								
				制造企业	贸易企业	市场监督管理局	税务局	商务银行	会计师事务所	物流公司	招投标中心	媒体中心
第五天	企业经营期	11：50—12：00	上期业务完成处理	√	√	√	√	√	√	√	√	√
		13：30—15：20	企业第九季度经营	√	√	√	√	√	√	√	√	√
			制造、商贸企业第七季度报税	√	√							
			制造企业投入生产、研发新品	√	√							
			制造贸易、企业业务洽谈	√	√							
			制造贸易、企业抢购订单	√	√							
			制造贸易、企业订单物流交付	√	√					√		
			市场监督管理局市场交易行为监督、罚款	√	√	√				√		
			获得投资的企业与投资企业进行投融资签约									
			银行贷款业务	√	√			√				
			物流货物运输、仓库货物管理							√		
		15：20—15：30	上期业务完成处理	√	√	√	√	√	√	√	√	√
		15：30—17：20	企业第十季度经营	√	√	√	√	√	√	√	√	√
			制造、商贸企业第八季度报税	√	√							
			制造企业投入生产、研发新品	√	√							
			制造贸易、企业业务洽谈	√	√							
			制造贸易、企业抢购订单	√	√							
			制造贸易、企业订单物流交付	√	√					√		
			市场监督管理局市场交易行为监督、罚款	√	√	√				√		
			银行贷款业务	√	√			√				

续表

课程阶段		上课时间	任务名称	机构								
				制造企业	贸易企业	市场监督管理局	税务局	商务银行	会计师事务所	物流公司	招投标中心	媒体中心
第五天	企业经营期		物流货物运输、仓库货物管理							√		
		17：20—17：30	整理相关办公用品，打扫卫生，下班	√	√	√	√	√	√	√	√	√
第六天		08：00—09：50	企业第十一季度经营									
			制造企业招聘人员	√	√							
			制造企业投入生产、研发新品	√	√							
			制造贸易、企业业务洽谈	√	√							
			制造贸易、企业抢购订单	√	√							
			制造贸易、企业订单物流交付	√	√					√		
			市场监督管理局年检、市场交易行为监督、罚款	√	√	√				√		
			银行贷款业务	√	√			√				
			物流货物运输、仓库货物管理							√		
		09：50—10：00	上期业务完成处理	√	√	√	√	√	√	√	√	√
		10：00—11：00	企业第十二季度经营	√	√	√	√	√	√	√	√	√
			制造企业招聘人员	√	√							
			制造企业投入生产、研发新品	√	√							
			制造贸易、企业业务洽谈	√	√							
			制造贸易、企业抢购订单	√	√							
			制造贸易、企业订单物流交付	√	√					√		
			市场监督管理局市场交易行为监督、罚款	√	√	√				√		
			企业与投资企业履行投资约定									

续表

课程阶段		上课时间	任务名称	机构								
				制造企业	贸易企业	市场监督管理局	税务局	商务银行	会计师事务所	物流公司	招投标中心	媒体中心
第六天	企业经营期		银行贷款业务	√	√			√				
			物流货物运输、仓库货物管理							√		
			事务所年度审计业务						√			
		11：00—11：15	上期业务完成处理	√	√	√	√	√	√	√	√	√
	总结期	11：15—12：00	处理实训期所有的实验结果	√	√	√	√	√	√	√	√	√
			准备材料，收集数据，编写总结 PPT									
		14：00—16：00	实训总结大会	√	√	√	√	√	√	√	√	√
		16：00—17：00	总结材料收集，整理归档	√	√	√	√	√	√	√	√	√
		17：00—17：10	整理相关办公用品，打扫卫生，下班	√	√	√	√	√	√	√	√	√

第四节　课程考核标准

现代企业运营虚拟仿真实验课程的特殊性决定了考核评价的综合性。在考核评价中将过程考核与结果考核相结合、教师考核与学生自我考核相结合、团队考核与个人考核相结合、个人表现考核与工作业绩考核相结合、履行岗位职责考核与特别贡献考核相结合，通过评价指标库建立评价方案，从团队精神、分工协作与沟通交流、经营决策、经营业绩、管理制度、业务完成情况、公司绩效、资料管理、部门或公司经营报告、实习报告、业务处理情况、出勤率、提交书面材料等方面多点、多方位进行评价。

一、考核指标

（一）个人考核指标

个人业绩考核指标明细如表 1–2 所示。

表 1–2　个人业绩考核指标明细

主要考核指标	评分参与者	权重/%	主要考核标准					得分
			优秀（90 分以上）	良好（80 ~ 89 分）	中等（70 ~ 79 分）	及格（60 ~ 69 分）	不及格（60 分以下）	
工作日志	指导教师	10	记录完整，内容丰富	记录完整，内容不够丰富	记录不够完整，内容较多	记录不够完整，内容较少	记录不完整，内容很少	
学习报告	指导教师	10	收获体会真实，经验教训有重要意义	收获体会录较真实，经验教训比较有意义	收获体会较真实，经验教训意义一般	收获体会不够真实，经验教训意义一般	收获体会不真实，经验教训无意义	
提交书面材料	企业内部	10	完整、准确、及时	比较完整、准确、及时	比较完整、准确，不够及时	比较完整、及时，不够准确	未提交	
业务处理情况	企业内部	30	业务熟练，处理正确	较熟练，正确率 80% 以上	较熟练，正确率 70% 以上	不够熟练，正确率 60% 以上	很不熟练，正确率低于 60%	
出勤率	指导教师	20	平均达到 95%	平均达到 90% 以上	平均达到 80% 以上	平均达到 75% 以上	平均不到 75%	
所在公司综合评价	企业内部	20	综合评价优秀	综合评价良好	综合评价中等	综合评价及格	综合评价不及格	
合计		100						

注：1. 少交一份日志或报告扣 3 分，不设上限。

2. 迟到一人/次，扣 1 分，每日旷课一人/次，扣 5 分，不设上限。

（二）团队考核指标

团队考核指标明细如表 1–3 所示。

表 1–3 团队考核指标明细

主要考核指标	评分参与者	权重/%	主要考核标准					得分
			优秀（90 分以上）	良好（80 ~ 89 分）	中等（70 ~ 79 分）	及格（60 ~ 69 分）	不及格（60 分以下）	
团队精神	考核小组	20	凝聚力高，活动积极	凝聚力较高，活动积极	凝聚力一般，活动较积极	凝聚力不够，活动参与一般	成员懒散	
分工协作、沟通交流	考核小组	10	分工合理、信息通畅	分工较合理，配合较好	分工较合理，配合一般	分工不够合理，配合少	分工不合理，各自为政	
经营决策、企业组织能力	考核小组	20	决策科学、正确，执行力强	决策科学、较正确，执行力强	决策不够科学，执行力较好	决策不够科学，执行力一般	决策失误多	
管理制度	市场监督管理局	10	制度完整、执行好	制度较完整、执行较好	制度较完整、执行一般	制度不够完整、能够执行	制度不完整、执行少	
经营过程	考核小组	10	完成及时、准确	完成及时、较准确	完成及时、有差错	完成不及时、有差错	完成不及时、差错多	
公司绩效	会计师事务所	20	综合评分 90 分以上	综合评价 80 ~ 90 分	综合评分 70 ~ 80 分	综合评分 60 ~ 70 分	综合评分 60 分以下	
资料整理	指导教师	10	资料完整，排序科学	资料完整，排序不够科学	资料完整，排序混乱	资料不够完整，排序混乱	资料不完整，排序混乱	
合计		100						

注：考核小组由指导教师和各机构负责人组成。

其中，团队精神中含有加分项如企业 logo 设计、企业文化及设计经营理念、企业中标、广告宣传、撰稿发表等；企业组织能力还应依据企业信息化水平；经营过程包括工商注册、审计验资、税务登记、银行开户；公司绩效考核按财务指标（所有者权益）排名计算。

二、考核评价人员

对实习学生的考核应当是全过程和全方位的，参与考核的人员也应是多方面的，而不能仅仅是实习指导教师。考核评价主要包括三个方面的人员和内容，一是参加实习的全体学生对自己进行自我评价；二是仿真企业总经理或外部相关部门负责人与各自的团队成员之间进行相互评价；三是实习指导教师从专业和综合表现方面对实习学生进行评价。

三、评分方法

参加跨专业实习课程的学生成绩由团队业绩考核评分和个人业绩考核评分两部分构成，其中，团队业绩得分占60%，个人业绩得分占40%。

团队业绩满分100分，根据团队业绩考核指标各项得分计算加权平均数，每个团队的考核得分乘以60%为团队成员的团队业绩得分。在团队业绩得分基础上，根据个人在团队中的综合表现、贡献大小等，确定个人分配比例，据此计算团队业绩中的个人得分。

根据个人业绩考核指标各项得分计算加权平均数，即为个人业绩考核得分，满分为100分。个人业绩考核得分乘以40%即为个人业绩得分。

最后，计算每个实习学生的实习成绩，即个人实习成绩=团队业绩考核得分×60%×个人分配比例+个人业绩考核得分×40%。

团队贡献度分配办法可以参考实验报告。

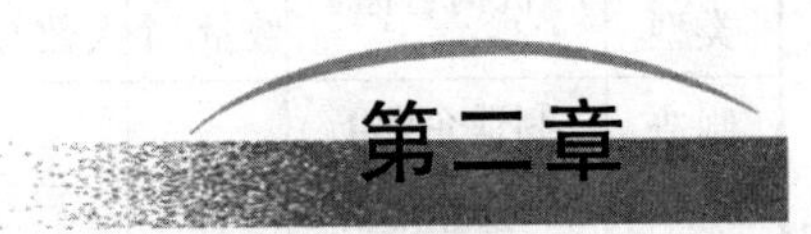

第二章 实验环境及背景

本章主要介绍现代企业运营虚拟仿真实验环境的设立过程、实验背景等。实验假设是在一个生态工业园中进行，其中包括制造企业 N 家，商贸企业 N 家；市场监督管理局、税务局、商业银行、会计师事务所、物流公司、招投标中心各一家，为系统内机构；新闻中心一家，为系统外机构。各单位协同运作，共享信息和资源，共同成长。

第一节　组织机构

组织机构是指虚拟环境下设立的公司、机构数量，各机构人数，各机构岗位等。

一、组织机构设计原则

（一）组织机构设计与实验室建设相结合原则

组织机构的规模与实验室的规模成正比，按实验室能容纳的学生数量，在最大数量允许的范围内，按照课程人数来设定。

（二）组织机构设计与专业结构相结合原则

组织机构的人员布局与专业结构相匹配，可以根据课堂中各专业学生人数进行匹配，以达到最佳能力培养效果。

（三）组织机构设计与机构类型相结合原则

组织机构设计人数分配与机构类型相结合，人数向核心企业（制造公司或贸易公司）倾斜，经营过程中，在时间允许的情况下，可以进行角色互换。

（四）组织机构设计与岗位设定相结合原则

组织机构设计人数与岗位数量相匹配，有多少个岗位分配多少名学生（岗位数尽量大于学生数），避免出现业务不均衡情况。

二、组织机构模型

组织机构模型应根据学生人数和专业情况，由教师自行设计。以100人为例，组织机构设计基本模型如表2-1所示。

表 2-1　组织机构设计基本模型

机构类型	机构名称	机构数量/个	公司人数/人	人数小计/人	岗位名称	备注
制造企业	制造企业 1 制造企业 *N*	12	5	60	总经理、财务经理、生产经理、营销经理、运营经理	每个公司以上职员各一名
贸易公司	贸易公司 1 贸易公司 *N*	4	4	16	总经理、财务经理、营销经理、销售经理、运营经理	每个公司以上职员各一名
服务公司	市场监督管理局	5	3	17	市场监督管理局长、设立专员、年检专员（合并）	1. 各职位业务根据业务内容和课程阶段工作量由各机构负责人组织调整； 2. 招投标工作由招投标中心和市场监督管理局共同完成
	税务局		3		税务局长、设立专员、纳税专员（合并）	
	商业银行		3		总经理、审计专员、验资专员（合并）	
	会计师事务所		4		银行行长、贷款专员、柜台职员（合并）	
	物流公司		4		总经理、合同专员、运营经理（合并）	
	招投标中心	1	1	1	招投标专员（一名）	
新闻中心	媒体公司	1	5	6	总经理、记者（若干名）、编辑、摄影+技术	各职员由负责人根据需要分配
合　计				100		

虚拟实验环境采用任务驱动，教材中涉及的任务标志参照表 2-2。

表 2-2　机构类型与任务标志匹配表

序号	机构类型	任务标志	岗位（经理）							备注
			CEO	企管部	财务部	采购部	生产部	市场部	销售部	
1	制造企业	M	MC	MH	MF	MP	MO	MM	MS	
2	贸易企业	T	TC	TH	TF	TP	无	TM	TS	
3	市场监督管理局	A	局长 A	设立 A	年检 A	市场监督管理局岗位根据业务时间转换				
4	税务局	S	局长 S	设立 S	纳税 S	税务局岗位根据业务时间转换				
5	商业银行	B	行长 B	贷款 B	柜台 B	商业银行岗位根据业务时间转换				
6	物流公司	L	CEO L	合同 L	运营 L	物流公司岗位根据业务时间转换				
7	会计师事务所	F	CEO F	验资 F	审计 F	事务所岗位根据业务时间转换				

注：招投标中心和新闻中心的业务一般以活动方式进行，因此未设任务标志。

三、组织机构设计基本流程

（1）实验软件使用 BS 架构，服务器安装完成后，使用谷歌浏览器进行登录，在地址栏输入 HTTP：//139. 198. 18. 112：8080/crossm（服务器地址）。系统登录界面如图 2-1 所示。

图 2-1　系统登录界面

（2）在“用户名”一栏填写系统管理员账号（邮箱格式）：whxy@ qq. com，输入密码，单击“登录”后进入教学管理驾驶舱。

（3）单击右上角“环境管理”，创建实验主环境。单击“新增”，弹出“新增环境”窗口，在规则模板一栏单击下拉列表，选择“大型课程规则”；在“环境名称”一栏填入“武汉学院 2019-2020-1 第四期”（例）；“控制密码”中输入“＊＊＊”；单击“提交”，完成主环境创建。主环境创建过程如图 2-2 所示。

新增 ×

环境管理

规则模板

默认规则

默认规则
大型课程规则
汽车仿真实训规则

环境名称

请输入环境名称

环境编号（唯一）

5KND

原始密码

请输入原始密码

控制密码

请输入环境控制密码

提交

图 2-2　主环境创建过程

注：默认规则含制造企业及政务公共服务机构；大型课程规则含制造企业、商贸企业、原材料供应商、政务公共服务机构等；汽车仿真实训规则是专业规则，含高仿真汽车制造业。

（4）单击“主环境”，输入控制密码，切换进入主环境（武汉学院 2019-2020-1 第四期）。主环境控制界面如图 2-3 所示。

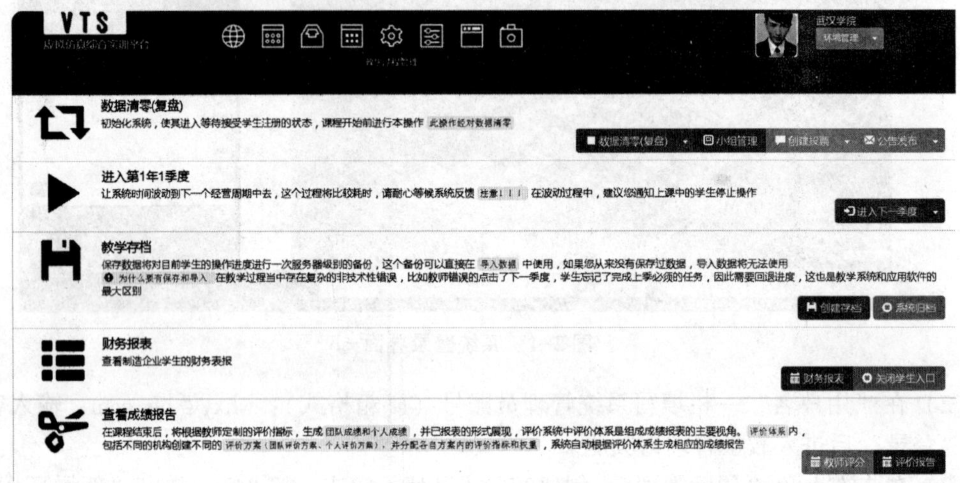

图 2-3　主环境控制界面

（5）依次单击“小组管理”“批量增加”，进入组织机构设计界面，根据需要增加 12 家制造企业，4 家贸易企业，市场监督管理局（原工商局）、税务局、商业银行、会计师事务所、物流公司、招投标中心各一家（还可以根据不同专业设置其他类型的机构）。组织机构设计界面如图 2-4 所示。

名称	别名	CEO注册码	员工注册码	类型	操作
制造企业1	制造企业1	3MHDM9DF	3MHDJV4Z	制造企业	高级功能· 日常工作· 企业经营调控· 企业信誉纠察 行政执行 删除
制造企业2	制造企业2	3MHDDWDF	3MHDS5TS	制造企业	高级功能· 日常工作· 企业经营调控· 企业信誉纠察 行政执行 删除
制造企业3	制造企业3	3MHDMH8A	3MHDCYV3	制造企业	高级功能· 日常工作· 企业经营调控· 企业信誉纠察 行政执行 删除
制造企业4	制造企业4	3MHDEPWS	3MHDUEGV	制造企业	高级功能· 日常工作· 企业经营调控· 企业信誉纠察 行政执行 删除
制造企业5	制造企业5	3MHD4PIV	3MHD9FNE	制造企业	高级功能· 日常工作· 企业经营调控· 企业信誉纠察 行政执行 删除
制造企业6	制造企业6	3MHDUKAP	3MHD4TPI	制造企业	高级功能· 日常工作· 企业经营调控· 企业信誉纠察 行政执行 删除
制造企业7	制造企业7	3MHDZCDZ	3MHDT55K	制造企业	高级功能· 日常工作· 企业经营调控· 企业信誉纠察 行政执行 删除
制造企业8	制造企业8	3MHD3MUN	3MHD4M6V	制造企业	高级功能· 日常工作· 企业经营调控· 企业信誉纠察 行政执行 删除
制造企业9	制造企业9	3MHD9P6Q	3MHDMZ4Z	制造企业	高级功能· 日常工作· 企业经营调控· 企业信誉纠察 行政执行 删除
制造企业10	制造企业10	3MHDAPHH	3MHDB5JR	制造企业	高级功能· 日常工作· 企业经营调控· 企业信誉纠察 行政执行 删除
制造企业11	制造企业11	3MHDCHDS	3MHD52AJ	制造企业	高级功能· 日常工作· 企业经营调控· 企业信誉纠察 行政执行 删除
制造企业12	制造企业12	3MHDVD6Y	3MHDURWH	制造企业	高级功能· 日常工作· 企业经营调控· 企业信誉纠察 行政执行 删除
贸易企业1	贸易企业1	3MHDMEU7	3MHDM8ZM	贸易企业	高级功能· 日常工作· 企业经营调控· 企业信誉纠察 行政执行 删除
贸易企业2	贸易企业2	3MHDLU9V	3MHDMDV4	贸易企业	高级功能· 日常工作· 企业经营调控· 企业信誉纠察 行政执行 删除
贸易企业3	贸易企业3	3MHD7UKR	3MHDQCS4	贸易企业	高级功能· 日常工作· 企业经营调控· 企业信誉纠察 行政执行 删除
贸易企业4	贸易企业4	3MHD2WE	3MHDDRIG	贸易企业	高级功能· 日常工作· 企业经营调控· 企业信誉纠察 行政执行 删除
工商局	工商局	3MHDWPSM	3MHD38MQ	工商局	高级功能· 日常工作· 企业经营调控· 企业信誉纠察 行政执行 删除
税务局	税务局	3MHDYCPJ	3MHD78UB	税务局	高级功能· 日常工作· 企业经营调控· 企业信誉纠察 行政执行 删除
商业银行	商业银行	3MHDRCZ9	3MHDTWE7	商业银行	高级功能· 日常工作· 企业经营调控· 企业信誉纠察 行政执行 删除
会计师事务所	会计师事务所	3MHDHHJW	3MHDZXBW	会计师事务所	高级功能· 日常工作· 企业经营调控· 企业信誉纠察 行政执行 删除
物流公司	物流公司	3MHDF8JI	3MHDJZEE	物流公司	高级功能· 日常工作· 企业经营调控· 企业信誉纠察 行政执行 删除
招投标采购中心	招投标采购中心	3MHDFDBC	3MHD2BPT	招投标采购中心	高级功能· 日常工作· 企业经营调控· 企业信誉纠察 行政执行 删除

图 2-4　组织机构设计界面

(6) 组织机构设定完成后，将形成的 CEO 注册码和员工注册码发给学生，用以完成注册和登录。

(7) 组织机构设定完成后，返回主环境控制界面，进行数据初始化。初始化后，不能再进行小组增加和删减。

注意：环境配置由教师负责，根据学生人数和实验室规模进行处理。完成后，系统进入工商注册期。在此期间，如果操作失误，可以通过修改和删除等进行处理。

第二节 基本经营规则

基本经营规则是指模拟企业模型管理、经营决策模型管理及系统用户管理等。

一、模拟企业经营管理

(一) 构成

模拟企业经营管理由区域管理、厂区管理、厂房管理、仓库管理、生产线管理、研发管理、物料种类管理、广告策略模型、人力资源模型、资质认证模型等几个部分构成（具体内容见第三篇“企业经营”）。

(二) 设定

在“主环境控制”窗口，依次单击“教学设计”“模拟企业模型管理”，进行规则设计，可以新增、修改、删除。

二、经营决策模型管理

(一) 构成

经营决策模型管理由需求繁荣指数模型、竞争模型、奖惩模型、工艺清单模型构成。

(二) 设定

在“主环境控制”窗口，依次单击“教学设计”“经营决策模型管理”进行设计。

1. 需求繁荣指数模型

总需求繁荣指数如图 2-5 所示。

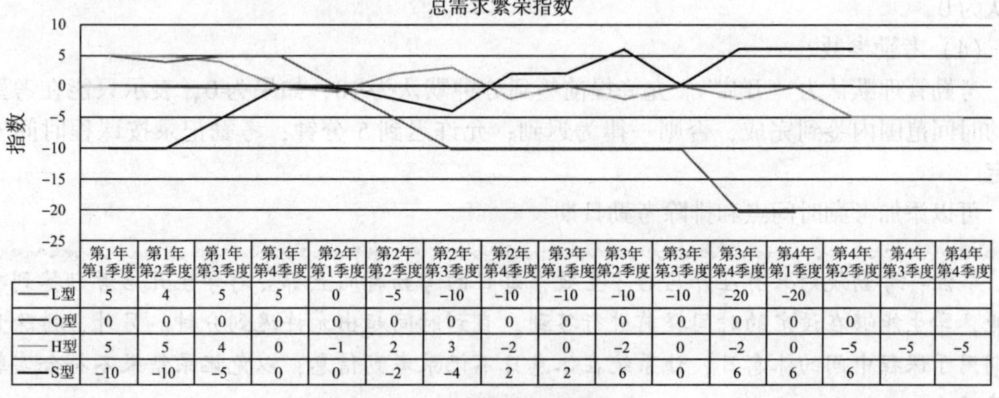

	第1年第1季度	第1年第2季度	第1年第3季度	第1年第4季度	第2年第1季度	第2年第2季度	第2年第3季度	第2年第4季度	第3年第1季度	第3年第2季度	第3年第3季度	第3年第4季度	第4年第1季度	第4年第2季度	第4年第3季度	第4年第4季度
—L型	5	4	5	5	0	−5	−10	−10	−10	−10	−10	−20	−20			
—O型	0	0	0	0	0	0	0	0	0	0	0	0	0	0		
—H型	5	5	4	0	−1	2	3	−2	0	−2	0	−2	0	−5	−5	−5
—S型	−10	−10	−5	0	0	−2	−4	2	2	6	0	6	6	6		

图 2-5 总需求繁荣指数

注：总需求繁荣指数将影响战略决策、产品组合策略、研发策略等，教师可以根据实际需求进行数据修改。

从数据中我们可以分析得到：根据运营期的不同，可以选择短期 L 单产品策略；中期 LH 组合策略、LO 组合策略；长期 LS 组合策略。

2. 竞争模型

（1）基础参数。

自动转季，默认为“否”。当所有小组完成季度操作后，环境将自动转入下一季度，无须管理员手工操作。开启这种模式，教学进度将完全交给学生自主控制。

移库吞吐量开关默认为“是”。关闭此开关后在进行移库操作时不计算吞吐量，反之则计算。

限制交易类型开关默认“不允许非主营业务交易”。开启此选项后，企业间物料交易将不受限制。

（2）竞单参数。

订单等待时间 150 秒，每笔订单最大数量 2 000 件商品，取消订单手续费比例为订单金额的 5%，单位体积商品物流费用 100 元/件。小组排名加分，满分 30 分，得分=[（公司数量-名次+1）/公司数量）]×30。

注：强制结转的企业，得分为 0。

贸易企业订单数量限制为 10，制造企业订单数量限制为 1。

注：订单数量限制数字为 0 表示禁止参与竞单，负数表示不限制；当环境设置中不存在贸易企业时，订单无数量限制。订单数量限制可由教师根据市场容量进行修改设定。

（3）金融参数。

开放系统贷款，默认为“否”。开放系统贷款后，学生可以不通过银行自行贷款，贷款额度为所有者权益的 50%。

固定资产折旧年限（季度）为 40 季，基准金率为 18‰，贷款基本利率和存款基本利率默认为 0。

（4）考勤参数。

考勤管理默认为“开启”。允许提前签到分钟默认为 10，如果为 0，表示只能在考勤设定的时间范围内签到完成，否则一律为迟到；允许迟到 5 分钟；考勤记录按课程时间安排设定。

可以添加考勤时间点和排除考勤日期。

注：考勤规则只有在开启后才生效，每日的考勤时间点都会对学生开启考勤签到功能，学生能够在设定的时间提前进行签到，直到时间超出允许迟到分钟。另外，排除日期用于课程中间的休息日，让系统在休息日不记录考勤信息，以免记录结果不符合实验情况。

（5）其他参数。

显示当前季度和环境初始化状态。

（6）奖惩模型。

行政处罚：由市场监督管理局发布，被处罚单位竞单分扣 10 分，同时下调信用评级 1 级。

（7）工艺清单模型。

工艺清单由三部分构成：一是原料清单，包括 M1 材料 A 型和 B 型、M2 材料 A 型和 B 型、M3 材料 A 型和 B 型；二是半成品清单，包括 L 型产品 A 型和 B 型；三是成品清单，包括 H 型成品 A 型和 B 型、O 型成品 A 型和 B 型、S 型成品 A 型和 B 型。每种类型的工艺清单可以根据实验要求进行修改。原材料工艺清单、产品工艺清单分别如表 2–3、表 2–4 所示。

表 2–3　原材料工艺清单

名称		M1 型材料 A 型		技术要求		1
制表部门		研发部		使用部门		采购部
类别	序号	物料名称	规格及说明	用量	采购周期	备注
原材料	01	M4	1 箱，原材料	2	1	
原材料	02	M5	1 箱，原材料	2	1	
名称		M1 型材料 B 型		技术要求		0
制表部门		研发部		使用部门		采购部
类别	序号	物料名称	规格及说明	用量	采购周期	备注
原材料	01	M4	1 箱，原材料	1	1	
原材料	02	M5	1 箱，原材料	1	1	
名称		M2 型材料 A 型		技术要求		2
制表部门		研发部		使用部门		采购部
类别	序号	物料名称	规格及说明	用量	采购周期	备注
原材料	01	M4	1 箱，原材料	2	1	
原材料	02	M5	1 箱，原材料	2	1	
原材料	03	M_ X	1 箱，原材料	1	1	
名称		M2 型材料 B 型		技术要求		1
制表部门		研发部		使用部门		采购部
类别	序号	物料名称	规格及说明	用量	采购周期	备注
原材料	01	M5	1 箱，原材料	2	1	
原材料	02	M_ X	1 箱，原材料	1	1	
名称		M3 型材料 A 型		技术要求		3
制表部门		研发部		使用部门		采购部
类别	序号	物料名称	规格及说明	用量	采购周期	备注
原材料	01	M5	1 箱，原材料	3	1	
原材料	02	M_ X	1 箱，原材料	1	1	

续表

名称		M3 型材料 B 型		技术要求		2
制表部门		研发部		使用部门		采购部
类别	序号	物料名称	规格及说明	用量	采购周期	备注
原材料	01	M5	1 箱，原材料	1	1	
原材料	02	M_ X	1 箱，原材料	1	1	

注：紧急采购当季到货，成本加倍。

表 2-4　产品工艺清单

名称		L 型产品 A 型		技术要求		1
制表部门		研发部		使用部门	采购部、生产部	
类别	序号	物料名称	规格及说明	用量	采购/生产周期	备注
原材料	01	M1	1 箱，原材料	2	1	
名称		L 型产品 B 型		技术要求		0
制表部门		研发部		使用部门	采购部、生产部	
类别	序号	物料名称	规格及说明	用量	采购/生产周期	备注
原材料	01	M1	1 箱，原材料	1	1	
名称		H 型产品 A 型		技术要求		2
制表部门		研发部		使用部门	采购部、生产部	
类别	序号	物料名称	规格及说明	用量	采购/生产周期	备注
原材料	01	M1	1 箱，原材料	2	1	
半成品	02	L	3 箱，半成品	1	1	
名称		H 型产品 B 型		技术要求		1
制表部门		研发部		使用部门	采购部、生产部	
类别	序号	物料名称	规格及说明	用量	采购/生产周期	备注
原材料	01	M1	1 箱，原材料	1	1	
半成品	02	L	3 箱，半成品	1	1	
名称		O 型产品 A 型		技术要求		3
制表部门		研发部		使用部门	采购部、生产部	
类别	序号	物料名称	规格及说明	用量	采购/生产周期	备注
原材料	01	M1	1 箱，原材料	2	1	
原材料	02	M2	1 箱，原材料	2	1	
半成品	03	L	3 箱，半成品	1	1	
名称		O 型产品 B 型		技术要求		2
制表部门		研发部		使用部门	采购部、生产部	
类别	序号	物料名称	规格及说明	用量	采购/生产周期	备注
原材料	01	M1	1 箱，原材料	1	1	
原材料	02	M2	1 箱，原材料	1	1	
半成品	03	L	3 箱，半成品	1	1	

续表

名称		S 型产品 A 型		技术要求		4
制表部门		研发部		使用部门	采购部、生产部	
类别	序号	物料名称	规格及说明	用量	采购/生产周期	备注
原材料	01	M1	1 箱，原材料	1	1	
原材料	02	M2	1 箱，原材料	1	1	
原材料	03	M3	1 箱，原材料	1	1	
半成品	04	L	3 箱，半成品	2	1	

名称		S 型产品 B 型		技术要求		3
制表部门		研发部		使用部门	采购部、生产部	
类别	序号	物料名称	规格及说明	用量	采购/生产周期	备注
原材料	01	M3	1 箱，原材料	2	1	
半成品	02	L	3 箱，半成品	2	1	

注：紧急采购当季到货，成本加倍；L 可以自制或外购（成本高）。

三、系统用户管理

用户管理主要是学员管理，可以查看、修改、删除、添加、查询和重置学员密码等，通过输入学员姓名可以进行精确查找并处理。

第三节　市场环境

一、实验市场环境假设

（1）市场环境假设为一个生态工业园，采用大市场制，即生产制造型企业本季度生产的产品越多，下一季度市场上的需求量就越大。

（2）未有企业生产的产品型号下一季度市场上不发放订单。

（3）未有广告投入的市场不产生需求。

（4）未销售出去的产品结转下一季度的需求，计入公司所在地市场本季度总产量。

二、市场需求计算方法

$$
\begin{aligned}
\text{本地需求} = {} & \text{本地市场制造企业总产量} \times \text{本地市场消费需求比例} \times (1 \pm \text{市场需求繁荣状况}) \\
& + \left\{ \sum_{k=1}^{n} [\text{市场 } k \text{ 上一季度总产量} \times (1 - \text{市场 } k \text{ 需求比例})] \right\} \\
& \times \left(\frac{\text{本地市场上一季度投入广告总费用}}{\text{所有市场上一季度投入广告总费用}} \right) \times (1 \pm \text{市场需求繁荣状况}) \\
= {} & (\text{本地固定需求} + \text{其他市场剩余需求之和} \times \text{本地广告投入占比}) \times (1 \pm \text{市场需求繁荣状况})
\end{aligned}
$$

如：L 型产品第三季度沈阳市场总产量 3 600 件、成都市场总产量 3 200 件、深圳市场总产量 3 000 件、其他各市场总产量 0 件，L 型产品第三季度市场繁荣指数 5%。L 型产品第三季度市场需求计算过程如表 2-5 所示。

表 2-5　L 型产品第三季度市场需求计算过程

序号		1	2	3	4	5	6	7	合计
市场名称		沈阳市场	大连市场	北京市场	武汉市场	成都市场	深圳市场	新加坡市场	
总产量/件		3 600	0	0	0	3 200	3 000	0	9 800
需求比例/%		46	35	30	45	60	35	90	
本地固定需求/件	=总产量×本地固定需求比例	1 656	0	0	0	1 920	1 050	0	4 626
本地剩余需求/件	=总产量-本地固定需求	1 944	0	0	0	1 280	1 950	0	5 174
广告投入/万元		100	100	100	0	100	100	0	500
广告投入占比/%	=本地广告投入/全市场广告总投入	20	20	20	0	20	20	0	100
市场繁荣指数/%		5	5	5	5	5	5	5	
本地总需求/件	=（本地固定需求+剩余总需求×广告投入占比）×（1+市场繁荣指数）	2 825	1 087	1 087	0	3 103	2 189	0	10 290

从表 2-5 中可以看出，市场总需求=全市场总产量×(1±市场繁荣指数)。

专题活动一　CEO 竞选

一、活动主题

提高自我，挑战自我。

二、活动原则

建立人才平等竞争、优胜劣汰的选拔机制，坚持公平、公正、公开的竞争择优原则。

三、活动参与对象

参加实训的全体学生。

四、活动地点

实验室。

五、活动规则

1. 活动组织形式

竞选演讲，时间为3分钟。

2. 评分规则

评分由教师现场评分（40%）与学生投票选举（60%）相结合（学生投票按得票最高者为满分100分，余者每减一票减一分）。

评分标准如下：

(1) 仪表得体、表情自然、形体动作大方得体（20分）。

(2) 主旨鲜明，层次清晰，逻辑性强，具有较强的操作性（20分）。

(3) 具有较强的现场感染力，能引起学生共鸣（20分）。

(4) 口齿清晰，表达流畅、生动、富有情感（20分）。

(5) 竞选演讲时间为3分钟，超出规定酌情减分（20分）。

六、活动时间

上午9：00—10：30。

七、报名表

报名表如表2-6所示。

表2-6 CEO竞选报名表

机构名称	报名人员
制造企业	
贸易企业	
市场监督管理局	
税务局	
商业银行	
会计师事务所	
物流公司	
招投标中心	
媒体公司	

八、评分表

评分表如表2-7所示。

表2-7 CEO竞选评分表

姓名	竞选职位	主题内容（20分）	语言表达（20分）	仪表风范（20分）	现场感染力（20分）	时间掌握（20分）	总分

专题活动二 现场招聘会

一、活动主题

认识自我，能力与岗位相符。

二、活动原则

使参加实训的学生真切感受求职面试的实况场景，使学生能够根据虚拟企业的要求和自身的特长，做好职业规划，以实现自身价值。同时熟悉人才招聘的基本程序和礼仪，培养和提高学生的求职能力。

三、活动参与对象

参加实训的全体学生。

四、活动地点

实验室或报告厅（其他适合的场所）。

五、活动组织形式

面试。由教师协同各机构CEO进行，教师负责组织，CEO负责面试，媒体公司进行宣传报道。

六、活动时间安排

（1）各CEO公布机构岗位需求。

（2）由学生在30分钟内进行简历制作。

（3）学生在10分钟内选择适合的机构进行简历投递。

（4）CEO按机构岗位需求进行筛选；安排面试。

（5）签订合同，组建团队。

七、招聘结果统计表

招聘结果统计表如表2-8所示。

表2-8 现场招聘会招聘结果统计表

序号	机构	岗位	应聘人员信息					面试情况			备注
			姓名	性别	学历	专业	电话	面试日期	是否录用	未录用原因	
1	制造1										

续表

<table>
<tr><th rowspan="2">序号</th><th rowspan="2">机构</th><th rowspan="2">岗位</th><th colspan="5">应聘人员信息</th><th colspan="3">面试情况</th><th rowspan="2">备注</th></tr>
<tr><th>姓名</th><th>性别</th><th>学历</th><th>专业</th><th>电话</th><th>面试日期</th><th>是否录用</th><th>未录用原因</th></tr>
<tr><td rowspan="5">2</td><td rowspan="5"></td><td></td><td></td><td></td><td></td><td></td><td></td><td></td><td></td><td></td><td></td></tr>
<tr><td></td><td></td><td></td><td></td><td></td><td></td><td></td><td></td><td></td><td></td></tr>
<tr><td></td><td></td><td></td><td></td><td></td><td></td><td></td><td></td><td></td><td></td></tr>
<tr><td></td><td></td><td></td><td></td><td></td><td></td><td></td><td></td><td></td><td></td></tr>
<tr><td></td><td></td><td></td><td></td><td></td><td></td><td></td><td></td><td></td><td></td></tr>
<tr><td rowspan="5">3</td><td rowspan="5"></td><td></td><td></td><td></td><td></td><td></td><td></td><td></td><td></td><td></td><td></td></tr>
<tr><td></td><td></td><td></td><td></td><td></td><td></td><td></td><td></td><td></td><td></td></tr>
<tr><td></td><td></td><td></td><td></td><td></td><td></td><td></td><td></td><td></td><td></td></tr>
<tr><td></td><td></td><td></td><td></td><td></td><td></td><td></td><td></td><td></td><td></td></tr>
<tr><td></td><td></td><td></td><td></td><td></td><td></td><td></td><td></td><td></td><td></td></tr>
<tr><td rowspan="5">……</td><td rowspan="5"></td><td></td><td></td><td></td><td></td><td></td><td></td><td></td><td></td><td></td><td></td></tr>
<tr><td></td><td></td><td></td><td></td><td></td><td></td><td></td><td></td><td></td><td></td></tr>
<tr><td></td><td></td><td></td><td></td><td></td><td></td><td></td><td></td><td></td><td></td></tr>
<tr><td></td><td></td><td></td><td></td><td></td><td></td><td></td><td></td><td></td><td></td></tr>
<tr><td></td><td></td><td></td><td></td><td></td><td></td><td></td><td></td><td></td><td></td></tr>
<tr><td rowspan="5">n</td><td rowspan="5"></td><td></td><td></td><td></td><td></td><td></td><td></td><td></td><td></td><td></td><td></td></tr>
<tr><td></td><td></td><td></td><td></td><td></td><td></td><td></td><td></td><td></td><td></td></tr>
<tr><td></td><td></td><td></td><td></td><td></td><td></td><td></td><td></td><td></td><td></td></tr>
<tr><td></td><td></td><td></td><td></td><td></td><td></td><td></td><td></td><td></td><td></td></tr>
<tr><td></td><td></td><td></td><td></td><td></td><td></td><td></td><td></td><td></td><td></td></tr>
</table>

第二篇　企业设立

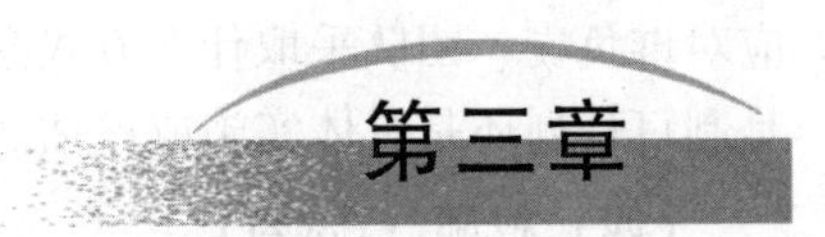

第三章

公司组建

公司组建主要包括学员注册、系统评测、组织机构管理等。本章要求掌握系统登录流程及方法，进行能力测评和职业倾向测评，创建部门、安排岗位并进行权限赋予。

第一节　团队构建的要素

一、队的概念

管理学家斯蒂芬·罗宾斯认为：团队就是由两个或者两个以上的相互作用、相互依赖的个体，为了特定目标而按照一定规则结合在一起的组织。

二、团队的构成要素

团队一般有五个构成要素，即5P。

(一) 目标（Purpose）

团队应该有一个既定的目标，为团队成员导航，让团队成员知道要向何处去，没有目标，这个团队就没有存在的价值。

团队的目标必须跟组织的目标一致。可以把大目标分成小目标再具体分到各个团队成员身上，大家合力实现这个共同的目标。同时，目标还应该能有效地向大众传播，让团队内外的成员都知道这些目标，有时甚至可以把目标贴在团队成员的办公桌上、会议室里，以激励所有的人为这个目标去工作。

(二) 人（People）

人是构成团队最核心的力量，2个（包含2个）以上的人就可以构成团队。目标是通过人员具体实现的，所以人员的选择是团队构建中非常重要的一个部分。在一个团队中可能需要有人出主意、有人定计划、有人实施、有人协调不同的人一起去工作，还有人去监督团队工作的进展，评价团队最终的贡献。不同的人通过分工来共同完成团队的目标，在人员选择方面要考虑人员的经验如何、能力如何、技能是否互补。

（三）定位（Place）

团队的定位，是指团队在企业中处于什么位置、由谁选择和决定团队的成员、团队最终应对谁负责、团队采取什么方式激励下属。个体的定位，是指成员在团队中扮演什么角色，是制订计划还是具体实施或评估。

（四）权限（Power）

团队当中领导人的权力大小跟团队的发展阶段相关。一般来说，在团队发展的初期阶段，领导权相对比较集中，团队越成熟，领导者所拥有的权力相应越小。团队权限关系到两个方面：一是整个团队在组织中拥有什么样的决定权，如财务决定权、人事决定权、信息决定权；二是组织的基本特征，如组织的规模多大、团队的数量是否足够多、组织对于团队的授权有多大、它的业务是什么类型。

（五）计划（Plan）

目标最终的实现，需要一系列具体的行动方案，可以把计划理解成目标的具体工作程序。按计划进行可以保证团队的工作效率和进度，从而一步一步地贴近目标，最终实现目标。

三、高效团队的主要特征

团队形式并不能自动地提高生产率，它也可能会让管理者失望。高效团队一般具有以下特征。

（一）目标清晰

高效的团队对所要达到的目标有清楚的了解，并坚信这一目标包含着重大的意义和价值。而且，这种目标的重要性还激励着团队成员把个人目标升华到群体目标中去。在高效的团队中，成员愿意为团队目标做出承诺，清楚地知道希望他们做什么工作，以及他们怎样共同工作完成任务。

（二）拥有相关技能

高效的团队是由一群有能力的成员组成的。他们具备实现理想目标所必需的技术和能力，而且相互之间有能够良好合作的个性品质，从而出色完成任务。有精湛技术能力的人并不一定就有处理群体内关系的高超技巧，高效团队的成员则往往兼而有之。

（三）相互信任

成员间相互信任是有效团队的显著特征。也就是说，每个成员对其他人的品行和能力都确信不疑。我们在日常的人际关系中都能体会到，信任这种东西是相当脆弱的，它需要花大量的时间去培养且很容易被破坏。所以，维持群体内的相互信任，需要引起管理层足够的重视。

组织文化和管理层的行为对形成相互信任的群体内氛围有很大影响。如果组织崇尚开放、诚实、协作的办事原则，同时鼓励员工的参与和自主性，就比较容易形成信任的环境。

1. 一致的承诺

高效的团队中，团队成员对团队表现出高度的忠诚和承诺，为了能使群体获得成功，他们愿意去做任何努力。我们把这种忠诚和奉献称为一致的承诺。

对成功团队的研究发现，团队成员对他们的群体具有认同感，他们把自己属于该群体的身份看作是自我的一个重要方面。因此，承诺一致的特征表现为对群体目标的奉献精神，愿意为实现这一目标而调动和发挥自己的最大潜能。

2. 良好的沟通

毋庸置疑，良好的沟通是高效团队一个必不可少的特点。群体成员通过畅通的渠道交流信息，包括各种言语和非言语信息。此外，管理层与团队成员之间健康的信息反馈也是良好沟通的重要特征，它有助于管理者指导团队成员的行动，消除误解。高效团队中的成员能迅速而准确地了解彼此的想法和情感。

（四）谈判技能

以个体为基础进行工作设计时，员工的角色由工作说明、工作纪律、工作程序及其他一些正式文件明确规定。但对于高效的团队来说，其成员角色具有灵活多变性，总在不断地调整，这就需要成员具备充分的谈判技能。由于团队中的问题和关系时常变换，成员必须能面对和应付这种情况。

（五）恰当的领导

有效的领导者能够让团队跟随自己共同度过最艰难的时期，因为他能为团队指明前途所在，向成员阐明变革的可能性，鼓舞团队成员的信心，帮助他们更充分了解自己的潜力。

优秀的领导者不一定非得指示或控制，高效团队的领导者往往担任的是教练和后盾的角色，他们对团队提供指导和支持，但并不试图去控制它。

这不仅适用于自我管理团队，当授权给小组成员时，它也适用于任务小组、交叉职能型的团队。对于那些习惯传统方式的管理者来说，这种从上司到后盾的角色变换，从发号施令到为团队服务的职能转变，是比较困难的。当前，很多管理者已开始发现这种新型的权力共享方式的好处，或通过领导培训逐渐意识到它的好处，但仍然有些管理者无法接受这种新观念。这些人应当尽快转换自己的观念，否则就将被取而代之。

（六）内外部支持

一个团队要成为高效团队的最后一个必需条件就是它的支持环境。从内部条件来看，团队应拥有一个合理的基础结构。这包括适当的培训、一套易于理解的用以评估员工总体绩效的测量系统，以及一个起支持作用的人力资源系统。恰当的基础结构应能支持并强化成员行为以取得高绩效水平。从外部条件来看，管理层应给团队提供完成工作所必需的各种资源。

第二节　团队角色定位

一、团队角色的定义及分类

梅雷迪思·贝尔宾博士将团队角色定义为：个体在群体内的行为、贡献以及人际互动的倾向性。团队角色一共分为九种，具体如下。

(一) 智多星 PL (Plant)

智多星创造力强，充当创新者和发明者的角色。他们为团队的发展和完善出谋划策。他们通常更倾向于与其他团队成员保持距离，运用自己的想象力独立完成任务；他们对于外界的批判和赞扬反应强烈，持保守态度；他们的想法总是很激进，并且可能会忽略实施的可能性。

他们是独立的、聪明的、充满原创思想的，但是他们可能不善于与那些气场不同的人交流。

(二) 外交家 RI (Resource Investigator)

外交家是热情的、行动力强的、外向的人。无论在公司内外，他们都善于和人打交道。他们是与生俱来的谈判高手，并且善于挖掘新的机遇、发展人际关系。虽然他们并没有很多原创想法，但是在听取和发展别人想法的时候效率极高，善于发掘那些可以获得并利用的资源。由于他们性格开朗外向，所以无论到哪里都会受到热烈欢迎。

外交家为人随和，好奇心强，乐于在任何新事物中寻找潜在的可能性。然而，如果没有他人的持续激励，他们的热情会很快消退。

(三) 审议员 ME (Monitor Evaluator)

审议员是态度严肃的、谨慎理智的人，他们倾向于三思而后行，做决定较慢，通常非常具有批判性思维。具有审议员特征的人所做出的决定，基本上是不会错的。

(四) 协调者 CO (Co-ordinator)

协调者最突出的特征就是他们能够凝聚团队的力量向共同的目标努力。成熟、值得信赖、自信，都是他们的特征。在人际交往中，他们能够很快识别对方的长处，并且通过知人善用来达成团队目标。虽然协调者并不是团队中最聪明的成员，但是他们拥有远见卓识，并且能够获得团队成员的尊重。

(五) 鞭策者 SH (Shaper)

鞭策者是充满干劲的、精力充沛的、渴望成就的人。他们通常非常有进取心，性格外向，拥有强大驱动力；他们勇于挑战他人，并且关心最终是否胜利；他们喜欢领导并激励他人采取行动。行动中如遇困难，他们会积极找出解决办法。他们是顽强又自信的，在面对失望和挫折时，他们倾向于显示出强烈的情绪反应。

鞭策者对人际不敏感，好争辩，这些特征决定了他们是团队中最具竞争性的角色。

(六) 凝聚者 TW (Teamworker)

凝聚者是在团队中给予最大支持的成员。他们性格温和，擅长人际交往并关心他人。他们灵活性强，适应不同环境和人的能力也非常强。凝聚者观察力强，善于交际。作为最佳倾听者的他们通常在团队中倍受欢迎。他们在工作上非常敏感，但是在面对危机时，往往优柔寡断。

(七) 执行者 IMP (Implementer)

执行者是实用主义者，有强烈的自我控制力及纪律意识。他们偏好努力工作，并系统化地解决问题。简而言之，执行者是典型的将自身利益和忠诚与团队紧密相连、较少关注个人诉求的角色。然而，执行者或许会因缺乏主动而显得一板一眼。

（八）完成者 CF（Completer Finisher）

完成者是坚持不懈的、注重细节的，他们不太会去做他们认为完成不了的任何事。他们由内部焦虑所激励，但表面看起来很从容。一般来说，大多数完成者都性格内向，并不太需要外部的激励或推动。他们无法容忍那些态度随意的人。完成者并不喜欢委派他人，而是更偏好自己来完成所有的任务。

（九）专业师 SP（Specialist）

专业师是专注的，他们会为自己获得专业技能和知识而感到骄傲。他们首要专注于维持自己的专业度以及对专业知识的不断探究上。然而由于专业师们将绝大多数注意力都集中在自己的领域，使他们对其他领域所知甚少。最终，他们成为只对专一领域有贡献的专家。

二、团队角色定位

现代企业运营虚拟仿真实验的各机构主要采用职能型的组织架构，总经理领导整个公司的运营，下辖六个部门，分别是企业管理部、财务部、生产部、市场部、采购部、销售部。

根据角色定位，我们将部门岗位与团队角色进行匹配。以制造企业为例，如表 3-1 所示（仅供参考）。

表 3-1 工作岗位与团队角色

岗位	团队角色	分工重点
总经理	协调者、凝聚者	团队组织与分工，沟通，战略
企业管理部经理	鞭策者、执行者	员工招聘、企业运营、组织、计划
财务部经理	执行者、审议员	现金流、资金筹集、财务分析、成本控制
生产部经理	专业师、完成者	成本控制、库存控制、产品生产、研发
市场部经理	外交家、智多星	SWOT 分析、竞争分析、产品定位
采购部经理	外交家	原材料采购、供应商选择
销售部经理	外交家	消费者分析、产品定价

实验过程中团队一般为 4 ~5 人，将 7 个岗位的职责重新分配，一人承担一个或一个以上岗位的工作。

第三节 公司组建操作流程

一、学员注册

学生拿到 CEO 注册码和员工注册码，根据 CEO 竞选结果和招聘会结果进行注册。

（1）在系统登录界面单击“注册”按键，出现注册信息界面，如图 3-1 所示。

1）正确填写用户名邮箱、密码、姓名、学号。（姓名是后期找回账号密码的唯一凭据）

2）正确输入 CEO（或员工）独有的注册码。

3）单击“提交”之后自动登录。

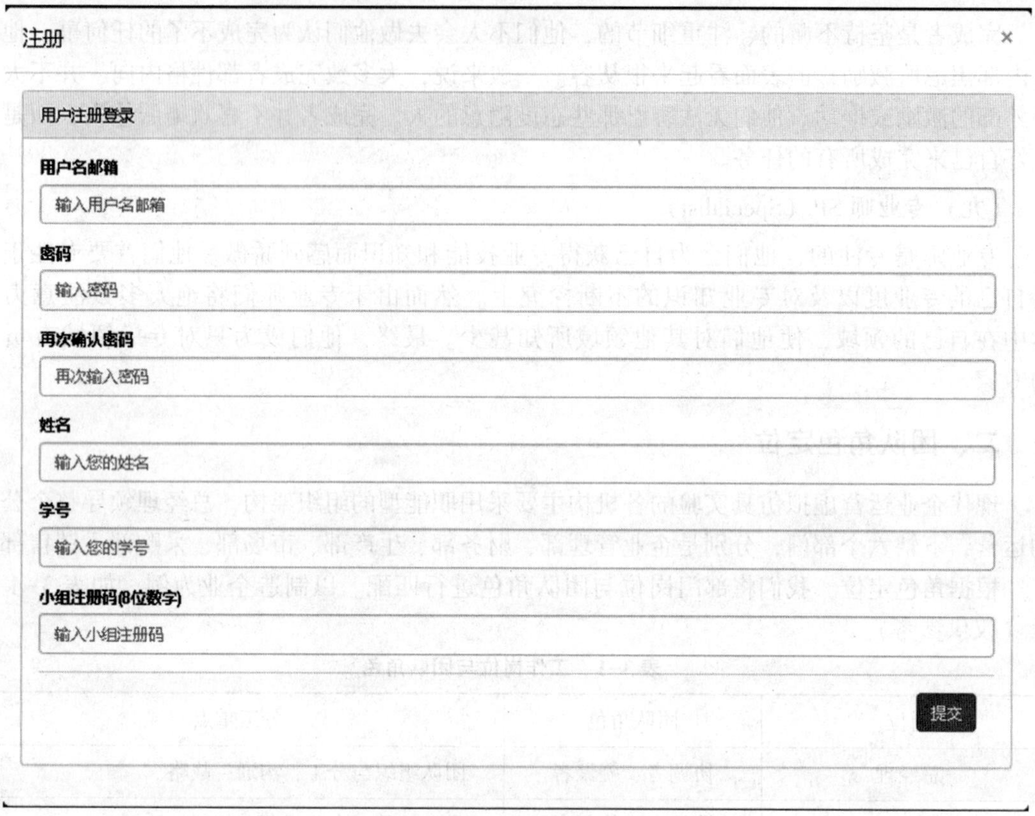

注册 ×

用户注册登录

用户名邮箱

输入用户名邮箱

密码

输入密码

再次确认密码

再次输入密码

姓名

输入您的姓名

学号

输入您的学号

小组注册码(8位数字)

输入小组注册码

提交

图 3-1　注册信息界面

（2）如果学员已经注册，在系统登录界面直接输入用户名、密码，单击“登录”即可。

（3）登录后，进入系统主界面。主界面分为几个部分，其中包括制造园区（制造企业）、金融服务区（商业银行、会计师事务所）、政务服务区（市场监督管理局、国家税务局）、流通服务区（国际货代、物流公司）、商务服务区、信息技术服务区。

> 注：单击具体企业的时候，系统会判断：如果单击的是本企业，则自动进入企业；如果不是归属企业，则进入这家企业的外围服务机构（相当于归属企业去这家企业办理业务）。

二、系统评测

系统评测即学员素质评测，如图 3-2 所示，主要是认识一下自己的能力情况和职业倾向，有助于组织部门的设立和权限的赋予，也有助于学员了解自己能力提升的方向。在系统公司主界面底部单击“系统评测”，完成 10 个方面的评测。

系统评测

评测试题	评测类型	操作
管理能力评测	领导能力	评测
经营能力评测	领导能力	评测
领导意识评测	领导能力	评测
沟通能力评测	职业能力	评测
交际能力评测	职业能力	评测
交流能力评测	职业能力	评测
创业能力评测	职业倾向	评测
职业倾向评测1	职业倾向	评测
职业倾向评测2	职业倾向	评测
职业倾向评测3	职业倾向	评测

图 3-2　素质评测

三、部门设置及权限赋予

（1）以制造企业为例，进入制造公司界面，如图 3-3 所示，单击“我的办公室”。

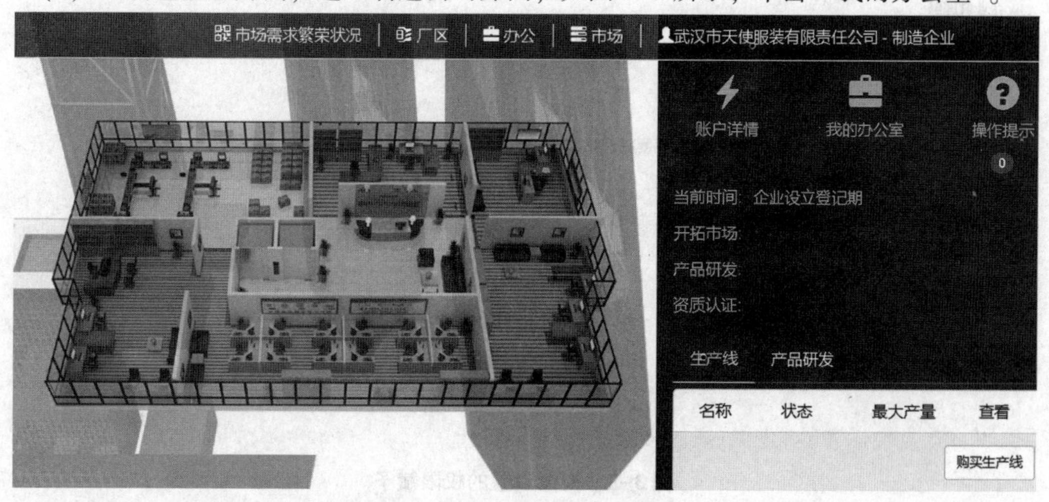

图 3-3　制造公司主界面

（2）进入“我的办公室”，单击“组织机构管理”，进入部门设置界面，如图 3-4 所示。

图 3-4　部门设置界面

(3) 单击“企业岗位权限管理”，弹出“岗位管理”对话框，进行岗位添加和权限设置，如图 3-5 所示。

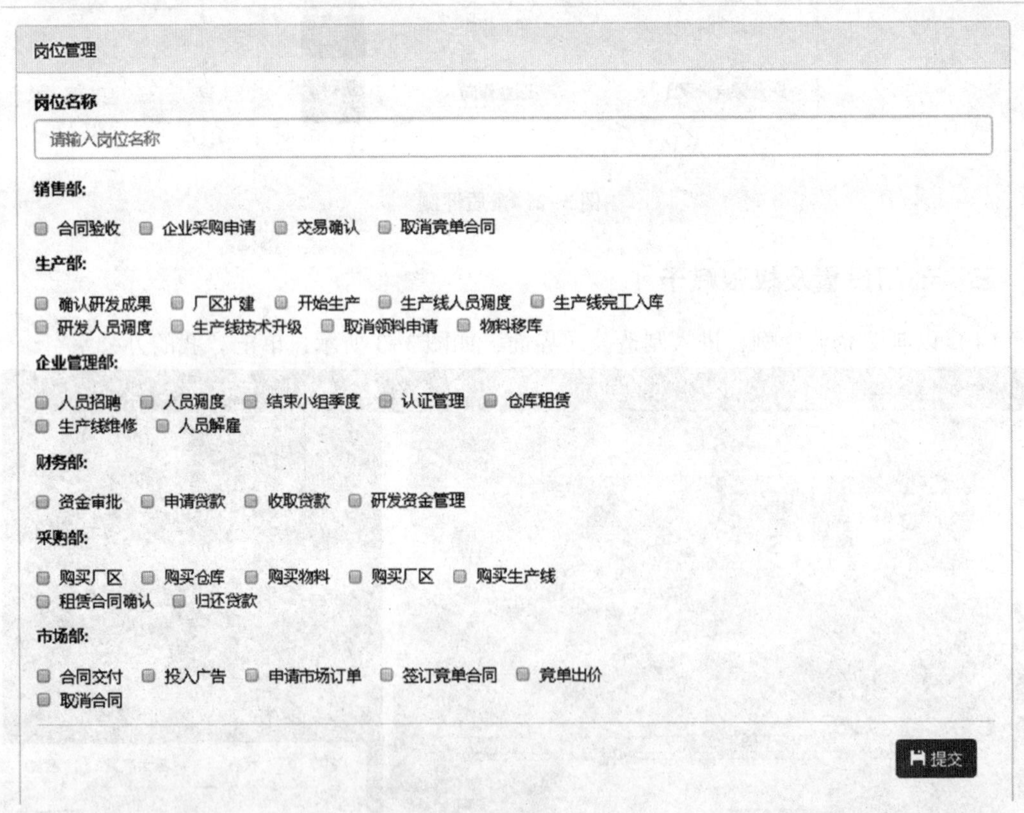

图 3-5　岗位设置的权限赋予

(4) 单击“部门设置”“人员管理”，进行团队职责分工，如图 3-6 所示。

修改

×

人员管理

名称

email

whxy01@QQ.COM

岗位

生产部

生产部
销售部
企业管理部
财务部
采购部
市场部

图 3-6　团队职责分工

第四章

公司注册

公司注册是全体股东指定的代表或者共同委托的代理人向公司登记机关登记注册的过程，是企业运营的第一步。本章将结合虚拟仿真企业，全面介绍企业登记注册的基本步骤，让学生了解工商注册的基本程序和途径，避免盲目带来的不确定成本。

公司登记注册的基本步骤：企业注册、税务登记、银行开户。所关联的外围机构包括市场监督管理局、税务局、商业银行等。

注：市场监督管理局、税务局、商业银行实验以任务驱动为引线，各种业务流程除启动任务外，均可以通过“我的任务”领取和处理，如图 4-1 所示。

图 4-1　任务领取和处理界面

企业的生存发展如同一个生命的有机体一样，也会经历初创、成长、成熟和衰退等阶段。公司注册是在初创期一个连续的过程，也是流程烦琐、提交材料众多的过程，因此集中在一章中表述。

公司注册模拟流程知识储备与能力培养明细如表 4-1 所示。

表 4–1 公司注册模拟流程知识储备与能力培养明细

序号	注册过程	具体事项	知识储备	能力表现	考核标准
1	企业注册	企业名称设计	《企业名称登记管理规定》《中华人民共和国企业法人登记管理条例》《企业名称登记管理实施办法》《中华人民共和国个人独资企业法》《中华人民共和国合伙企业法》《中华人民共和国公司法》	1. 学习能力 2. 业务操作能力 3. 组织能力 4. 商务沟通能力	1. 业务办理的效率 2. 差错率 3. 投诉率 4. 现场秩序 5. 业务评价
		名称预先核准			
		投资人名录			
		设立登记申请书			
		法人代表及监理等信息表			
		营业执照			
2	税务登记	纳税人税务补充信息表	《税务登记管理办法》《中华人民共和国税收征收管理法》		
		增值税一般纳税人资格登记			
3	银行开户	银行基本开户申请书	《企业银行结算账户管理办法》		
		银行结算账户申请书			
		开户许可证			

第一节 企业注册

一、企业名称的设计

企业名称的设计需要遵循《企业名称登记管理规定》《中华人民共和国企业法人登记管理条例》《企业名称登记管理实施办法》等的规定。这些规定和条例对企业名称的要求做了详细的规定，学生可以提前了解和掌握。

注：虽然《企业名称登记管理实施办法》中允许企业变更字号，但企业变更名称需付出的成本很高，其中会涉及注册商标、著作权等各种事项的变更，同时意味着原来已经建立起来的品牌效应将会消失或消减，会造成公司内外部资源的过多消耗。

二、企业法律组织形式的类型

我国关于企业法律组织形式的法律法规有《中华人民共和国个人独资企业法》《中华人民共和国合伙企业法》《中华人民共和国公司法》等。企业法律组织形成具体有以下几种类型。

（一）个人独资企业

个人独资企业是指在中国境内设立，由一个自然人投资，财产为投资人个人所有，投资人以其个人财产对企业债务承担无限责任的经营实体。

（二）合伙企业

合伙企业是指自然人、法人和其他组织依照法律在中国境内设立的普通合伙企业或有限合伙企业。普通合伙企业由普通合伙人组成，合伙人对合伙企业债务承担无限连带责任。有限合伙企业由普通合伙人和有限合伙人组成，普通合伙人对合伙债务承担无限连带责任，有限合伙人以其认缴的出资额为限对合伙企业承担责任。

（三）公司

公司是企业法人，有独立的法人财产，享有法人财产权。公司独立经营，自负盈亏，以其全部财产对公司的债务承担责任。公司可分为有限责任公司和股份有限公司。

三、企业注册资本

按虚拟仿真实验背景设计，不同机构注册资本有不同的设定。其中：制造企业注册资金1 000 万元，贸易企业注册资金 2 000 万元，会计师事务所注册资金 200 万元，物流公司注册资金 200 万元，商业银行初始资金 1 亿元。

四、企业注册的基本流程

企业注册流程大致分为两个过程，主要是企业名称预先核准和企业设立登记。

企业注册流程以任务和成就驱动（以制造企业为例）。

进入制造企业主界面后，会出现任务提示，如图 4-2 所示。

提示 ×

任务提示	
欢迎回来BOSS，现在是 企业设立登记期 在这个期间，您需要做好企业经营前的准备工作，请您按照下面列表中的任务，完成这些事项，当然这些事情您需要通过系统导航，并进入相应的机构来完成业务	
完成企业登记	工商局 未完成
完成税务登记-行政审批	税务局 未完成
开启企业基本账户	商业银行 未完成

图 4-2　制造企业任务提示界面

（一）企业名称预先核准

本业务主要是对公司申请的名字进行核准对比操作，如果已经存在此名称，则需要重新对名字进行设定。

关于名称核准事项，国务院决定取消和下放一批行政许可事项（国发〔2019〕6 号），其中，取消（包括企业、企业集团、个体工商户、农民专业合作社的）名称预先核准审批，改为由企业（包括企业集团、个体工商户、农民专业合作社）自主申报名称，市场监管部门在企业注册登记时核准名称。

为锻炼学生处理复杂事务的能力，本软件平台仍然保留操作。

1. 提交材料

公司办理企业名称预先核准需要向市场监督管理局提交的材料有：

（1）企业名称预先核准申请书；

（2）指定代表或委托代理机构及委托代理人的身份证明和企业法人资格证明及受托资格证明；

（3）代表或受托代理机构及受托代理人的身份证明和企业法人资格证明及受托资格证明；

（4）全体投资人的法人资格证明或身份证明。

2. 企业名称预先核准流程

企业向市场监督管理局递交企业名称预先核准申请书，以及指定代表或者共同委托代理人的证明，等待市场监督管理局进行名称核对，如果审核不通过，则不予以批准，发放驳回通知书给申请单位，如果审核通过，则发放名称预先核准通知书给申请单位。

企业名称预先核准的业务流程如图 4-3 所示。

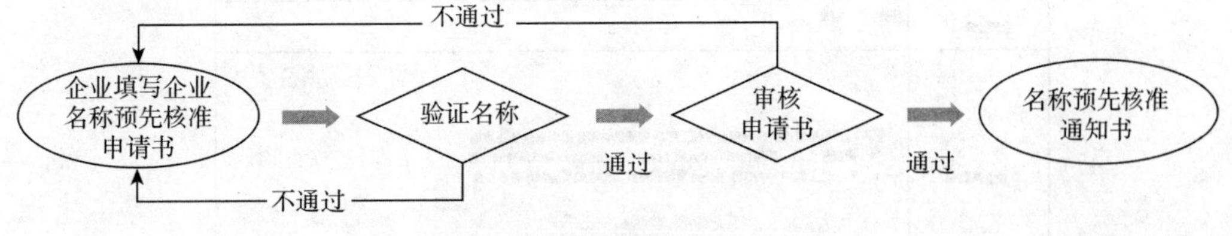

图 4-3　名称预先核准流程

（1）名称预先核准委托人代理申请书：进入市场监督管理局→“企业登记”→“名称预先核准委托书”（如图 4-4 所示），单击“新建”，填写名称预先核准委托书，完成后单击提交。

名称预先核准委托书

本人______，接受投资人（合伙人）委托，现向登记机关申请名称预先核准，并郑重承诺：如实向登记机关提交有关材料，反映真实情况，并对申请材料实质内容的真实性负责。

委托人（投资人或合伙人之一）①　　申请人（被委托人）②

（签字或盖章）______　　（签字）______

申请人身份证明复印件粘贴处

（身份证明包括：中华人民共和国公民身份证（正反面）、护照（限外籍人士）、长期居留证明（限外籍人士）、港澳永久性居民身份证或特别行政区护照、台湾地区永久性居民身份证或护照、台胞证、军官退休证等）

联系电话 139********　邮政编码 ______

通信地址：______

申请日期 2020 年 06 月 06 日

注：① 委托人可以是本申请书第3页“投资人（合伙人）名录”表中载明的任一投资人（合伙人）。委托人是自然人的，由本人亲笔签字；委托人为非自然人的，加盖其公章；委托人为外方非自然人的，由其法定代表人签字。

② 申请人（被委托人）是指受投资人委托到登记机关办理名称预先核准的自然人，也可以是投资人（合伙人）中的自然人，由后者亲自办理的，无须委托人签字。

图 4-4　名称预先核准委托书

（2）企业名称预先核准申请书：进入市场监督管理局→“企业登记”→“名称预先核准申请书”（如图 4-5 所示），填写相关信息，完成后提交。

名称预先核准申请书

申请名称				
备选字号	1		4	
	2		5	
	3		6	
主营业务①	服装生产、销售			
企业类型②	○合资经营企业 ○港澳台个体工商户 ○股份有限公司 ○合伙企业 ●有限责任公司 ○股份合作 ○个人独资企业 ○外资企业 ○集体所有制企业 ○个体工商户 ○合作经营企业 ○农民专业合作组织 ○全民所有制企业			
	□分支机构			
字号许可方式（无此项可不填写）	○投资人字号/姓名许可 ○商标授权许可 ○非投资人字号许可	许可方名称（姓名）及证照或证件号码		
注册资本（金）或资金数额或出资额（营运资金）	（小写）1000 万元（如为外币请注明币种）______			
备注说明				

注：①申请名称：行政区域+字号+行业特征+组织形式，例如：北京无敌科技有限公司，无敌就是其中的字号并且也是他的名字，备选字号就是需要多写几个名字，以免重复。

② “主营业务”是指企业所从事的主要经营项目。例如：信息咨询、科技开发等。企业名称中的行业用语表述应当与其“主营业务”一致。主营业务包括两项及以上的，以第一项主营业务确定行业用语。

③填写“企业类型”栏目时，请在相应选项对应的“□”内打“√”。“√”选“分支机构”类型的，请对其所从属企业的类型也进行“√”选。例如北京华达贸易有限公司分公司的“企业类型”请选择有限责任公司和分支机构两种类型。

④ 本申请表中所称企业均包括个体工商户。

图 4-5　名称预先核准申请书

（3）名称核准投资人名录：进入市场监督管理局→“企业登记”→“投资人（合伙人）名录”（如图4-6所示），填写相关信息，完成后提交。

投资人（合伙人）名录①

序号	投资人（合伙人）②名称或姓名	投资人（合伙人）证照或身份证件号码	投资人③（合伙人）类型	拟投资额（出资额）（万元）	国别④（地区）或省市（县）
1	[illegible]	123456789001	自然人	300	湖北省武汉市
2	[illegible]	123456789002	自然人	300	湖北省武汉市
3	[illegible]	123456789003	自然人	200	湖北省武汉市
4	[illegible]	123456789004	自然人	300	湖北省武汉市
5					
6					

注：① 请您认真阅读《投资办照通用指南及风险提示》中有关投资人资格的说明，避免后期更换投资人给您带来不便。

② 投资人（合伙人）名称或姓名应当与资格证明文件上的名称或身份证明文件的姓名一致，境外投资人（合伙人）名称或姓名应翻译成中文，填写准确无误。申请设立分支机构，请在“投资人（合伙人）名称或姓名”栏目中填写所隶属企业名称。

③ “投资人（合伙人）类型”栏，填自然人、企业法人、事业法人、社团法人或其他经济组织。

④ “国别（地区）或省市（县）”栏内，外资企业的投资人(合伙人)填写其所在国别(地区)，内资企业投资人（合伙人）填写证照核发机关所在省、市(县)。

⑤ 本页填写不下的可另复印填写。

一次性告知记录

您提交的文件、证件还需要进一步修改或补充，请您按照第____号一次性告知单中的提示部分准备相应文件，此外，还应提交下列文件：

被委托人：[illegible]　受理人：____　时间：____

图4-6　名称核准投资人名录

（4）发放企业名称预先核准通知书：企业名称预先核准申请书经市场监督管理局审核通过后，发放企业名称预先核准通知书（如图4-7所示）。

企业名称预先核准通知书

（鄂____）名预核内字[2020]第303号

根据《企业名称登记管理规定》《企业名称登记管理实施办法》等规定，同意下面4个人出资，注册资本1000万元（人民币），企业名称为[illegible]

投资人、投资额和投资比例：

投资人姓名	投资金额（万元）	投资比例
[illegible]	300	
[illegible]	300	
[illegible]	200	
[illegible]	300	

以上预先核准的企业名称保留期至2020年12月13日。在保留期内，企业名称不得用于经营活动，不得转让。经企业登记机关设立登记，颁发营业执照后企业名称正式生效。

核准日期：2020年06月14日

注：

1.预先核准的企业名称未到企业登记机关完成设立登记的，通知书规定的有效期满后自动失效。有正当理由，需延长预先核准名称有效期的，申请人应在有效期满前1个月内申请延期。有效期延长时间不超过6个月。

2.名称预先核准时不审查投资人资格和企业设立条件，投资人资格和企业设立条件在企业登记时审查。申请人不得以企业名称已核为由抗辩企业登记机关对投资人资格和企业设立条件的审查，企业登记机关也不得以企业名称已核为由不予审查就准予企业登记。

3.企业登记机关应在企业设立登记之日起30日内，务必将加盖登记机关印章的企业营业执照复印件反馈给企业名称核准机关备案。未备案的，企业名称得不到有效保护。

4.企业设立登记后，企业登记机关应将本通知书原件存入企业档案。

图4-7　企业名称预先核准通知书

（二）企业设立登记

企业名称预先核准审核通过之后，就可以填写企业设立登记申请书，等待市场监督管理部门的审核通过，审核通过后则企业正式成立。

1. 提交材料（以有限责任公司为例）

（1）公司法定代表人签署的《公司设立登记申请书》；

（2）全体股东签署的《指定代表或者共同委托代理人的证明》及指定代表或委托代理人的身份证件复印件；

（3）全体股东签署的公司章程；

（4）股东的主体资格证明或者自然人身份证件复印件；

（5）依法设立的验资机构出具的验资证明；

（6）股东首次出资是非货币财产的，提交已办理财产权转移手续的证明文件；

（7）董事、监事和经理的任职文件及身份证件复印件；

（8）法定代表人任职文件及身份证件复印件；

（9）营业场所使用证明；

（10）《企业名称预先核准通知书》。

上述第（4）项中，股东为企业的，提交营业执照副本复印件；股东为事业法人的，提交事业法人登记证书复印件；股东为社团法人的，提交社团法人登记证复印件；股东为民办非企业单位的，提交民办非企业单位证书复印件；股东为自然人的，提交身份证件复印件；其他股东提交有关法律法规规定的资格证明。

2. 企业设立登记流程

企业向市场监督管理局递交公司设立登记申请书、指定代表或者共同委托代理人的证明、公司章程、验资证明、股东身份证复印件、股东会决议、营业场所证明、企业名称预先核准通知书等材料，如果市场监督管理局审核通过，则向公司发放营业执照，如果审核不通过，则需要重新申请。其流程如图 4-8 所示。

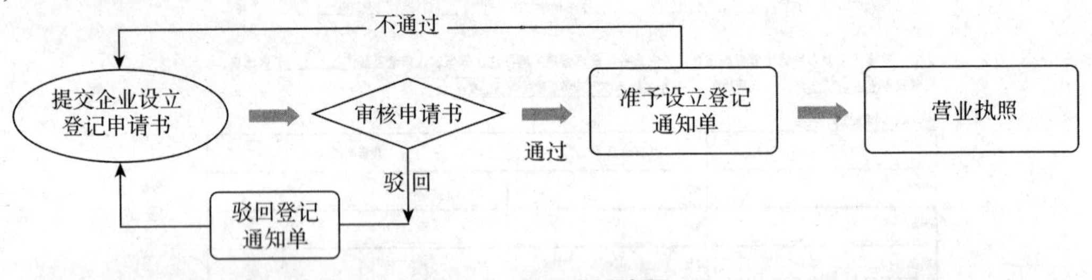

图 4-8　设立登记流程

（1）设立登记申请书：企业收到名称预先核准通知书后，填制设立登记申请书（如图 4-9 所示），提交后等待市场监督管理局审核。

内资公司设立登记申请书

公司名称：[redacted]

郑重承诺

本人[redacted]拟任[redacted]（公司名称）的法定代表人，现向登记机关提出公司设立申请，并就如下内容郑重承诺：

1.如实向登记机关提交有关材料，反映真实情况，并对申请材料实质内容的真实性负责。

2.经营范围涉及照后审批事项的，在领取营业执照后，将及时到相关审批部门办理审批手续，在取得审批前不从事相关经营活动。需要开展未经登记的后置审批事项经营的，将在完成经营范围变更登记后，及时办理相应审批手续，未取得审批前不从事相关经营活动。

3.本人不存在《公司法》第一百四十六条所规定的不得担任法定代表人的情形。

4.本公司一经设立将自觉参加年度报告，依法主动公示信息，对报送和公示信息的真实性、及时性负责。

5.本公司一经设立将依法纳税，自觉履行法定统计义务，严格遵守有关法律法规的规定，诚实守信经营。

法定代表人签字：[redacted]

2020 年 06 月 16 日

登记基本信息表

公司名称	[redacted]		
住　所①	武汉 市 江夏 区（县）[redacted]（门牌号）		
生产经营地②	湖北省 省（区、市）武汉 市 江夏 县 [redacted]（门牌号）		
法定代表人③	[redacted]	注册资本④	1000 万元
公司类型	[redacted]		
经营范围	服装生产、销售		
营业期限	长期/10 年	申请副本数	1 份
股东（发起人）名称或姓名	[redacted] [redacted] [redacted]		

图 4-9　设立登记申请书

注：①填写住所时请列详细地址，精确到门牌号或房间号，如“北京市××区××路（街）××号××室”。

②生产经营地用于核实税源，请如实填写详细地址：如不填写，视为与住所一致，发生变化的，由企业向税务主管机关申请变更。

③公司“法定代表人”指依据章程确定的董事长（执行董事或经理）。

④“注册资本”有限责任公司为在公司登记机关登记的全体股东认缴的出资额；发起设立的股份有限公司为在公司登记机关登记的全体发起人认购的股本总额；募集设立的股份有限公司为在公司登记机关登记的实收股本总额。

（2）市场监督管理局在系统中查找企业提交的设立登记申请书，同时审核该企业提交的纸质材料。审核无误“通过”，审核有问题“驳回”。

（3）法人代表及监理等信息表：设立登记申请书经市场监督管理局审核通过后，企业将收到填写法人代表及监理等信息表（如图 4-10 所示）的任务。单击“领取并处理”，填写相关信息。提交后等待市场监督管理局审核。

法定代表人、董事、经理、监事信息表①

股东在本表的盖章或签字视为对下列人员职务的确认。如可另行提交下列人员的任职文件，则无需股东在本表盖章或签字。

姓名	现居所②	职务信息			是否为法定代表人⑤	法定代表人移动电话
		职务③	任职期限	产生方式④		
	湖北省武汉市	董事长	3年	选举	✓	139********
	湖北省武汉市	董事	3年	选举		
	湖北省武汉市	监事会主席	3年	选举		
	湖北省武汉市	经理	3年	聘任		
全体股东盖章（签字）⑥：						

注：① 本页不够填的，可复印续填。

② “现居所”栏，中国公民填写户籍登记住址，非中国公民填写居住地址。

③ “职务”指董事长（执行董事）、副董事长、董事、经理、监事会主席、监事。上市股份有限公司设置独立董事的应在“职务”栏内注明。

④ “产生方式”按照章程规定填写，董事、监事一般应为“选举”或“委派”；经理一般应为“聘任”。

⑤ 担任公司法定代表人的人员，请在对应的“是否为法定代表人”栏内填“√”，其他人员勿填此栏。

⑥ “全体股东盖章（签字）”处，股东为自然人的，由股东签字；股东为非自然人的，加盖股东单位公章。不能在此页盖章（签字）的，应另行提交有关选举、聘用的证明文件。

图 4-10　法人代表及监理等信息表

（4）市场监督管理局在系统中查找企业提交的法人代表及监理等信息表，同时审核该企业提交的纸质材料。审核无误“通过”，审核有问题“驳回”。

（三）核发营业执照

市场监督管理局审核通过后核发营业执照（如图 4-11 所示），单击生成流水号，生成统一社会信用代码（如图 4-12 所示），完成企业工商注册。

核发营业执照情况

发照人员签字		发照日期	2020年06月20日
领执照情况	本人领取了执照正本一份，副本 1 份。 签字：　　时间：2020年06月20日		
备　注			

一次性报告情况

您提交的文件、证件还需要进一步修改或补充，请您按照第____号一次性告知单中的提示部分准备相应文件，此外，还应提交下列文件：

被委托人：　　受理人：　　时间：2020年06月20日

图 4-11　市场监督管理局核发营业执照

营业执照
统一社会信用代码
生成流水号
名　　称
类　　型　有限责任公司
住　　所　武汉
法定代表人
注册资本（万元）1000
成立日期　2020年06月20日
营业期限（年）10
经营范围
登记机关
日期：2020年06月20日
提交

图 4-12　企业营业执照（示例）

第二节　企业税务登记

根据《国家税务总局关于落实“三证合一”登记制度改革的通知》（税总函〔2015〕482 号）的规定：“新设立企业领取由工商行政管理部门核发加载法人和其他组织统一社会信用代码的营业执照后，无须再次进行税务登记。”这里的“无须再次进行税务登记”是指不必办理税务登记证，但是仍然需要到税务局办理税务登记，即核税。企业核税完成之后，需要每个月按时报税，若无经营，也需要进行零申报，并于每年 6 月 30 日之前做好上一年度的企业年检公示工作，不然将被纳入市场监督管理局黑名单。

一、税务登记需提交的材料

企业纳税人在进行税务登记时，应当根据不同情况向税务机关如实提供以下材料：

（1）营业执照或其他核准执业证件；

（2）有关合同、章程、协议书；

（3）法定代表人或负责人或业主的居民身份证或其他合法证件；

（4）银行开户证明；

（5）验资报告；

（6）其他需要提供的证明材料。

二、税务登记的基本流程

税务登记的主要流程是，首先由企业填写税务登记表，同时准备好进行税务登记的其他文件、资料和证明，提交给税务部门进行审核，如果审核通过，则纳税人申请登记成功，如果审核不通过，则需要重新进行申请。如图 4-13 所示。

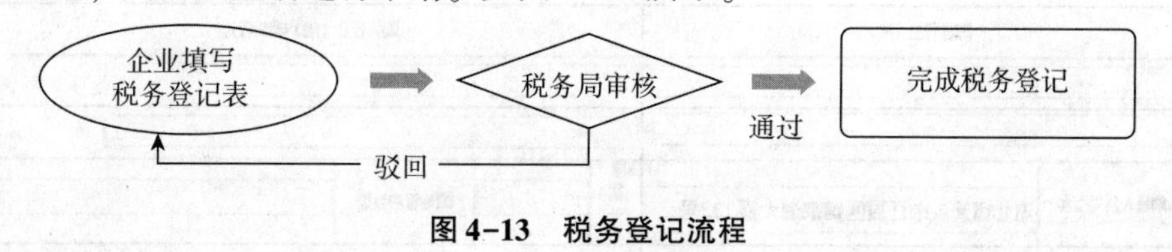

图 4-13　税务登记流程

1. 纳税人税务补充信息表

（1）进入税务局→“行政审批”→“税务报到”→“纳税人税务补充信息表”（如图 4-14 所示），填写并提交，等待税务局审核。

（2）税务局查看“行政审批”→“税务报到”→“纳税人税务补充信息表”，同时审核该企业提交的纸质材料。审核无误“通过”，审核有问题“驳回”。

纳税人税务补充信息表

统一社会信用代码	022833159145709517		纳税人名称	[illegible]	
核算方式	请选择对应项目打"√" ◉独立核算 ◉非独立核算		从业人数	300 其中外籍人数	
适用会计制度	请选择对应项目打"√" ◉小企业会计准则 ◉行政事业单位会计制度 ◉企业会计准则 ◉企业会计制度				
生产经营地	湖北省 省（市/自治区）武汉 市（地区/盟/自治州）江夏 县（自治县/旗/自治旗/市/区）黄家湖 乡（民族乡/镇/街道）黄家湖 村（路/社区）333 号				
办税人员	身份证件种类	身份证件号码	固定电话	移动电话	电子邮箱
[illegible]	第二代身份证	123456789004		139********	004@whxy.edu.cn
财务负责人	身份证件种类	身份证件号码	固定电话	移动电话	电子邮箱
[illegible]	第二代身份证	123456789003		139********	003@whxy.edu.cn
税务代理人信息					
纳税人识别号	名称		联系电话	电子信箱	
代扣代缴代收代缴税款业务情况					
代扣代缴、代收代缴税种			代扣代缴、代收代缴税款业务内容		
经办人签章（签字）：2020 年 06 月 20 日			纳税人公章（签字）：2020 年 06 月 20 日		
国标行业（主）			主行业明细行业		
国标行业（附）			国标行业（附）明细行业		
纳税人所处街乡	湖北省武汉市江夏区黄家湖大道333号	隶属关系		国地管户类型	
国税主管税务局	武汉市税务局		国税主管税务所（科、分局）		
地税主管税务局	武汉市税务局		地税主管税务所（科、分局）		
经办人	[illegible]		信息采集日期	2020年06月20日	

图 4-14　纳税人税务补充信息表

2. 增值税一般纳税人资格登记

（1）进入税务局→"行政审批"→"税务报到"→"增值税一般纳税人资格登记表"（如图 4-15 所示），填写并提交，等待税务局审核。

增值税一般纳税人资格登记表

填表日期 2020年06月20日

社会信用代码（纳税人识别号） 022833159145709517

纳税人名称 [illegible]

法定代表人（负责人、业主）	[illegible]	证件名称及号码	身份证：123456789001	联系电话	139********
财务负责人	[illegible]	证件名称及号码	身份证：123456789003	联系电话	139********
办税人员	[illegible]	证件名称及号码	身份证：123456789004	联系电话	139********
税务登记日期	2020年06月20日				
生产经营地址	湖北省武汉市				
注册地址	湖北省武汉市				
纳税人类别（单选）：	◉企业 ○非企业性单位 ○其他 ○个体工商户				
主营业务类别：	◉工业 ○其他 ○服务业 ○商业				
会计核算健全：	◉是				
一般纳税人资格生效之日：	○次月1日 ◉当月1日				

填表说明：
1. 本表由纳税人如实填写。
2. 表中“证件名称及号码”相关栏次，根据纳税人的法定代表人、财务负责人、办税人员的居民身份证、护照等有效身份证件及号码填写。
3. 表中“一般纳税人资格生效之日”由纳税人自行勾选。
4. 本表一式两份，主管税务机关和纳税人各留存一份。

图 4–15 增值税一般纳税人资格登记表

（2）税务局查看“行政审批”→“税务报到”→“增值税一般纳税人资格登记表”，同时审核该企业提交的纸质材料。审核无误“通过”，审核有问题“驳回”；审核通过后完成税务登记。

第三节 银行开户

一、银行开户需提供的材料

企业银行开户时应根据不同情况，向银行如实提供以下材料：

（1）营业执照正本、副本；

（2）公司章程；

（3）法定代表人身份证原件及复印件；

（4）合伙人或股东身份证复印件；

（5）经办人身份证原件及复印件；

（6）公章、财务章、法人章、合同专用章、发票专用章等；

（7）当地银行要求提供的其他材料。

二、银行开户基本流程

央行《关于取消企业银行账户许可的通知》（银发〔2019〕41 号）明确：为加强银行账户资金管控，取消开户许可证。银行开户流程化繁为简。为锻炼学生动手处理事务的能力，本软件平台业务操作流程仍按原流程处理。

企业基本户开户业务流程如图 4–16 所示。流程图中银行开户申请书也即机构代码申请表。

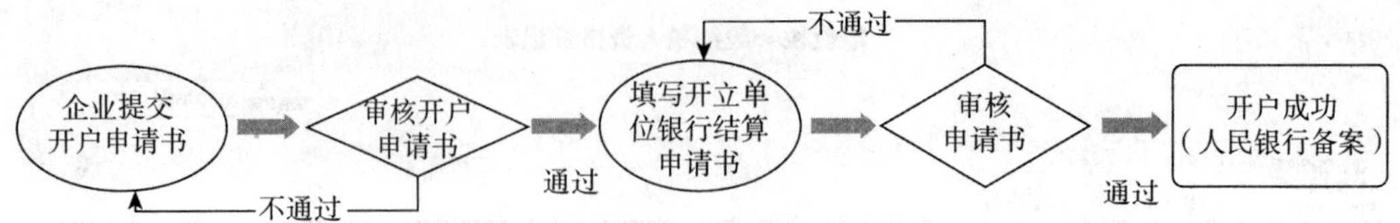

图 4-16　企业基本户开户业务流程

（1）进入商业银行→“开户业务”→“企业基本开户业务”，填写机构信用代码申请表（如图 4-17 所示），提交后等待银行审核。

机构信用代码申请表

申请机构名称	[illegible]		
注册（登记）地址	湖北省武汉市		
登记部门	市场监督管理局	组织机构类别	企业法人
登记注册号类型	有限责任公司	登记注册号码	022833159145709517
纳税人识别号（国税）	022833159145709517	纳税人识别号（地税）	022833159145709517
开户许可证核准号		组织机构代码	022833159145709517
经济类型	私营企业	成立日期	2020年06月20日
注册资本币种	人民币	注册资本（万元）	1000
办公（生产）地址	武汉市江夏区	联系电话	180********
法定代表人（负责人）信息			
姓名	[illegible]	证件类型	身份证
证件号码	420**************		
上级机构（主管单位）信息			
名称			
登记注册号类型		登记注册号码	
机构信用代码		组织机构代码	
本机构自愿申请机构信用代码，授权经办人提出申请并承诺所提供的信息真实、有效。 经办人（签字）：[illegible] 联系电话：180******** 2020 年 06 月 20 日		受理申请商业银行名称： ***商业银行 经办人（签字）： 联系电话： 2020 年 06 月 20 日	

图 4-17　机构信用代码申请表

（2）商业银行查看“开户管理”→“开户申请书管理”，审核机构信用代码申请表，同时审核该企业提交的纸质材料。审核无误“通过”，审核有问题“驳回”。

（3）进入商业银行→“开户业务”→“银行结算账户申请书”，填写银行结算账户申请书（如图 4-18 所示），提交后等待银行审核。

开立单位银行结算账户申请书

存款人	[illegible]	电话	139******
地址	湖北省武汉市	邮编	430000
存款人类别	企业法人	社会信用代码	022833159145709517
○单位负责人 ◉法定代表人	姓名	[illegible]	
	证件种类	身份证：123456789001	
行业分类	☐D ☐E ☐F ☐G ☐A ☐B ☑C ☐L ☐M ☐N ☐O ☐H ☐I ☐J ☐K ☐T ☐Q ☐P ☐S ☐R		
注册资金	1000万元	地区代码	420100
经营范围	服装生产、销售		
证明文件种类		证明文件编号	
税务登记证编号（国税或地税）	022833159145709517		
关联企业	关联企业信息填列在“关联企业登记表”上		
账户性质	基本户		
资金性质	日常结算	有效日期至	2040 年[illegible]月20日

以下栏目由开户银行审核后填写：

开户银行名称		开户银行机构代码	
账户名称		账号	
基本存款账户开户许可证核准号		开户日期	
本存款人申请开立单位银行结算账户，并承诺所提供的开户资料真实、有效。 存款人（公章） 2020 年06月20日	开户银行审核意见： 经办人（签章） 存款人（签章） 年 月 日	人民银行审核意见： 经办人（签章） 人民银行（签章） 年 月 日	

填列说明：

1、申请开立临时存款账户，必须填列有效日期；申请开立专用存款账户，必须填列资金性质。

2、该行业标准由银行在营业场所公告，“行业分类”中各字母代表的行业种类如下：A：农、林、牧、渔业；B：采矿业；C：制造业；D：电力、燃气及水的生产供应业；E：建筑业；F：交通运输、仓储和邮政业；G：信息传输、计算机服务及软件业；H：批发和零售业；I：住宿和餐饮业；J：金融业；K：房地产业；L：租赁和商务服务业；M：科学研究、技术服务和地质勘查业；N：水利、环境和公共设施管理；O：居民服务和其他服务业；P：教育业；Q：卫生、社会保障和社会福利业；R：文化、教育和娱乐业；S：公共管理和社会组织；T：其他行业。

图 4-18　开立单位银行结算账户申请书

（4）商业银行查看“开户管理”→“银行结算账户申请书”，同时审核该企业提交的纸质材料。审核无误“通过”，审核有问题“驳回”。通过后提交人民银行审核。

（5）中国人民银行审核结算账户申请书，同时审核该企业提交的纸质材料。审核无误后“通过”，审核有问题“驳回”。

（6）中国人民银行发放机构信用代码证。机构信用代码证如图 4-19 所示。

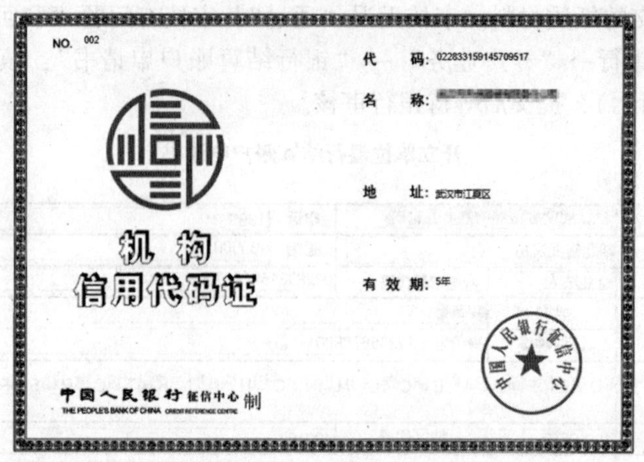

图 4-19 机构信用代码证

(7) 中国人民银行发放开户许可证。开户许可证如图 4-20 所示。

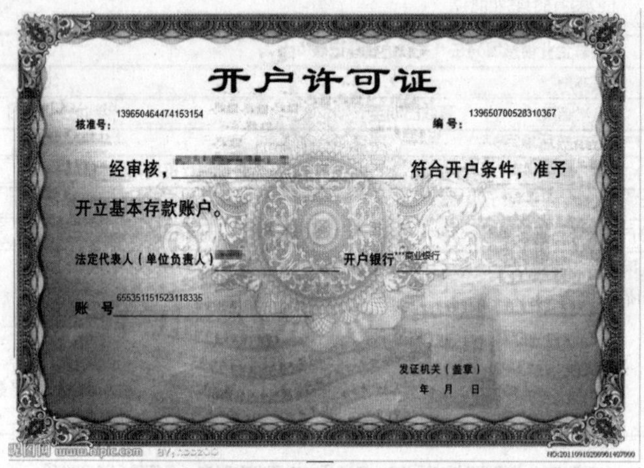

图 4-20 开户许可证

专题活动三 企业 Logo 设计、评选

一、活动主题

彰显风采，让市场记住独特的“我”（例）。

二、活动原则

使学生参加实训和亲自动手设计自己公司的 Logo，了解 Logo 设计的元素和标准，识别 Logo 在企业运营过程中的重要性，培养创造力。

三、活动参与对象

全体虚拟机构。

四、活动地点

实验室。

五、活动组织形式

1. 手工制作 Logo。

2. 完成后由各机构安排人员进行讲解。

3. 组织评委小组进行评选。

六、活动时间安排

1. 根据课程时间安排，可以在公司注册的过程中发布。

2. 由学生在 120 分钟时间内进行 Logo 制作。

3. Logo 制作完成后，由各机构选出一名学员进行讲解，讲解时间不超过 3 分钟。

4. 评委小组打分。

5. 公布结果。

七、评分标准

企业 Logo 设计评分表如表 4-2 所示。

表 4-2　企业 Logo 设计评分表

序号	机构类型	机构名称	识别性（20%）	原创性（20%）	时代性（20%）	地域性（20%）	适用性（20%）	总分	备注
1	制造 1								
2									
3									
…									
N									

1. 识别性（20%）：商标须有独特的个性，容易使公众认识及记忆，留下良好深刻的印象。若商标与别人的类似，看上去似曾相识，没有特征而面目模糊，一定不会使人留有印象。

2. 原创性（20%）：设计贵乎具有原创的意念与造形，商标亦如是。原创的商标必能在公众心中留下独特的印象，也能经得起时间的考验。原创可以是“无中生有”，也可以在传统与日常生活中加入创意，推陈出新。

3. 时代性（20%）：商标不可与时代脱节，使人有陈旧、落后的印象。现代企业的商标要具有现代感，富有历史传统的企业也要注入时代品位，引领潮流。

4. 地域性（20%）：每个机构企业都具有不同的地域性，它可能反映于机构的历史背景、产品或服务背后的文化根源、市场的范围和对象等。商标可具有明显的地域特征，但也可以具有较强的国际形象。

5. 适用性（20%）：商标须适用于机构企业所采用的视觉传递媒体。每种媒体都具有不同的特点，或者具有各自的局限性，商标的应用须适应各媒体的条件。无论形状、大小、色彩还是肌理，都要考虑周详，或者做有弹性的变通，增强商标的适用性。

扩展阅读

1. 丘陵（中央工艺美术学院装潢设计系前主任、教授）在现代视觉传达设计中，提出标志设计的三大要素。

（1）速度。就是在现代快速生活节奏的情况下，标志设计要一目了然、简练明确。

(2) 准确性。也就是反映内容要有准确性，要把公司、集团、商社、商品的性质特点紧紧地把握住。

(3) 信息量。就是反映内容的广度和深度。

还应补充一条，即形式美感。有些设计基本具有简练、准确和有一定的信息量的特点，但是不美。有些是外形不美，有些黑白不匀，总之是不符合形式法则和造型规律，这样就使标志设计丧失了艺术感染和视觉冲击的力量。

2. 魏正（台湾艾肯形象策略公司总经理）认为好的标志设计，基本上需具备三大精神。

(1) 主张性。将企业所追求的理想主张明确化，再转化为易懂的图形，并以最合适的题材来作为创意的表现，最后形成企业独有的价值与文化。

(2) 国际性。这指的是以本土为出发点，而不是以欧、美、日的观点来作为诉求，让人一眼便能感受到中国（台湾）的企业或品牌，逐渐形成好感。简言之，即以本土文化为“意”，用西方美学做“形”的构成表现，来迎向国际化。

(3) 力动性。从正派、诚信、踏实的形象转化至创新、挑战、积极的现代企业。四平八稳的标志已不能成为企业经营的象征。如何将现代的诉求表现在标志上，则非力量与动感不可。

3. 胜冈重夫（日本番茄银行 Logo 设计者）认为一个好的 Logo 必须具备广度、高度及长度三个要素。

(1) 广度，指的是在名片、账票类、看板、存折、卡片或是赠品上，都能做广度展开运用的形状。有些设计看板应用时非常漂亮，但一旦用在存折或卡片上，就糊成一团，这样的 Logo 就是不好的。必须能在企业所有的沟通宣传工具上都能展开运用，才是一个好的 Logo 设计。

(2) 高度，指的是具有国际性的感觉，以及在造型的色彩和形状方面能有很高的完成度。

(3) 长度，指的是时间的延展性。一个 Logo 不能才两三年就被人认为是陈旧过时的设计，而是必须能与企业共存、发展。因此，Logo 最少要具备 10～20 年的适用性才行。

第三篇　企业经营

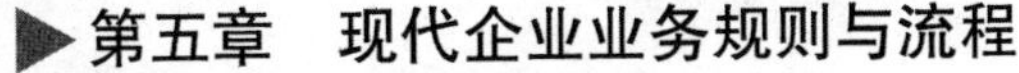

第五章

现代企业业务规则与流程

第一节　现代制造企业业务规则与流程

现代制造业已经不再像传统制造业一样封闭，对信息化水平、企业的组织形式、经营的开放性与全球性、企业的研究开发能力与产品的技术含量都有较高的要求。

虚拟实验环境模拟的行业是一个从生产技术水平相对较低的产品向高技术产品发展的行业。行业技术进步快，产品正朝着多功能、复合化、轻便化、智能化和品质化的方向发展。(我们在虚拟经营的时候可以将具体产品限定在某一特定领域，甚至是某几种有代表性的产品上，以便具有可操作性。)

虚拟经营过程设定企业是一个新成立的企业，由一个创业者一步步组建起来，逐渐拥有自己的管理团队。由管理团队建立各项制度，并在产品研发、市场开发、生产设施建设方面开始企业的运营。生产制造企业创立初始，将获得股东 1 000 万元的资金投资，资金比较充裕。企业的成立与运转靠企业管理层在调查研究的基础上，在产品研发、市场开发、生产设施建设等方面做出科学决策，使企业能够在短短几年时间里发展壮大。

制造企业业务知识储备与能力培养明细如表 5-1 所示。

表 5-1　制造企业业务知识储备与能力培养明细

机构	具体事项	知识储备	能力表现	考核标准
制造企业	撰写商业计划书 制定公司战略 财务预算 公司选址 固定资产购置 产品研发 原材料采购 产品生产	《中华人民共和国公司法》《中华人民共和国民法典》等，管理学、战略管理、创业管理、会计学、财务管理、物流管理、市场营销、税法、计算机等课程，实验指导书等	1. 学习能力 2. 业务操作能力 3. 组织协调能力 4. 商务沟通能力 5. 知识更新能力 6. 政治观察能力 7. 明辨是非能力 8. 领导能力 9. 创新能力 10. 竞争能力	1. 团队精神 2. 企业组织能力 3. 经营过程 4. 公司绩效 5. 材料整理

续表

机构	具体事项	知识储备	能力表现	考核标准
制造企业	市场开拓			
	产品销售			
	员工招聘			
	资质认证			

一、企业设立

企业设立流程已经在第四章详细叙述，这里不再赘述。

二、组织架构管理

(一) 组织架构

制造企业初期采用直线职能制结构，根据业务需求可划分成生产部、采购部、市场部、销售部、财务部、企业管理部六大部门。其中，企业管理部下设二级部门——行政部、人力资源部、信息部；销售部下设二级部门——销售部、销售物流部；生产部下设二级部门——生产部、研发部。各个部门根据各自的职责进行业务决策。每经营年开始由各个部门统一召开公司经营会议，在总经理的带领下通过团队协作，共同建设、经营模拟企业。

需注意的是，组织架构根据课程小组分配由学生自由调整，一般采取因岗设人和因人设岗相结合的方式，在不同时期根据业务需求进行综合调整，可以一人多岗或一岗多人，由各公司 CEO 协调完成，后期可以尝试矩阵制。

制造企业组织机构如图 5-1 所示。

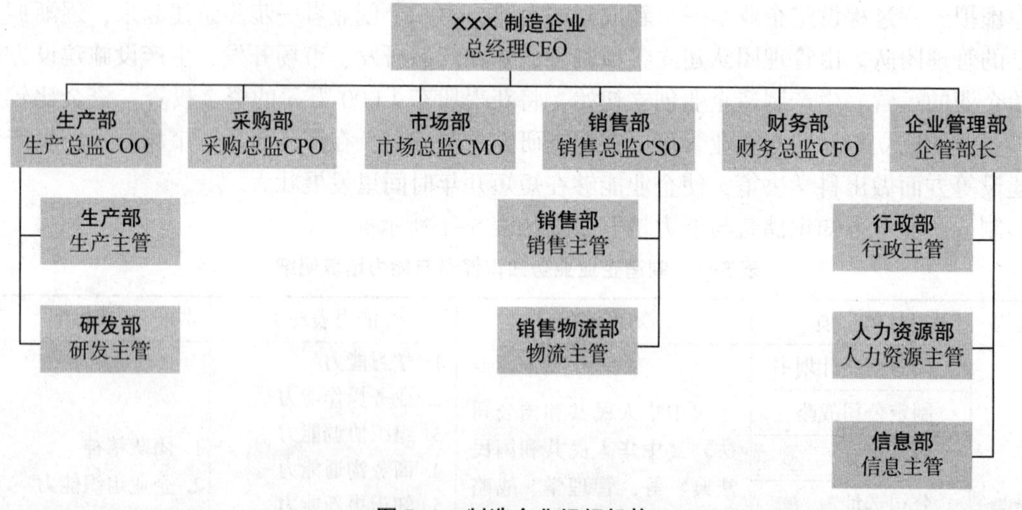

图 5-1　制造企业组织机构

扩展阅读

1. 企业组织结构的演变规律

从企业组织发展的历史来看，企业组织结构的演变本身就是一个不断创新、不断发展的过程，先后出现了直线制、矩阵制、事业部制等组织结构形式。当前，金字塔式的层级结构已不能适应现代社会特别是知识经济时代的要求，企业发展已经呈现出竞争全球化、顾客主导化和员工知识化等特点。企业组织形式必须是弹性的和分权化的。因此，现代企业十分推崇流程再造、组织重构，以客户的需求和满意度为目标，对企业现有的业务流程进行根本性的再思考和彻底重建，利用先进的制造技术、信息技术以及现代化的管理手段，最大限度地实现技术上的功能集成和管理上的职能集成，以打破传统的职能型组织结构，建立全新的过程型组织结构，从而实现企业经营成本、质量、服务和效率的巨大改善，以更好地适应以顾客、竞争、变化为特征的现代企业经营环境。

2. 企业组织结构的发展趋势和新型组织结构形态

企业组织结构发展呈现出新的趋势，其特点是：重心两极化、外形扁平化、运作柔性化、结构动态化。团队组织、动态联盟、虚拟企业等新型的组织结构形式相继涌现，具体来说，具有这些特点的新型组织结构形态有三种。

(1) 横向型组织。横向型的组织结构弱化了纵向的层级，打破了刻板的部门边界，注重横向的合作与协调。其特点是：组织结构是围绕工作流程而不是围绕部门职能建立起来的，传统的部门界限被打破；减少了纵向的组织层级，使组织结构扁平化；管理者更多的是授权给较低层次的员工，重视运用自我管理的团队形式；体现顾客和市场导向，围绕顾客和市场的需求，组织工作流程，建立相应的横向联系。

(2) 无边界组织。这种组织结构寻求的是削减命令链，成员的等级秩序降到最低点，拥有无限的控制跨度，取消各种职能部门，取而代之的是授权的工作团队。无边界的概念，是指打破企业内部和外部边界。打破企业内部边界，主要是在企业内部形成多功能团队，代替传统上割裂开来的职能部门；打破企业外部边界，则是与外部的供应商、客户包括竞争对手进行战略合作，建立合作联盟。

(3) 组织的网络化和虚拟化。无边界组织和虚拟组织是组织网络化和虚拟化的具体形式。组织的虚拟化既可以是虚拟经营，也可以是虚拟的办公空间。

（二）职责分工（以5人小组为例）

制造企业岗位职责分工如图5–2所示。

总经理	财务主管	营销主管	生产主管	采购主管
•发展战略制定 •竞争格局分析 •经营指标确定 •业务策略制定 •全面预算管理 •管理团队协同 •企业绩效分析 •业绩考评管理 •管理授权与总结	•日常财务记账和登账 •向税务部门报税 •提供财务报表 •日常现金管理 •企业融资策略制定 •成本费用控制 •资金调度与风险管理 •财务制度与风险管理 •财务分析与协助决策	•市场调查分析 •市场进入策略 •品种发展策略 •广告宣传策略 •制订销售计划 •争取订单与谈判 •签订合同与过程控制 •按时发货和应收款管理 •销售绩效分析	•产品研发管理 •管理体系认证 •固定资产投资 •编制生产计划 •平衡生产能力 •生产车间管理 •产品质量保证 •成品库存管理 •产品外协管理	•编制采购计划 •供应商谈判 •签订采购合同 •监控采购过程 •到货验收 •仓储管理 •采购支付抉择 •与财务部协调 •与生产部协同

图5–2　制造企业岗位职责分工

三、撰写商业计划书

虚拟实验过程中，在企业正式运营之前应撰写商业计划书，这是为了预测企业的成长率并做好未来的行动规划，也是为了锻炼学生做出整体判断和把握的能力，加强对事务管理的能力。

扩展阅读

商业计划书（Business Plan）是公司、企业或项目单位为了达到招商融资和其他发展目标，在经过前期对项目科学地调研，分析、搜集与整理有关资料的基础上，根据一定的格式和内容的具体要求而编辑整理的一个向投资者全面展示公司和项目目前状况、未来发展潜力的书面材料。商业计划书是以书面的形式全面描述企业所从事的业务。它详尽地介绍了一个公司的产品服务、生产工艺、市场和客户、营销策略、人力资源、组织架构、对基础设施和供给的需求、融资需求，以及资源和资金的利用。

商业计划书的主要编写格式如下。

1. 商业计划书摘要

商业计划书摘要是风险投资者首先要看到的内容，它浓缩商业计划书之精华，反映商业之全貌，是全部计划书的核心所在。它必须让风险投资者有兴趣，并渴望得到更多的信息。篇幅一般控制在两千字左右，主要包括公司概述、研究与开发、产品或服务、管理团队和管理组织情况、行业及市场、营销策略、融资说明、财务计划与分析、风险因素、退出机制等内容。

2. 公司概述

这部分介绍公司的发展历史、现在的情况以及未来的规划。具体而言，主要有：公司名称、地址、联系方法等；公司的自然业务情况；公司的发展历史；对公司未来发展的预测；本公司与众不同的竞争优势或者独特性；公司的纳税情况。

3. 公司的研究与开发

这部分介绍投入研究开发的人员和资金计划及所要实现的目标，主要包括：研究资金投入、研发人员情况、研发设备、研发的产品的技术先进性及发展趋势。

4. 产品或者服务

创业者必须将自己的产品或服务创意向风险投资者做一个介绍，主要介绍产品的名称、特征及性能用途，产品的开发过程，产品处于生命周期的哪一段，产品的市场前景和竞争力如何，以及产品的技术改进和更新换代计划及成本。

5. 管理团队

在风险投资商考察企业时，人是非常重要的因素。在某种意义上，创业者的创业能否成功，最终要取决于该企业是否拥有一个强有力的管理团队，这一点特别重要。全面介绍公司管理团队情况，主要包括：公司的管理机构，主要股东、董事，关键的雇员、薪金，股票期权、劳工协议、奖惩制度及各部门的构成等情况；公司管理团队的战斗力和独特性，以及与众不同的凝聚力和团结战斗精神。

6. 市场与竞争分析

目标市场方面，主要对产品的销售金额、增长率和产品或服务的总需求等做出有充分依据的判断。目标市场是企业产品送达的目的地，而市场细分是对企业的定位，创业者应该细分各个目标市场，并且讨论到底想从他们那里取得多少销售总量收入、市场份额和利润，同时估计自己的产品真正具有的潜力。

风险投资家是不会因为一个简单的数字就相信创业者的计划的，创业者必须对可能影响需求、市场、策略的因素进一步分析，以使潜在的投资者们能够判断公司目标的合理性，以及他们将相应承担的风险。所以，创业者一定要说明是如何得出结论的。

(1) 目标市场的阐述，应解决以下问题。

1) 你的细分市场是什么？

2) 你的目标顾客群是什么？

3) 你的5年生产计划、收入和利润是多少？

4) 你拥有多大的市场？你的目标市场份额为多大？

5) 你的营销策略是什么？

(2) 行业分析，应该回答以下问题。

1) 该行业发展程度如何？

2) 现在发展动态如何？

3) 该行业的总销售额有多少？总收入多少？发展趋势怎样？

4) 经济发展对该行业的影响程度如何？

5) 政府是如何影响该行业的？

6) 是什么因素决定它的发展？

7) 竞争的本质是什么？你采取什么样的战略？

8) 进入该行业的障碍是什么？你将如何克服？

(3) 竞争分析，要回答如下问题。

1) 你的主要竞争对手是谁？

2) 你的竞争对手所占的市场份额多大？市场策略是什么？

3) 可能出现什么样的新发展？

4) 我们的策略是什么？

5) 在竞争中你的发展、市场和地理位置的优势何在？

6) 你能否承受竞争所带来的压力？

7) 产品的价格、性能、质量在市场竞争中所具备的优势是什么？

(4) 市场营销，应该说明以下问题。

1) 营销机构和营销队伍。

2) 营销渠道的选择和营销网络的建设。

3) 广告策略和促销策略。

4) 价格策略。

5) 市场渗透与开拓计划。

6) 市场营销中意外情况的应急对策。

7. 生产经营计划

生产经营计划主要阐述创业者的新产品的生产制造及经营过程。这一部分非常重要，风险投资者要从这一部分了解原料采购、供应商的情况，劳动力和雇员的情况，生产资金的安排，以及厂房、土地等。这一部分是以后投资谈判中对投资项目进行估值时的重要依据，也是创业者所占股权的一个重要组成部分，因此内容要详细，细节要明确。

生产经营计划主要包括：新产品的生产经营计划、公司现有的生产技术能力、品质控制和质量改进能力、现有的生产设备或者将要购置的生产设备、现有的生产工艺流程、生产产品的经济分析及生产过程。

8. 财务分析和融资需求

财务分析资料是一个需要花费相当多时间和精力来编写的部分。风险投资者会期望从财务分析部分来判断企业未来经营的财务损益状况，进而从中判断自己的投资能否获得预期的理想回报。财务分析包括以下三方面的内容。

（1）过去三年的历史数据，今后三年的发展预测。主要提供过去三年现金流量表、资产负债表、损益表，以及年度的财务总结报告书。

（2）投资计划。

1）预计的风险投资数额。

2）风险企业未来的筹资资本结构如何安排。

3）获取风险投资的抵押、担保条件。

4）投资收益和再投资的安排。

5）风险投资者投资后双方股权的比例安排。

6）投资资金的收支安排及财务报告编制。

7）投资者介入公司经营管理的程度。

（3）融资需求。

1）资金需求计划：为实现公司发展计划所需要的资金额、资金需求的时间性、资金用途（详细说明资金用途，并列表说明）。

2）融资方案：公司所希望的投资人及所占股份的说明、资金其他来源（如银行贷款等）。

9. 风险因素

详细说明项目实施过程中可能遇到的风险，提出有效的风险控制和防范手段。

10. 投资者退出方式

（1）股票上市：依照商业计划的分析，对公司上市的可能性做出分析，对上市的前提条件做出说明。

（2）股权转让：投资商可以通过股权转让的方式收回投资。

（3）股权回购：依照商业计划的分析，公司应向投资者说明股权回购计划。

（4）利润分红：投资商可以通过公司利润分红达到收回投资的目的。按照本商业计划的分析，公司应向投资者说明股权利润分红计划。

（资料来源：MBA 智库百科）

四、制定公司战略

（一）公司战略制定步骤

公司战略决定公司的发展方向和发展高度，是企业的指导方向，也是企业的纲领，不仅总经理，公司所有人都应高度重视公司战略的制定，立足长远发展考虑公司的未来。公司战略制定步骤如下。

（1）公司成立之初，组织生产、销售、采购、财务等部门的公司高管，进行高管会议，为公司做战略规划。

（2）在公司内部公布战略规划，树立长远发展思路。

（3）在公司经营过程中，做各项决策应考虑公司的战略发展，妥善平衡现实与长远发展之间的关系。

（4）根据市场和企业的实际情况，适时适当地调整战略规划。

注：制定战略的过程中可用 PESTN 分析（即宏观环境分析）、波特五力模型分析、SWOT 分析等分析方法；战略调整方法有鱼骨图（因果图，发现问题根本原因的分析方法，如图 5-3 所示，有问题型、对策图、原因型等类型，可以采用 5M1E 分析方法）、雷达图（蛛网图，主要用于企业经营状况分析，如收益性、生产性、流动性、安全性、成长性等的评价，如图 5-4 所示）、趋势图（统计图或统计图表）等。

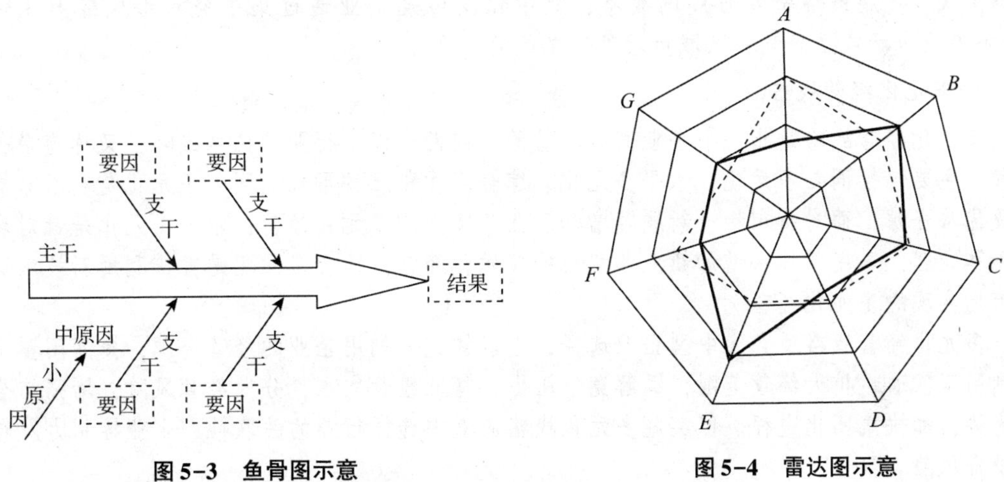

图 5-3　鱼骨图示意

图 5-4　雷达图示意

（二）基本战略环境

1. 课程模拟行业环境分析

如智能手机行业、智能家居行业等。可以根据国家和区域经济发展虚拟构建。

2. 市场需求繁荣状况

市场需求繁荣状况主要展示的是产品生命周期、产品技术发展等信息，可以研究市场竞争战略、产品组合战略等。

企业进入主界面→“驾驶舱”→“市场需求繁荣状况”，可以了解产品构成及需求指数。

3. 市场需求预测

市场需求预测主要展示产品需求数量信息，可以研究经营战略、市场竞争战略、生产计划等。市场需求曲线在虚拟环境中采用实时更新预测各个季度的产品需求数量，是动态图。

企业进入主界面→“驾驶舱”→“市场需求预测”，可以了解产品季度需求情况。

（三）战略选择

根据战略分析，虚拟经营阶段可以选择不同的战略，如差异化战略、成本领先战略、一体化战略、稳定型战略、发展型战略、收缩型战略等。

扩展阅读

1. 市场渗透战略

市场渗透战略是指实现市场逐步扩张的拓展战略。该战略可以通过扩大生产规模、提高生产能力、增加产品功能、改进产品用途、拓宽销售渠道、开发新市场、降低产品成本、集中资源优势等单一策略或组合策略来开展。其战略核心体现在两个方面：利用现有产品开辟新市场实现渗透、向现有市场提供新产品实现渗透。

市场渗透战略是比较典型的竞争战略，主要包括成本领先战略、差异化战略、集中化战略三种最有竞争力的战略形式。成本领先战略是通过加强成本控制，使企业总体经营成本处于行业最低水平的战略；差异化战略是企业采取的有别于竞争对手经营特色（产品、品牌、服务方式、发展策略等方面）的战略；集中化战略是企业通过集中资源形成专业化优势（服务专业市场或立足某一区域市场等）的战略。

2. 多元化经营战略

多元化经营战略是指一个企业同时经营两个或两个以上行业的拓展战略，又称为多行业经营，主要包括同心多元化、水平多元化、综合多元化三种形式。同心多元化是利用原有技术及优势资源，面对新市场、新顾客增加新业务实现的多元化经营；水平多元化是针对现有市场和顾客，采用新技术增加新业务实现的多元化经营；综合多元化是直接利用新技术进入新市场实现的多元化经营。

多元化经营战略适合大中型企业选择，它能够充分利用企业的经营资源，提高闲置资产的利用率，通过扩大经营范围，缓解竞争压力，降低经营成本，分散经营风险，增强综合竞争优势，加快集团化进程。但实施多元化战略应考虑选择行业的关联性、企业控制力及跨行业投资风险。

3. 联合经营战略

联合经营战略是指两个或两个以上独立的经营实体横向联合成立一个经营实体或企业集团的拓展战略，是社会经济发展到一定阶段的必然形式。实施该战略有利于实现企业资源的有效组合与合理调配，增加经营资本规模，实现优势互补，增强集合竞争力，加快拓展速度，促进规模化经济的发展。

在工业发达的西方国家，联合经营主要是采取控股的形式组建企业集团，各集团的共同特点是：由控股公司（母公司）以资本为纽带建立对子公司的控制关系，集团成员之间采用环行持股（相互持股）和单向持股两种持股方式，且分为以大银行为核心对集团进行互控和以大生产企业为核心对子公司进行垂直控制两种控制方式。在中国，联合经营主要是采用兼并、合并、控股、参股等形式，通过横向联合组建成立企业联盟体，其联合经营战略主要可以分为一体化战略、企业集团战略、企业合并战略、企业兼并战略四种类型。

五、财务预算

财务预算是一系列专门反映企业未来一定期限内预计的财务状况和经营成果，以及现金收支等价值指标的各种预算的总称。

（1）企业进入主界面→“操作提示”，首先确认 L 型产品工艺清单及新的研发项目，并收取系统注册资金，如图 5-5 所示。

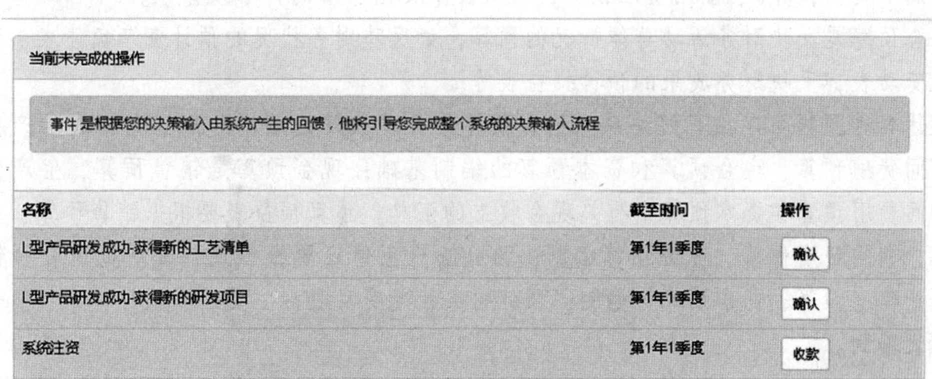

图 5-5 收取系统注册资金

（2）企业进入主界面→“我的办公室”→“企业日常管理”→“企业预算”，进行财务预算的编制，如图 5-6 所示。财务预算报告模板如表 5-2 所示。

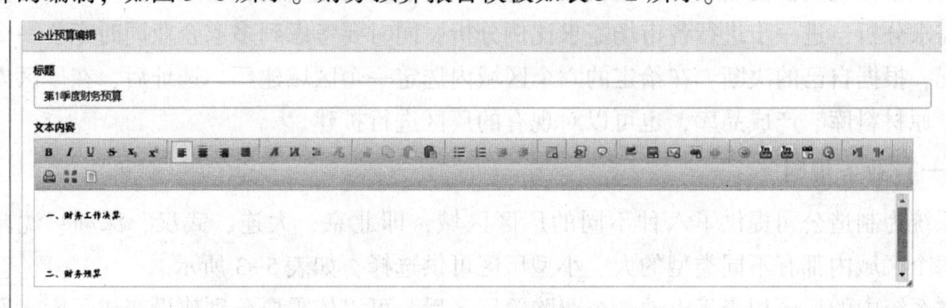

图 5-6 财务预算编制

表 5-2 财务预算报告模板

一、财务工作决算（针对财务的收入与支出情况进行描述）
二、财务预算
（一）公司财务预算原则
财务预算的 39 个原则（中国会计网）
（二）公司收入预算
（三）公司支出预算

扩展阅读

财务预算是反映某一方面财务活动的预算，如反映现金收支活动的现金预算，反映销售收入的销售预算，反映成本、费用支出的生产费用预算（又包括直接材料预算、直接人工预算、制造费用预算）、期间费用预算，反映资本支出活动的资本预算等。

综合预算是反映财务活动总体情况的预算，如反映财务状况的预计资产负债表、预计财务状况变动表，反映财务成果的预计损益表等。

上述各种预算间存在下列关系：销售预算是各种预算的编制起点，它构成生产费用预算、期间费用预算、现金预算和资本预算的编制基础；现金预算是销售预算、生产费用预算、期间费用预算和资本预算中有关现金收支的汇总。预算损益表要根据销售预算、生产费用预算、期间费用预算、现金预算编制；预计资产负债表要根据期初资产负债表和销售预算、生产费用预算、资本预算等编制；预计财务状况变动表则主要根据预计资产负债表和预计损益表编制。

（资料来源：MBA 智库百科）

六、公司选址

模拟企业完成公司设立后，就要准备建厂生产了。在建厂前，企业根据产品需求分析和市场需求分析，进一步进行各市场需求比例分析，同时要考虑到多家企业同时竞争一个市场的情况，根据自己的决断，在给定的六个区域内选定一个区域建厂。选址后，在厂区内建设厂房、原材料库、产成品库，也可以对现有的厂区进行扩建。

（一）业务规则

系统为制造公司提供了六种不同的厂区区域，即北京、大连、武汉、深圳、沈阳、成都。每个区域内都有不同类型的大、小型厂区可供选择，如表 5-3 所示。

本系统中的厂区相当于土地，企业购置厂区后，可以依需要分别建设产成品库、原材料库、厂房等。在厂区决策中，企业竞争者需共同遵守如下规则。

（1）系统默认每个企业在整个经营过程中只能购买一个厂区。

（2）购买厂区后，所有类型厂区系统默认一定大小面积，可以根据需要建设产成品库、原材料库、厂房。厂区购买后，当季度可以使用。

（3）当企业在经营过程中要求增加各类建筑物数量时，需对厂区进行扩建。扩建后，当季度可使用。

厂区每期都有一定的扩建面积，每次扩建面积 = 厂区现有面积/(已扩展次数+1)^2，每次扩建金额 = 每次扩建面积×土地的价钱。扩建面积或用于建造产成品库，或用于建造原材料库（厂房），扩建情况表（例），如表 5-4 所示。

（4）厂区购买必须一次性付款。

（5）不同厂区的土地价格不同，不同类型的厂区面积大小不同。

（6）厂区购买后，不需要支付开拓费用即可拥有本地市场资格，并在系统中将该市场标记为“本地市场”，在竞单中具有永久市场加成 30 分。

表 5-3　厂区基本情况（1）

代表城市	类型	土地价格/（元·m^2）	厂区面积/m^2	每期最大可扩建面积/m^2	每期最大可扩建次数	竞单加分
北京	小型	1 000	1 000	1 000	3	30
	大型	1 000	1 200	1 200	2	30
大连	小型	850	1 000	1 000	3	30
	大型	850	1 200	1 200	2	30
武汉	小型	800	1 000	1 000	3	30
	大型	800	1 200	1 200	2	30
深圳	小型	1 100	1 000	1 000	3	30
	大型	1 100	1 200	1 200	2	30
沈阳	小型	900	1 000	1 000	3	30
	大型	900	1 200	1 200	2	30
成都	小型	700	1 000	1 000	3	30
	大型	700	1 200	1 200	2	30

表 5-4　厂区基本情况（2）

<table>
<tr><td rowspan="2">类型</td><td colspan="8">扩建次数</td></tr>
<tr><td>第 1 季</td><td>第 2 季</td><td colspan="3">第 3 季</td><td colspan="3">第 4 季</td></tr>
<tr><td>小型</td><td>0</td><td>1</td><td>2</td><td>3</td><td>4</td><td>5</td><td>6</td><td>7</td></tr>
<tr><td>面积</td><td>1 000</td><td>1 000</td><td>500</td><td>278</td><td>174</td><td>118</td><td>85</td><td>64</td></tr>
<tr><td>合计</td><td>1 000</td><td>2 000</td><td colspan="3">2 951</td><td colspan="3">3 219</td></tr>
<tr><td>类型</td><td>第 1 季</td><td>第 2 季</td><td colspan="2">第 3 季</td><td colspan="2">第 4 季</td><td colspan="2">第 5 季</td></tr>
<tr><td>大型</td><td>0</td><td>1</td><td>2</td><td>3</td><td>4</td><td>5</td><td>6</td><td>7</td></tr>
<tr><td>面积</td><td>1 200</td><td>1 200</td><td>600</td><td>333</td><td>208</td><td>142</td><td>102</td><td>77</td></tr>
<tr><td>合计</td><td>1 200</td><td>2 400</td><td colspan="2">3 333</td><td colspan="2">3 683</td><td colspan="2">3 863</td></tr>
</table>

注：厂区是企业组建的基础，厂区的大小将决定企业能自己建造多少个厂房、原材料仓库、产成品仓库，购买时请慎重考虑；厂区扩建每期有面积限制，所以要合理建造各种建筑，避免厂区硬件建设比例失衡，造成资源浪费。

扩展阅读

在现实生活中选址建厂需考虑以下几点。

第一，确定选址范围和建厂地点时，侧重考虑厂址的外部区域经济技术条件，包括：①距离原材料、燃料动力基地和消费地的远近；②与各地联系的交通运输条件；③当地的厂际生产协作条件；④供水、排水及电源的保证程度；⑤原有城镇基础和职工生活条件；⑥有否可供工业进一步发展、工业成组布局和城镇发展的场地；⑦是否与城镇规划及区域规划相协调；⑧土地使用费用、建筑材料来源及施工力量等。

第二，确定厂址最后具体位置时，主要考虑项目设计任务书和厂区总平面布置的有关要求及投资约束条件，包括：①厂址场地条件，如建设用地的面积与外形、地势坡度、工程地质与水文地质状况、地震烈度、灾害性威胁（如洪水、泥石流等）；②土地征用的数量、质量及处理难度；③厂址下有无矿藏等。

（二）业务流程

（1）企业进入主界面→“厂区”，可以查看企业可选址区域分布情况。

（2）企业进入主界面→“厂区”→选择某一区域，例如北京，可以查看本地市场消费需求比例，如图5-7所示，并进行分析，决定在何地建厂，购买大型厂区还是小型厂区。决定后，单击“购买”，确认，付款后完成签收，签收后示意如图5-8所示。

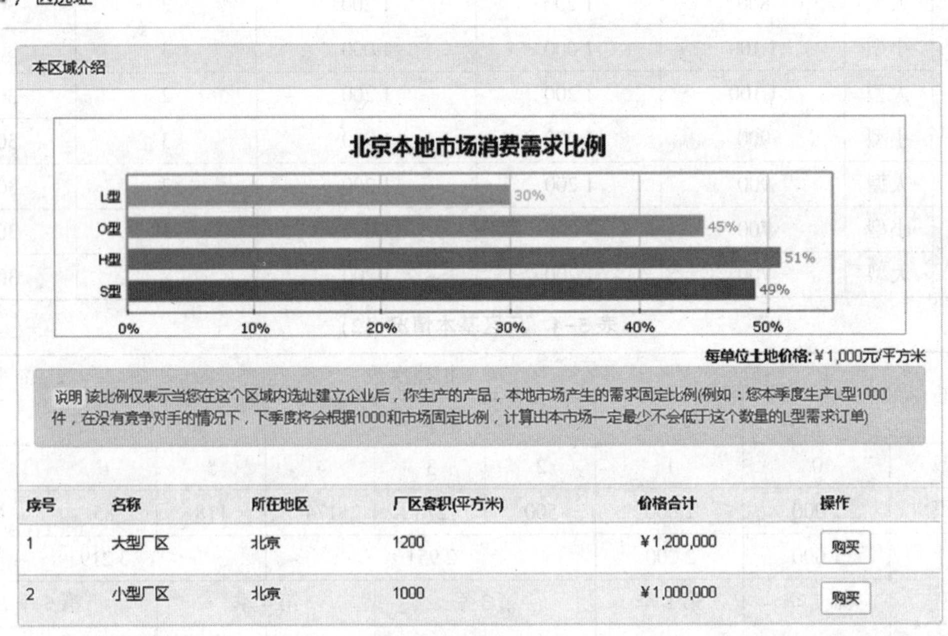

图5-7　本地市场消费需求比例（北京）

图5-8　厂区签收后示意

(3) 单击“查看”，可以了解厂区具体情况，如图5-9所示，如需扩建，可以单击“开始扩建”按钮，进行扩建。

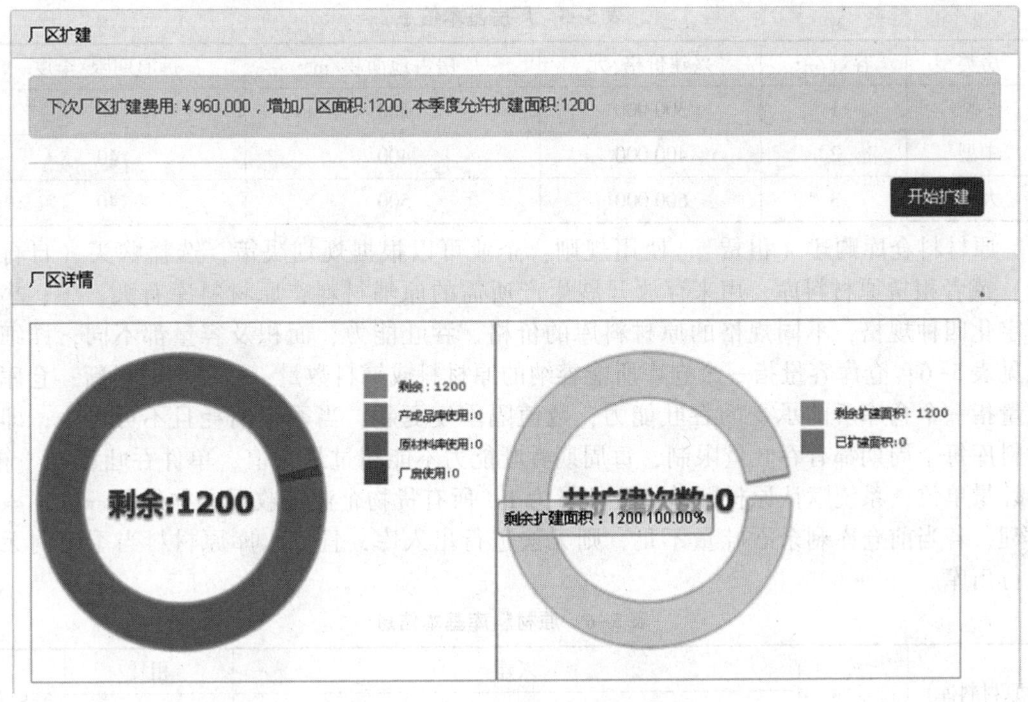

图5-9　厂区具体情况（扩建）

七、固定资产购置

选择厂区后，企业根据企业规划决策，购建企业经营所需固定资产，包括建造厂房、购买或租赁原材料库、购买或租赁产成品库、购置生产线（生产线购置将在企业生产部分阐述）。

（一）业务规则

(1) 固定资产可选择购买或者租赁。购买须一次性付款，支付后可立即投入使用。购买的固定资产每季度须承担维护费用，维护费用在下一季度支付。

(2) 租赁的固定资产在租赁以后马上可以使用，每季度须承担租赁费，租赁费在下一季度支付。租赁的固定资产不支付维护费，但仍需要支付材料和产成品保管费用。

(3) 租赁的固定资产不占用厂区面积。

(4) 租赁到期时，如果仓库内存在货物，经营者也不必担心货物丢失。发生这种情况时，系统自动将租赁合同延期一个季度，只需要缴纳上一季度的租赁费用后，仓库中的物料即可使用。

(5) 不再续租时，需企业自行发起退租业务，退租需要支付当季度的租赁费用。

注：经营过程中，应对每项固定资产进行编号，以免混乱。

厂房购建、使用规则：企业只能选择购买（建造）厂房，建造后，才可以购买生产线；

厂房有大、中、小三种规格，不同规格厂房的价格、面积及容量都不同，详细信息见表5-5。

表 5-5　厂房基本信息

厂房类型	容量/条	兴建价格/元	厂房占地面积/m²	折旧期限/季度
小型	1	300 000	200	40
中型	2	400 000	400	40
大型	3	600 000	500	40

原材料仓库购建（租赁）、使用规则：企业可以根据规划决策，选择购买（自行建造）或者租赁原材料库，用来存放开展生产所需的原辅材料；原材料库有大、中、小及数字化四种规格，不同规格的原材料库的价格、吞吐能力、面积及容量都不同，详细信息见表5-6；仓库容量指一个仓库所能容纳的原材料或辅料数量，数值实时更新；仓库吞吐量指一个仓库所能承受的吞吐能力，数值隔季度更新，当季度消耗且不可再生，即原材料库每个周期都有吞吐量限制，每周期吞吐能力不能超过最大值；单件吞吐量以“箱”为计量单位，系统默认原材料单位吞吐量为1；所有货物企业接收后必须经历一次出入库处理，若当前仓库剩余吞吐量不足，则无法进行出入库，且已入库原材料当季度内无法进行出库。

表 5-6　原材料库基本信息

原材料库类型	容量/件	兴建				租赁	吞吐量（箱）
		兴建价格/元	维护费用/(元·季度⁻¹)	折旧期限/季度	占地面积/m²	租赁费/(元·季度⁻¹)	
小型	6 000	400 000	2 000	40	200	80 000	12 000
中型	8 000	600 000	2 000	40	400	150 000	25 000
大型	10 000	800 000	2 000	40	500	160 000	35 000
数字化仓储	8 000	1 000 000	2 000	40	800	600 000	50 000

例如：原材料M1的体积为1箱，入库1 000件M1，则分别消耗1 000点吞吐量。若把M1投入生产，则需进行出库，再次消耗1 000点吞吐量。

以大型原材料仓库为例，决策最优情况可以达到每季度吞吐17 500件材料。因此，仓库选择要考虑企业资金占用、土地占用、仓库容量及吞吐量等因素，合理布局及应用。

产成品仓库购建（租赁）、使用规则：企业可以根据规划决策，选择购买（自行建造）或者租赁产成品库，用来存放各类产成品；产成品库有大、中、小三种规格，不同规格的原材料库的价格、吞吐能力、面积及容量都不同，如表5-7所示；仓库容量指一个仓库所能容纳的半成品或产成品数量，数值实时更新；仓库吞吐量指一个仓库所能承受的吞吐能力，数值隔季度更新，当季度消耗且不可再生，即产成品库每个周期都有吞吐量限制，每周期吞吐能力不能超过最大值；单件吞吐量以“箱”为计量单位，系统默认产成品单位吞吐量为3；所有货物企业接收后必须经历一次出入库处理，若当前仓库剩余吞吐量不足，则无法进行出入库，且已入库货物当季度内无法进行出库。

表 5-7　产成品库基本信息

产成品库类型	容量/件	兴建				租赁	吞吐量（箱）
		兴建价格/元	维护费用/(元·季$^{-1}$)	折旧期限/季度	占地面积/m^2	租赁费/(元·季$^{-1}$)	
小型	1 000	300 000	2 000	40	200	80 000	5 000
中型	2 000	400 000	2 000	40	400	100 000	10 000
大型	3 000	600 000	2 000	40	500	150 000	18 000

例如：产成品 H 型产品的体积为 3 箱，入库 1 000 件 H 型产品，则分别消耗 3 000 点吞吐量。若把 H 型产品进行销售，则需进行出库，再次消耗 3 000 点吞吐量。

以大型产成品仓库为例，决策最优情况可以达到每季吞吐 3 000 件货物。因此，仓库选择要考虑企业资金占用、土地占用、仓库容量及吞吐量等因素，合理布局及应用。

（二）业务流程

（1）企业进入主界面→“厂区”→“厂房”，单击“建造”按钮，进行厂房建造，如图 5-10 所示。确认后，单击“查看”，可以查看厂房具体信息，如图 5-11 所示。

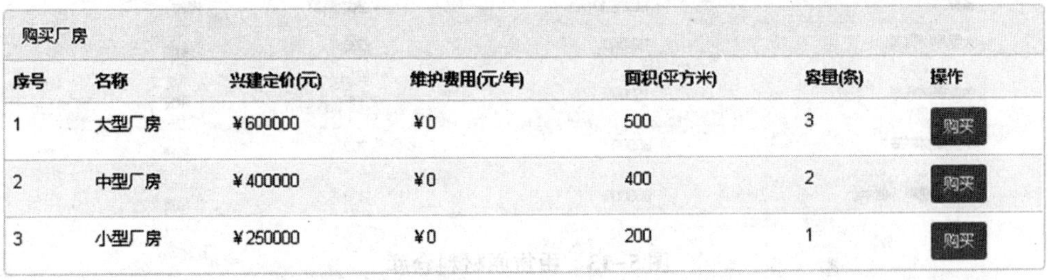

购买厂房

序号	名称	兴建定价(元)	维护费用(元/年)	面积(平方米)	容量(条)	操作
1	大型厂房	¥600000	¥0	500	3	购买
2	中型厂房	¥400000	¥0	400	2	购买
3	小型厂房	¥250000	¥0	200	1	购买

图 5-10　厂房建造

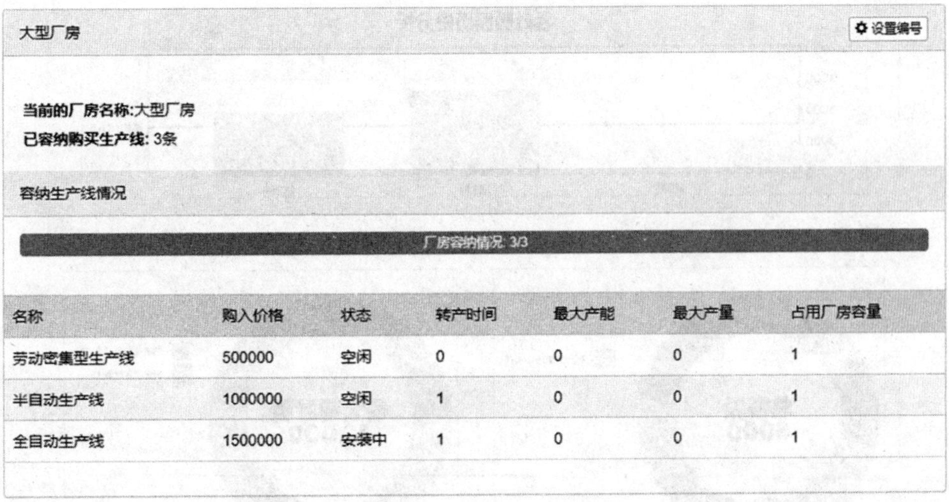

大型厂房　设置编号

当前的厂房名称:大型厂房

已容纳购买生产线: 3条

容纳生产线情况

厂房容纳情况 3/3

名称	购入价格	状态	转产时间	最大产能	最大产量	占用厂房容量
劳动密集型生产线	500000	空闲	0	0	0	1
半自动生产线	1000000	空闲	1	0	0	1
全自动生产线	1500000	安装中	1	0	0	1

图 5-11　厂房具体信息

（2）企业进入主界面→“厂区”→“原材料库”，单击“购买”按钮，购买原材料仓库，如图 5-12 所示，付款后签收；或者单击“租赁中心”进行租赁，确认租赁合同后，下一季度付租赁费，如图 5-13 所示。完成后，单击“查看”，可以查看此仓库原材料历史吞吐量分析、库存分析情况等内容，如图 5-14 所示。

购买 ×

名称	兴建定价(元)	占地面积	操作
大型原材料库	800000	500	购买
中型原材料库	600000	400	购买
小型原材料库	400000	200	购买
数字化原料仓储中心	1000000	800	购买

图 5-12　购买原材料仓库

租赁 ×

名称	租赁定价(元)	占地面积	操作
大型原材料库	160000	500	租赁
中型原材料库	150000	400	租赁
小型原材料库	80000	200	租赁
数字化原料仓储中心	600000	800	租赁

图 5-13　租赁原材料仓库

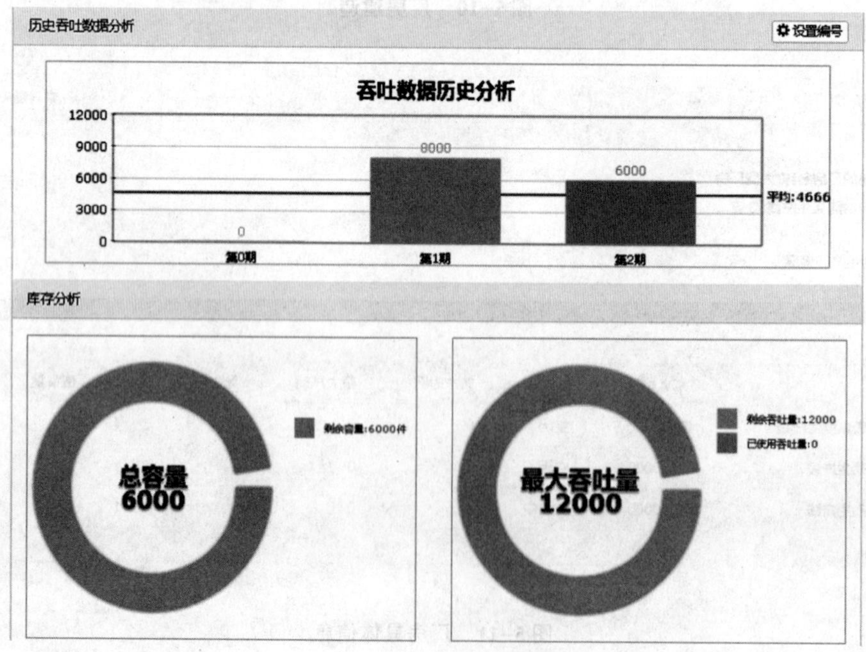

图 5-14　原材料仓库明细情况

（3）企业进入主界面→“厂区”→“成品库”，单击“购买”按钮，购买产成品仓库，如图 5-15 所示，付款后签收；或者单击“租赁中心”进行租赁，确认租赁合同后，下一季度付租赁费，如图 5-16 所示。完成后，单击“查看”，可以查看此仓库产成品历史吞吐量分析、库存分析情况等内容，如图 5-17 所示。

购买

名称	兴建定价(元)	占地面积	操作
大型产成品库	600000	500	购买
中型产成品库	400000	400	购买
小型产成品库	300000	200	购买

图 5-15　购买产成品仓库

租赁

名称	租赁定价(元)	占地面积	操作
大型产成品库	150000	500	租赁
中型产成品库	100000	400	租赁
小型产成品库	80000	200	租赁

图 5-16　租赁产成品仓库

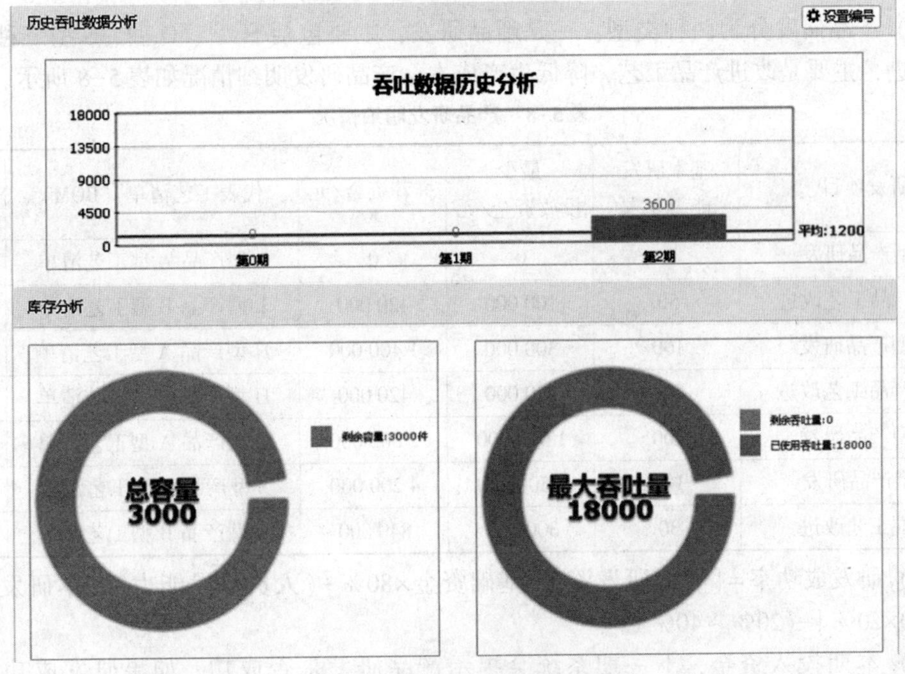

图 5-17　产成品仓库明细情况

八、产品研发

企业经营初期，能够生产的产品种类非常少，并且生产成本较高，销售价格较低，想要获得功能更多、性能更卓越、成本价格更具优势的产品，必须通过新品研发来实现。但由于研发费用高昂，企业在研发时不宜投入过多的研发项目，应该根据实际需要选择在合适的时机进行研发。

产品研发和生产由生产部负责。企业生产部如图 5-18 所示。

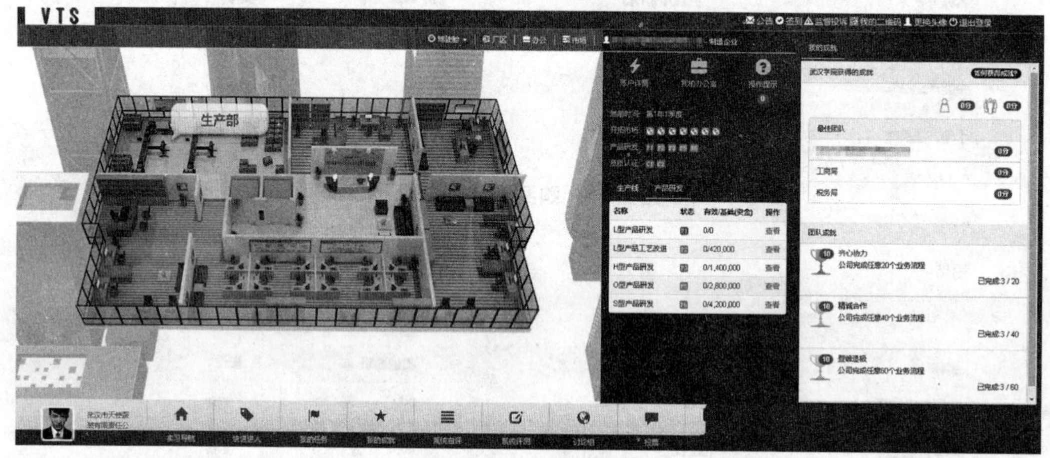

图 5-18　企业生产部

（一）业务规则

（1）虚拟企业在创建初期，可以生产 A 型工艺的 L 型产品。

（2）产品研发分为两种类型：一是新品研发，主要包括 H 型、O 型、S 型三种；二是技术改进，主要是改进产品工艺，降低生产成本。产品研发明细情况如表 5-8 所示。

表 5-8　产品研发明细情况

研发项目	基本研发能力要求	最少投放资金/元	推荐资金/元	代表工艺清单（BOM）	技术水平
L 型产品研发	0	0	0	L 型产品 A 型工艺清单	1
L 型产品工艺改进	50	100 000	420 000	L 型产品 B 型工艺清单	0
H 型产品研发	100	300 000	1 400 000	H 型产品 A 型工艺清单	2
H 型产品工艺改进	50	100 000	420 000	H 型产品 B 型工艺清单	1
O 型产品研发	100	1 000 000	2 800 000	O 型产品 A 型工艺清单	3
S 型产品研发	100	1 500 000	4 200 000	S 型产品 A 型工艺清单	4
高端工艺改进	30	300 000	840 000	O 型产品 B 型工艺清单	2

（3）研发成功率 =［有效研发资金/基础资金×80% +（人员研发能力-基本研发能力要求）/100×20%］-（20% ~40%）。

（4）本期投入资金，下一期系统会提示产品研发是否成功。如果研发成功率达到100%，下一期肯定研发成功。

例如：甲企业准备投放200万资金和15个研发人员用来研发H型产品，两者都投入后的研发成功率的计算式为［2 000 000/1 400 000×80%＋（15×10－100）/100×20%］－(20%～40%)，计算出成功率为84%～104%。

（5）基本研发能力要求：对应研发人员的研发能力，只有该研发项目的研发人员能力达到该项要求后，研发才能开始。

（6）基础资金：企业在资金有效期内必须达到的资金，以保证研发成功。

（7）资金有效期：企业投入研发资金能够对研发产生效果的时间。产品研发可一次性集中投入资金研发，也可分期投入资金研发。一般只生效4个季度，若4个季度还未研发成功，则资金消失。

（8）研发成功的产品当季可投入生产。

注：制造企业可以根据资金预算情况决定研发投入；投入时根据研发成功率，可利用规划求解公式做出较优决策。

（二）业务流程

（1）企业进入主界面→“生产部”→“产品研发”，单击“查看”，打开产品研发界面。进行研发资金投入和人员投入。并通过研发情况统计确认已投入研发的具体信息。

（2）研发资金投入。在“产品研发”界面，在“投入资金”一栏输入具体投入资金金额，单击“投入资金”。付款后完成投入。

（3）研发人员投入。在“产品研发”界面，单击“投入研发人员”（研发人员招聘具体见企业管理部业务），输入数量，确认后完成投入。单击“查看”，可以确认研发项目投入情况，如图5-19所示。

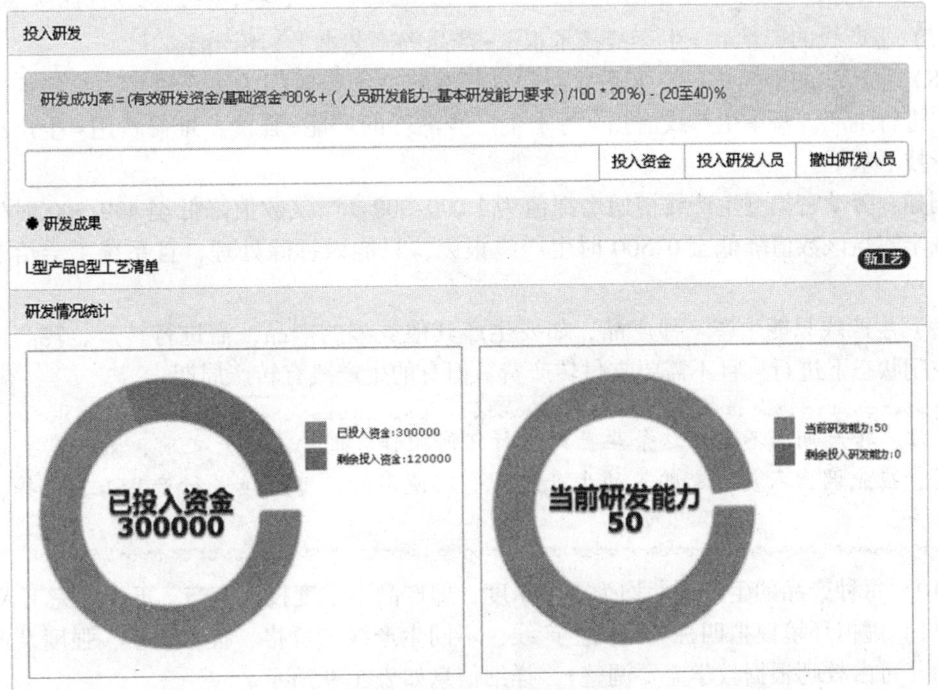

图5-19　研发项目投入情况

九、产品生产

生产线是企业生产产品的工具，进行生产时，企业原材料库内的原材料数量和种类必须满足生产所需，否则生产线将无法正常运转。产成品将在下一季度完工，进入企业产成品库，入库的产成品便可以开始投入市场进行销售。因此，企业在实际决策过程中，需要合理安排生产线的生产、原材料领料出库、完工入库的时间，以免发生生产线停工的情况。

（一）业务规则

（1）企业可以根据生产决策购买生产线，用于组织开展生产。

（2）购买的生产线须安放在厂房中，厂房容量不足时，无法购买安装生产线。

（3）购买生产线一次性支付全部价款，在价款支付完毕后开始安装，在安装周期结束的当季度可投入使用。

（4）生产线的产能初始为0，企业必须招聘初级工人、高级工人和生产管理人员，并且将人员调入生产线进行生产，使生产线的产能得到提高，产能提高到最大时不再增加。

生产线的产能=（初级工人专业能力×数量+高级工人专业能力×数量）×（1+管理人员管理能力×数量）×生产线人员利用率。

（5）生产线只能生产低于或者等于该生产线技术水平的工艺产品。

（6）生产线可以通过升级技术水平进行改造。

技术水平提升=原技术水平÷2÷技术提升次数；每次提升费用=生产线购买价格÷2。生产线技术升级耗时1个季度，期间该生产线无法进行生产。

> 注：技术水平提升四舍五入，原技术水平指的是初始技术水平。

（7）生产线的产量=（生产线技术水平-产品的工艺水平）×产能。

（8）生产线的磨损达一定水平后需要进行维修，维修时间为1个季度，维修期间生产线无法进行生产。每季生产线磨损=每季生产线消耗的产能÷强度；维修费用=生产线累计磨损^2×技术水平。

例如：劳动密集型生产线初始磨损值为1 000/500，当该数值降低至499/500时生产线产能减半，当该数值降低至0/500时生产线报废，只能做拆除处理，且系统不会给予任何补偿。

（9）生产线只能生产一种产品，如要生产其他类型的产品，需进行转产。转产需在生产线空闲状态下进行，且不需要支付转产费，但有的生产线有转产周期。

> 注：转产期间不能对这条生产线进行任何操作，因此在转产之前，如果需要调出人员，应先调出人员。新购入的生产线第一次使用时，可直接进行产品工艺选择，无须转产。

（10）每种产品的生产周期均为1个季度，即产品本季度投入生产，下季度完工入库。

（11）虚拟环境模拟四种类型的生产线，不同生产线的价格、技术水平、强度及产能各不相同（可由教师根据教学需要调整），详细信息如表5-9所示。

表 5-9　生产线基本信息

生产线类型	购买价格/元	安装周期/季度	转产周期/季度	技术水平	强度	最大产能/(件·季度$^{-1}$)	人员使用率/%	占用厂房容量/条	折旧期限/季度
劳动密集型	500 000	0	0	2	4	500	50	1	40
半自动	1 000 000	0	1	3	4	500	100	1	40
全自动	1 500 000	1	1	4	4	450	1 000	1	40
柔性	2 000 000	1	0	4	4	400	300	2	40

（12）产品存放在库房均会产生一定的库存费用，如表 5-10 所示。

表 5-10　库存成本明细

产成品名称	规格/箱	市场售价/元	库存成本/(元·件$^{-1}$·季$^{-1}$)	计算依据	支付方式
L 型	3	4 000	100	按照季末库存数量计算	一次性支付
H 型	3	6 000	150		
O 型	3	8 000	150		
S 型	3	10 000	150		

（二）业务流程

（1）企业进入主界面→“生产部”→“生产线”，购买生产线，如图 5-20 所示。确认后，单击“查看”，可以查看此生产线状态、人员情况、生产线技术升级统计和生产情况等，如图 5-20 所示。

购买生产线 ×

购买生产线

人员利用率：每个人员的专业能力能够提升多少产能

名称	技术水平	最大产能	购买价格	强度	安装周期	转产周期	人员利用率	占用厂房容量(条)	操作
劳动密集型生产线	2	500	500000	4	0	0	0.5	1	购买
半自动生产线	3	500	1000000	4	0	1	1.0	1	购买
全自动生产线	4	450	1500000	4	1	1	10.0	1	购买
柔性生产线	4	400	2000000	4	1	0	3.0	2	购买

图 5-20　购买生产线

（2）企业进入主界面→“操作提示”，（全自动）生产线安装完成验收确认，签收原材料，确认产品工艺改进成功，获得新的工艺清单，如图 5-21 所示（企业进行生产前的必要条件）。

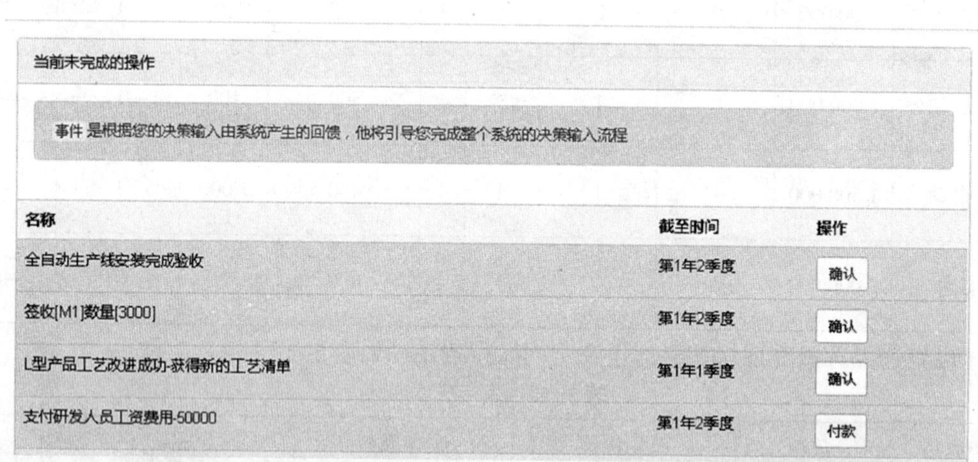

图 5-21　生产线安装完成，新工艺清单，原材料入库确认提示

（3）企业进入主界面→“生产部”→“生产线”，选择一条生产线，单击“查看”，打开生产线详细信息界面，如图 5-22 所示。

图 5-22　生产线详细信息界面

（4）开始生产前，单击“调入人员”调入工人提高生产线产能，如图 5-23 所示。

（5）单击“开始生产”，确定生产产品及工艺，如图 5-24 所示。

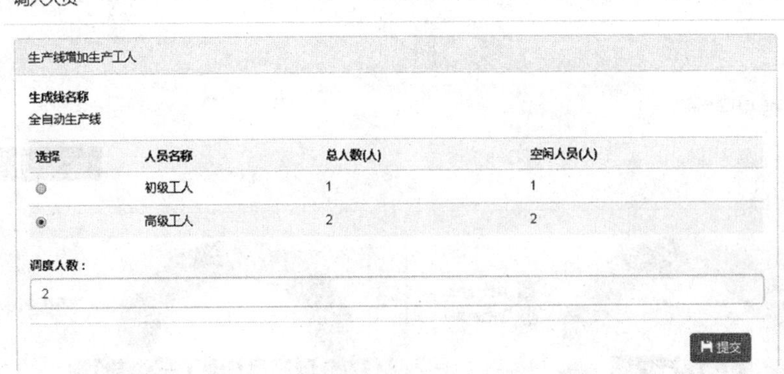

图 5-23　调入生产工人

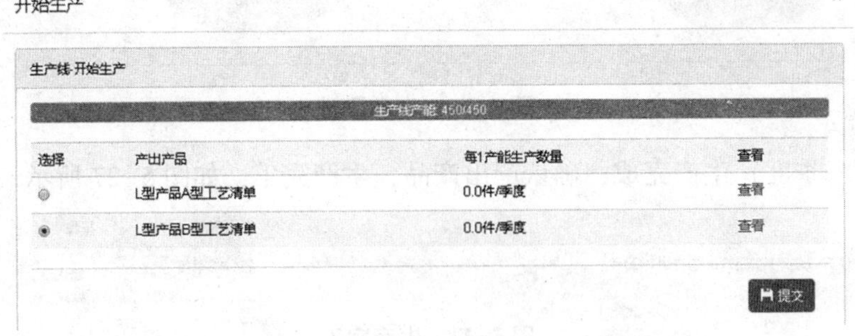

图 5-24　确认生产产品及工艺

（6）确认生产数量。在“产出数量”一栏输入本期生产数量，单击“提交”，如图 5-25 所示。

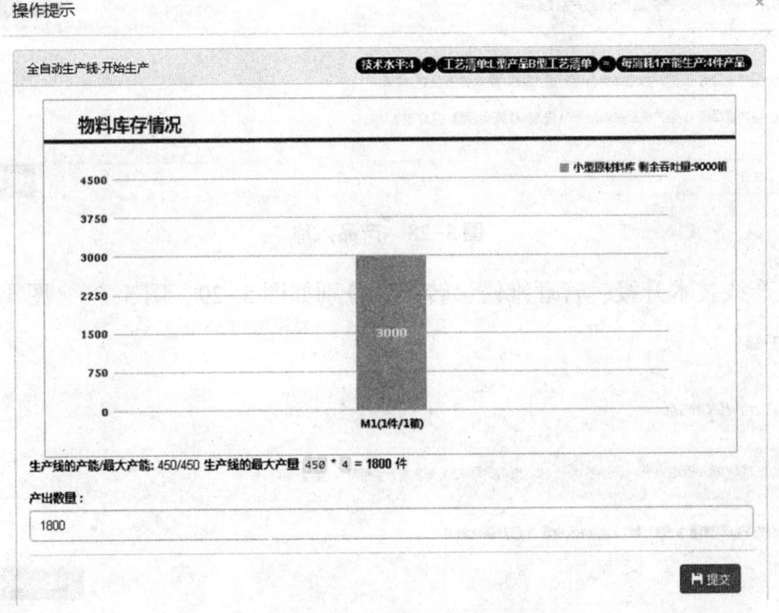

图 5-25　确认生产数量

（7）生产领料，如图 5-26 所示，确认后完成生产（等待下一季度生产完成）。

确认 ×

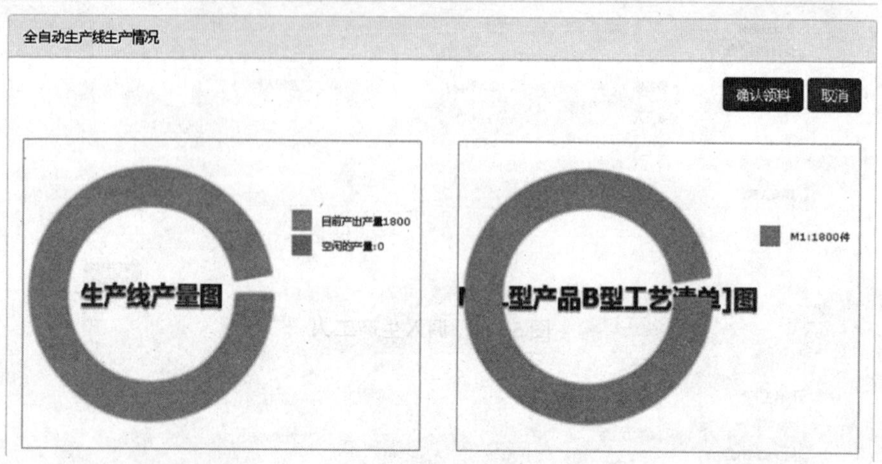

图 5-26　生产领料

（8）（下一季度）生产完成，确认产出产品，生产完工，如图 5-27 所示。

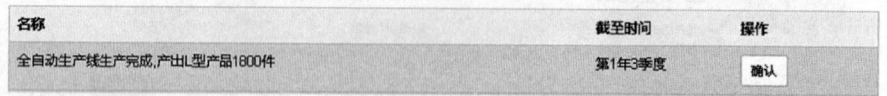

名称	截至时间	操作
全自动生产线生产完成,产出L型产品1800件	第1年3季度	确认

图 5-27　生产完工

（9）产品入库，选择仓库，输入入库数量，单击“提交”，完成入库，如图 5-28 所示。

入库 ×

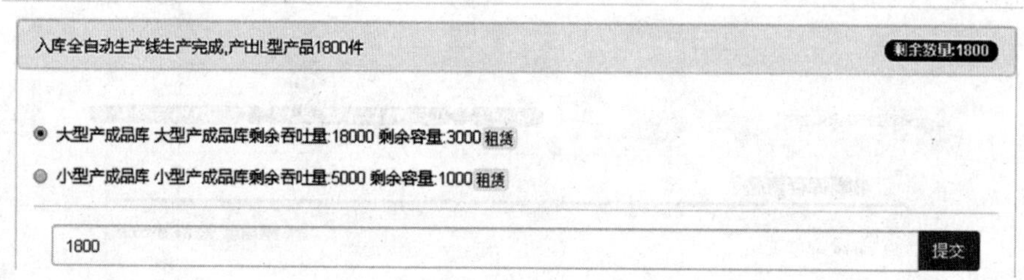

图 5-28　产品入库

（10）生产线技术升级、管理维修、转产，分别如图 5-29、图 5-30、图 5-31 所示。

技术升级 ×

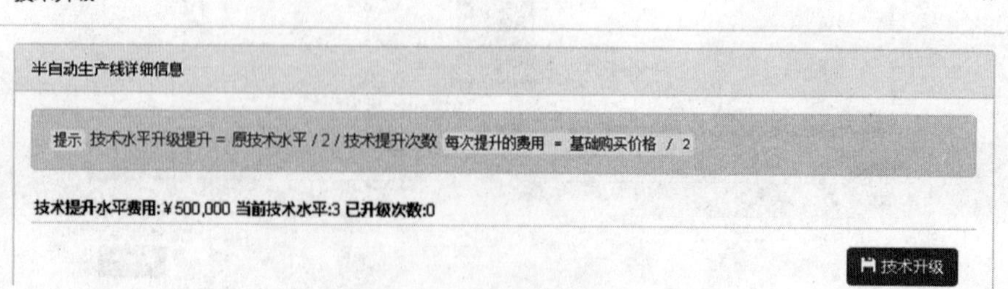

图 5-29　生产线技术升级

管理维修

名称	截至时间	操作
全自动生产线安装完成验收	第1年2季度	已完成
全自动生产线调入人员	第1年2季度	已完成
全自动生产线领料生产	第1年2季度	已完成
全自动生产线生产完成,产出L型产品800件	第1年3季度	已完成
入库全自动生产线生产完成,产出L型产品800件	第1年3季度	已完成
全自动生产线调入人员	第1年3季度	已完成
全自动生产线调入人员	第1年3季度	已完成
全自动生产线领料生产	第1年3季度	已完成
全自动生产线生产完成,产出L型产品1800件	第1年4季度	已完成
入库全自动生产线生产完成,产出L型产品1800件	第1年4季度	已完成
全自动生产线领料生产	第1年4季度	已完成
全自动生产线生产完成,产出L型产品1800件	第2年1季度	已完成
入库全自动生产线生产完成,产出L型产品1800件	第2年1季度	入库
全自动生产线支付维修费用￥576	第2年1季度	付款
全自动生产线维修完成	第2年2季度	已关闭

图 5-30　生产线管理维修

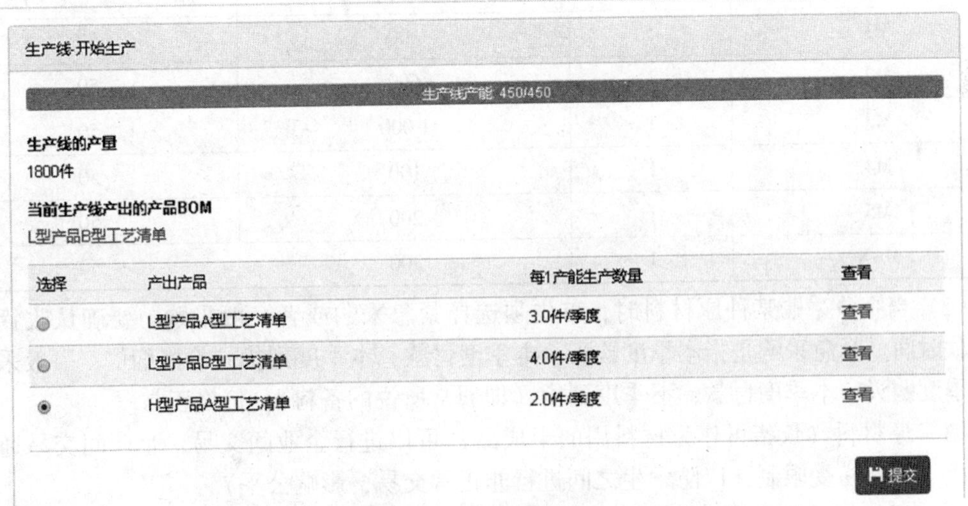

图 5-31　生产线转产

十、原材料采购

企业自行生产开始前，需要在原材料库中准备足够数量和种类的原材料以保证生产继续进行。每种产成品生产时需要的原材料种类及数量有所区别，在采购时需要仔细查看 BOM 结构，以免发生失误。

当企业采购某种原材料时，系统会提示采购方式，用户需要选择一种适合自己的采购方式，具体供货的数量和价格与用户采购原材料的数量及选择采购的供货方案有关。

（一）业务规则

原材料采购由采购部负责。企业采购部如图 5-32 所示。

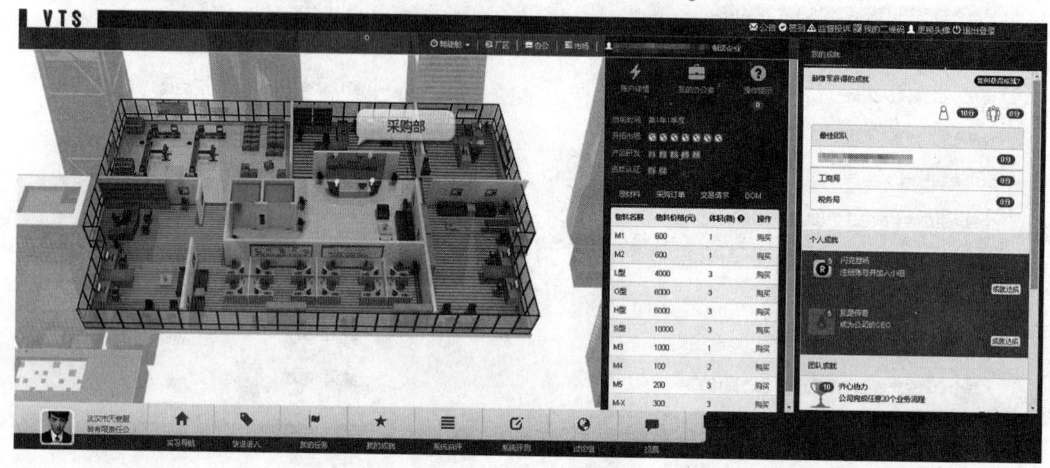

图 5-32　企业采购部

（1）企业组织生产需提前按照 BOM 结构采购原材料，原材料的详细信息如表 5-11 所示。

表 5-11　原材料明细

原辅材料名称	规格/箱	市场价格/元	库存成本/(元·件$^{-1}$)
M1	1	600	50
M2	1	600	50
M3	1	1 000	50
M4	1	100	50
M5	1	200	50
M-X	1	300	50

（2）当企业采购某种原材料时，首先须选择紧急采购或者一般采购。要确认收货时间和付款时间。紧急采购是指本季度购买，本季度付款，本季度到货，价格翻倍；一般采购是指本季度购买，本季度付款，下季度到货（即通常所说的备料），价格正常。

（3）原材料（仅指可作为材料用的半成品）可以进行企业间交易，企业间交易通过协商达成（但交易受限制，以防学生之间进行非正常交易，影响公平）。

（4）原材料采购采用 JIT 采购（Just In Time，准时化采购）策略。

（5）未消耗完的原材料，可结转到下期使用，但存放于仓库中，需支付库存保管费（即库存成本）。

注：企业间原材料交易过程同产品交易过程。

（二）业务流程

（1）企业进入主界面→“采购部”，采购部主要工作包括：原材料采购、采购订单（向其他虚拟企业采购原材料）、交易请求（出售原材料给其他虚拟企业）、BOM 清单。

（2）企业进入主界面→“采购部”→“BOM”，查看产品 BOM 清单，明确产品物料需求情况。例如，L 型产品 A 型工艺清单需要两个 M1，如图 5-33 所示。

图 5-33 L 型产品 A 型工艺物料清单

（3）企业进入主界面→“采购部”→“原材料”，购买原材料（购买方式分为紧急采购和一般采购），如图 5-34 所示。

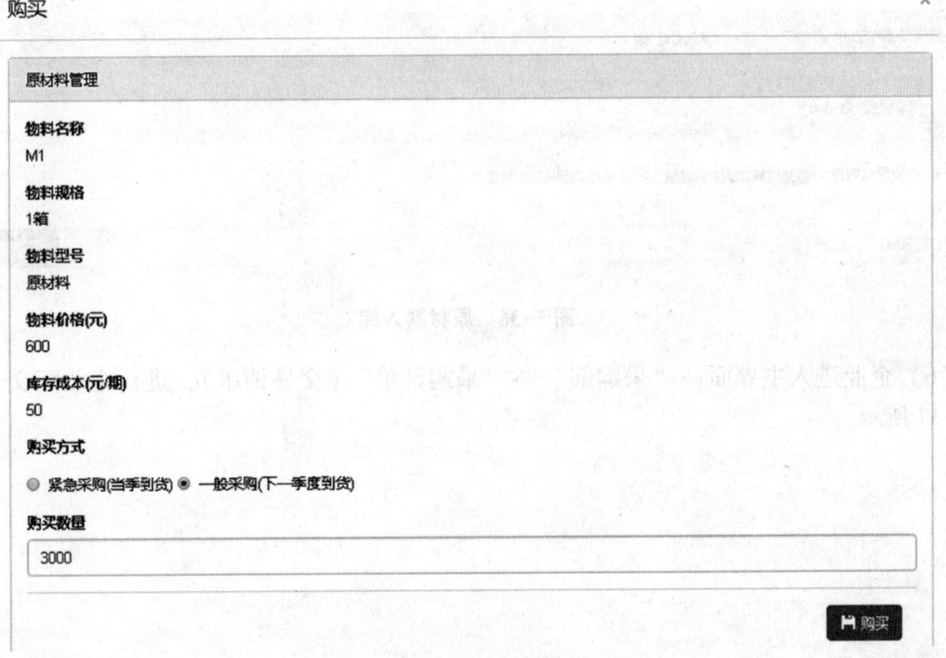

图 5-34 原材料购买

（4）企业进入主界面→“采购部”→“采购订单”，选择采购合同，单击“查看”，如图5-35所示，支付货款后，签收原材料。

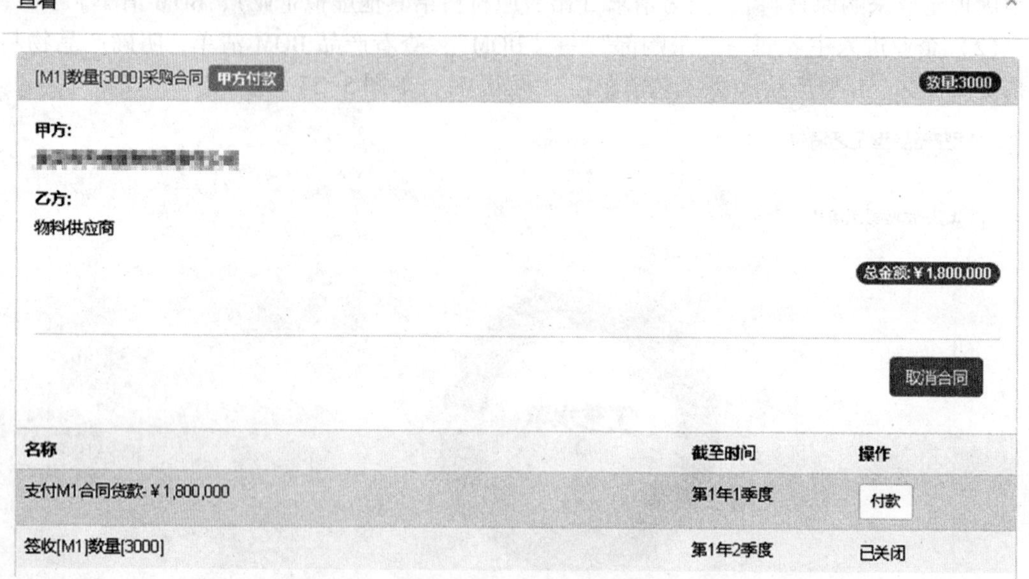

图5-35　原材料付款

（5）原材料入库。选择原材料仓库，输入入库数量，单击“提交”，完成入库，如图5-36所示。

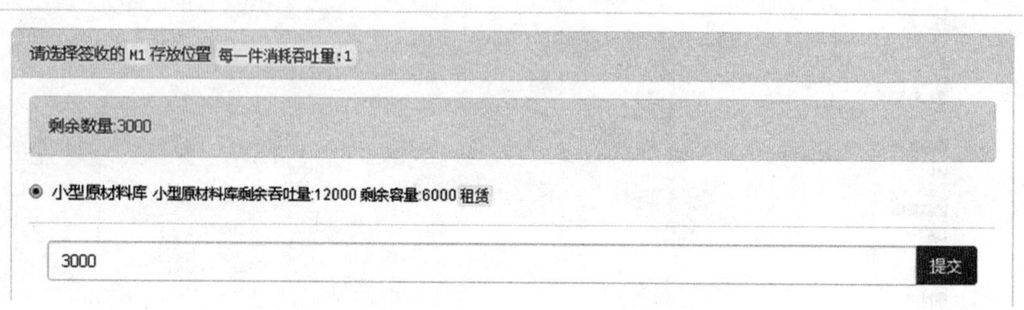

图5-36　原材料入库

（6）企业进入主界面→“采购部”→“采购订单”（交易请求），进行企业间交易，如图5-37所示。

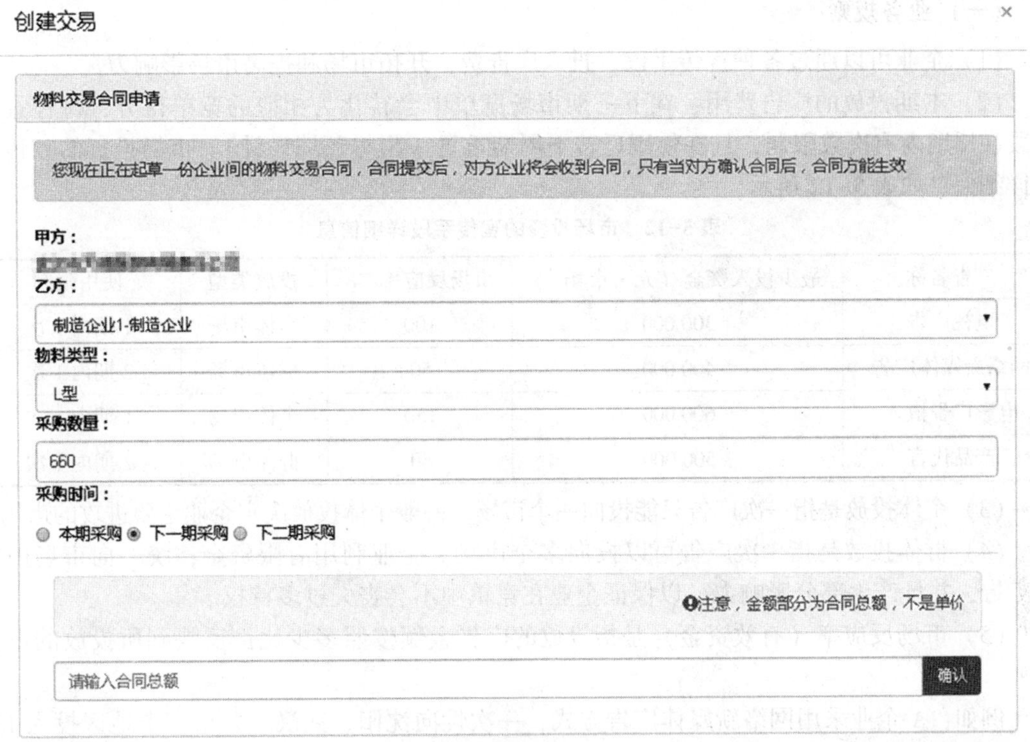

创建交易 ×

物料交易合同申请

您现在正在起草一份企业间的物料交易合同，合同提交后，对方企业将会收到合同，只有当对方确认合同后，合同方能生效

甲方：

[illegible]

乙方：

制造企业1-制造企业

物料类型：

L型

采购数量：

660

采购时间：

○ 本期采购 ◉ 下一期采购 ○ 下二期采购

注意，金额部分为合同总额，不是单价

请输入合同总额　确认

图 5-37　原材料企业间交易

十一、市场开拓

企业持续发展需要将产品推向市场以获得订单。企业在经营初始除自动开拓的本地市场外，没有其他市场。因此，开拓市场是企业未来发展的关键。但是市场的开拓和维护费用较高，企业在决定开拓市场时一定要谨慎。

市场开拓由市场部负责。企业市场部如图 5-38 所示。

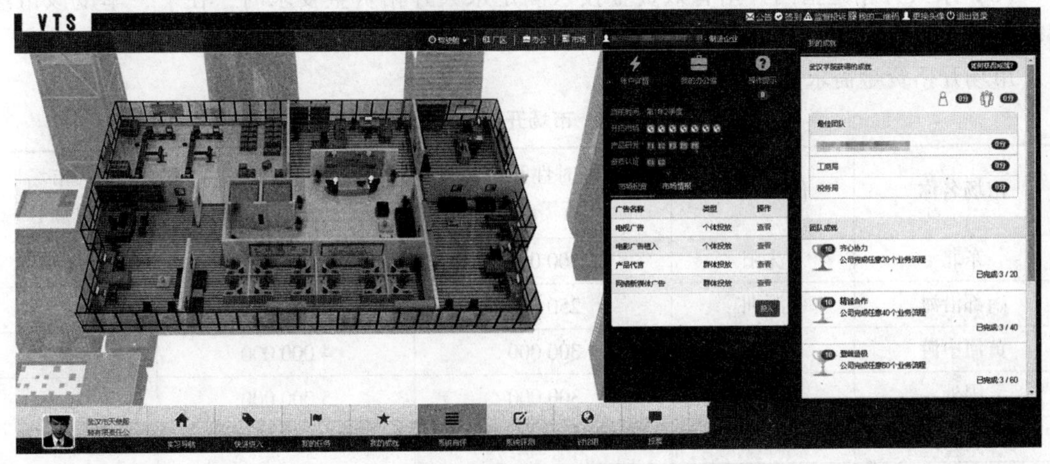

图 5-38　企业市场部

（一）业务规则

（1）企业可以通过各种宣传手段，投入广告费，开拓市场和提高市场影响力。

（2）本期投放的广告费用，在下一期市场竞单中会转化为相应的竞单得分，每种宣传手段在周期内有次数限制，且在使用后若干周期重置（根据环境设计）。市场投资的宣传手段详细信息如表 5-12 所示。

表 5-12 市场投资的宣传手段详细信息

广告名称	最少投入资金/（元·市场$^{-1}$）	市场反应率/%	投放类型	使用限制
电视广告	300 000	100	个体市场	1 期内 1 次
网络新媒体广告	400 000	50	群体市场	2 期内 1 次
电影广告植入	600 000	150	个体市场	1 期内 1 次
产品代言	500 000	60	群体市场	2 期内 1 次

（3）个体投放是指一次广告只能投向一个市场。一般个体投放决定企业主要进攻的市场。

（4）群体投放是指一次广告可以投向多个市场。企业利用有限资金，统一向市场内投放广告，并且产生部分影响力，以保证企业在竞单中不会丧失过多特权。

（5）市场反应率（有效资金）是指投放的广告金额按照多少比例反映到所投放的市场上来。

例如：A 企业采用网络新媒体广告方式，一次性向沈阳、武汉、北京三个地区投入 150 万元，按照市场反应比率，将实际在三个市场同时产生 75 万元（150 万元×50%）的效果。

（6）使用限制是指广告使用周期。当广告投放次数达到上限时，将无法再次使用，需要等候重置才能继续使用。

（7）临时开拓是指当开拓有效资金达到该市场临时开拓资金要求时，该市场才开拓成功。

企业在资金周转比较困难，但急需市场支持的情况下，可以通过临时开拓模式，即投入最少的开拓费用，使企业在下一季度获得市场资格，但是这种开拓只能在下一个季度内生效。

（8）永久开拓是指当开拓有效资金投入满足永久开拓资金要求时，在下一季度该市场将转化为永久开拓状态。永久开拓将获得竞单加分 30 分的特权。

市场开拓资金需求如表 5-13 所示。

表 5-13 市场开拓资金需求

市场名称	代表城市	临时性开拓所需/元	永久性开拓所需/元	永久市场竞单加分
东北	沈阳	200 000	3 000 000	30
南部沿海	深圳	250 000	3 000 000	30
黄河中游	北京	300 000	4 000 000	30
国外	新加坡	300 000	5 000 000	30
大西北	成都	250 000	2 000 000	30
北部沿海	大连	250 000	1 500 000	30
长江中游	武汉	150 000	1 500 000	30

（9）当企业投入广告后，系统将在下个季度初期形成企业在该季度每个市场上的影响力。

注：开拓该市场，才能查看影响力情报；永久开拓该市场，才能查看竞争对手情报；本季市场影响最大的企业（主要在制造企业类排名）才能查看本季度该市场的企业生产供给数量。

（二）业务流程

（1）企业进入主界面→“市场部”。市场部主要工作包括市场投资和市场情报。

（2）企业进入主界面→“市场部”→“市场投资”，进行广告投放，如图5-39所示。

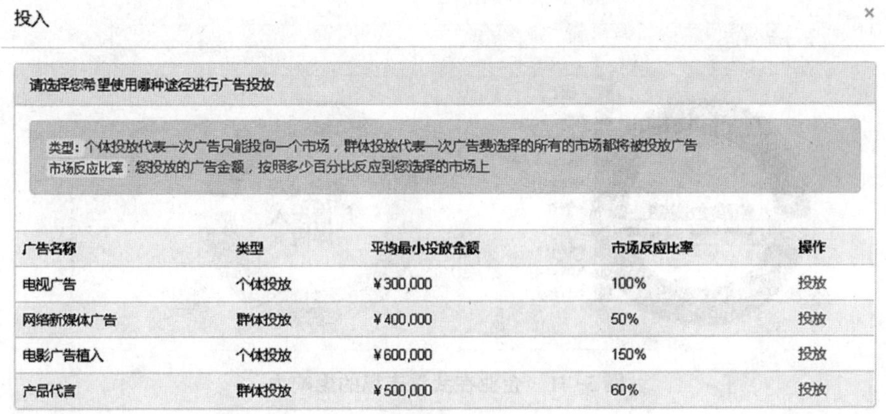

投入

请选择您希望使用哪种途径进行广告投放

类型：个体投放代表一次广告只能投向一个市场，群体投放代表一次广告费选择的所有的市场都将被投放广告
市场反应比率：您投放的广告金额，按照多少百分比反应到您选择的市场上

广告名称	类型	平均最小投放金额	市场反应比率	操作
电视广告	个体投放	¥300,000	100%	投放
网络新媒体广告	群体投放	¥400,000	50%	投放
电影广告植入	个体投放	¥600,000	150%	投放
产品代言	群体投放	¥500,000	60%	投放

图5-39 广告投入

（3）选择投放方式，例如网络新媒体广告。单击“投放”，在“投放资金”栏输入投放金额，单击“提交”，支付广告费后完成投放，如图5-40所示。

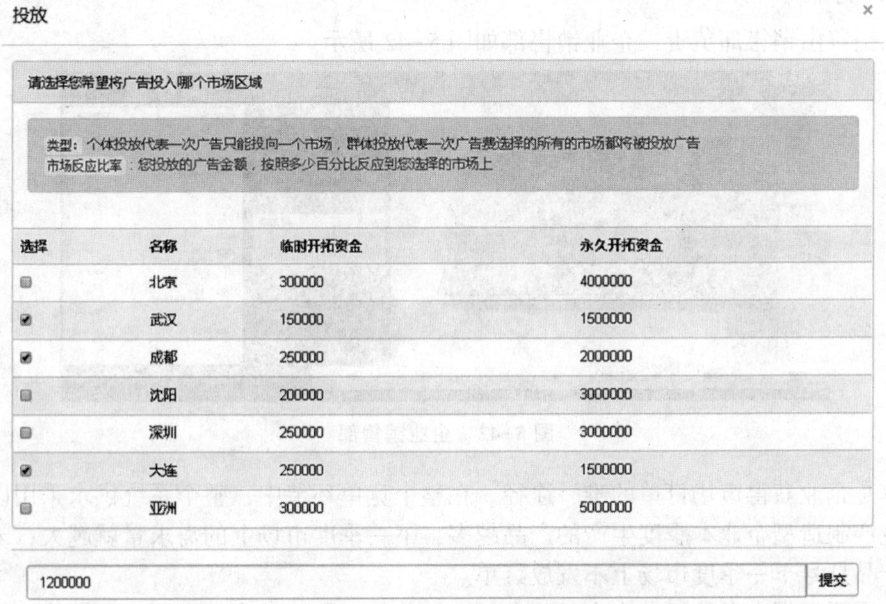

投放

请选择您希望将广告投入哪个市场区域

类型：个体投放代表一次广告只能投向一个市场，群体投放代表一次广告费选择的所有的市场都将被投放广告
市场反应比率：您投放的广告金额，按照多少百分比反应到您选择的市场上

选择	名称	临时开拓资金	永久开拓资金
☐	北京	300000	4000000
☑	武汉	150000	1500000
☑	成都	250000	2000000
☐	沈阳	200000	3000000
☐	深圳	250000	3000000
☑	大连	250000	1500000
☐	亚洲	300000	5000000

1200000 提交

图5-40 市场投入（群体投放）

（4）下一季度，企业进入主界面→“市场部”→“市场情报”，选定市场，单击“查看”，了解市场影响力具体信息（例如：武汉市场，永久开拓，市场霸主），如图 5-41 所示。

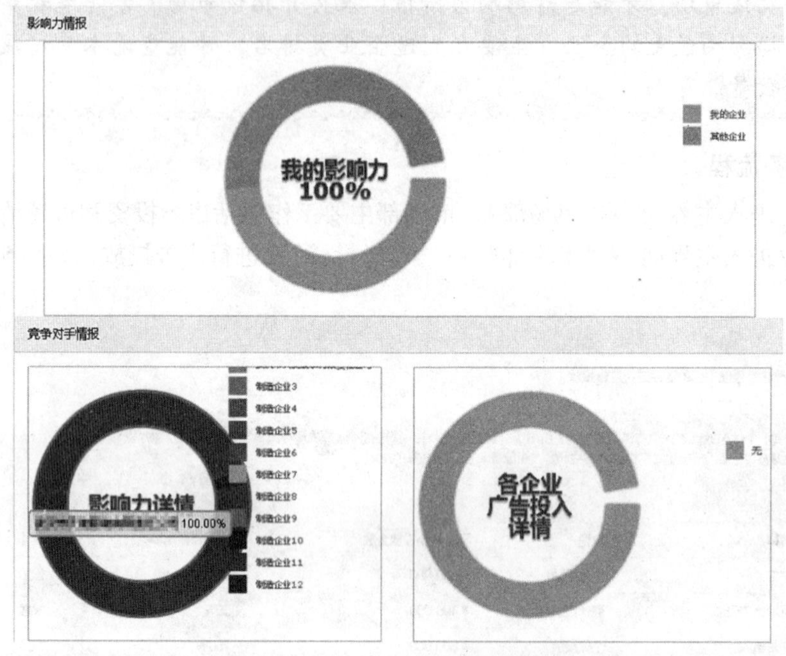

图 5-41　企业在武汉市场的影响力

十二、产品销售

虚拟环境中，制造企业的主要销售方式有三种：竞单、竞标和谈判。

（一）竞单

产品销售由销售部负责，企业销售部如图 5-42 所示。

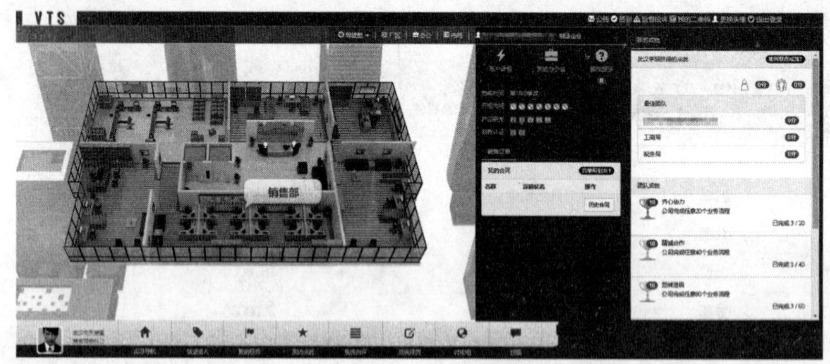

图 5-42　企业销售部

竞单是企业获得市场订单的唯一途径。在整个竞单环节中，整个系统供求采用以产定销制，即生产制造型企业本季度生产的产品越多，下一季度市场上的需求量就越大；未有企业生产的产品型号下一季度市场上不发放订单。

企业需要根据自身状况，决定是否参与该订单的竞争，并决定企业的竞标价格。系统将根据企业的出价，以及企业市场占有率、质量认证、产品等级最终确定竞标分数。当订单时间到期时，竞单分数最高者获得该订单。

1. 业务规则

（1）在每季度初，企业可以进入某一市场，申请新订单。所有虚拟企业（包括制造企业和贸易企业）均可以对订单进行报价，报价限制时间 150 秒。

注：新订单量小于等于该市场剩余需求量（系统限制每单最大量为 2 000 件）。

（2）订单可以重复报价，并可以看到各企业竞单得分。倒计时 150 秒结束后，竞单得分最高的企业获得订单。签订合同限制时间 600 秒。

（3）获得订单的企业可以在 600 秒内选择签订合同。时间结束后，若中标企业未选择签订合同，则该企业可选择取消该订单并支付订单总额 5% 的手续费，该订单需求量重新回归市场，由其他企业继续申请订单并竞单。

注：在 600 秒倒计时结束后，若中标企业既不签订合同，也不取消订单，则其他企业也可进入此订单并取消，所需手续费仍由前获得订单的企业支付。

（4）市场订单交付必须在本季度完成，每笔订单必须一次性交付（不能分批），同一订单可以由不同仓库同时出库。

（5）市场订单未执行的，需支付合同总金额的 20% 作为违约金。

（6）市场订单需要一个季度的运输时间，货款下个季度到账。

注：物流过程见第七章。

2. 业务流程

（1）企业进入主界面→“市场”，单击已开拓成功的市场，申请新订单，输入订单数量后单击“申请新订单”，如图 5-43 所示。

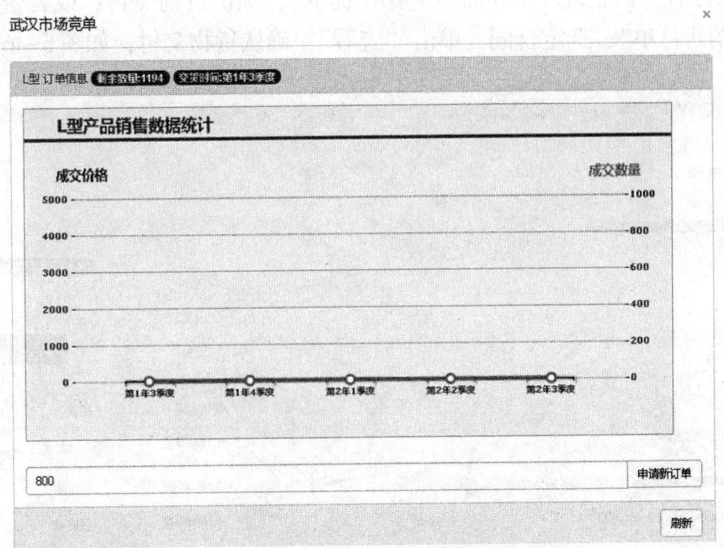

图 5-43　申请市场订单

（2）单击新订单，进入订单报价窗口进行报价，如图 5-44 所示。

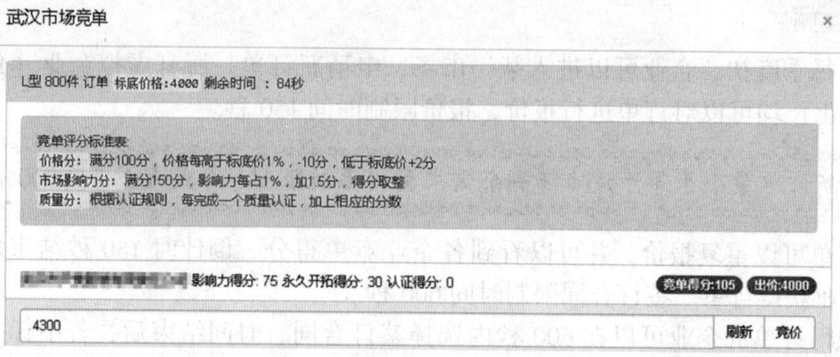

武汉市场竞单

L型 800件 订单 标底价格:4000 剩余时间 ：84秒

竞单评分标准表

价格分：满分100分，价格每高于标底价1%，-10分，低于标底价+2分

市场影响力分：满分150分，影响力每占1%，加1.5分，得分取整

质量分：根据认证规则，每完成一个质量认证，加上相应的分数

影响力得分: 75 永久开拓得分: 30 认证得分: 0 竞单得分:105 出价:4000

4300 刷新 竞价

图 5-44　订单报价

（3）获得订单后，在限定时间内签订合同（或取消订单），如图 5-45 所示。

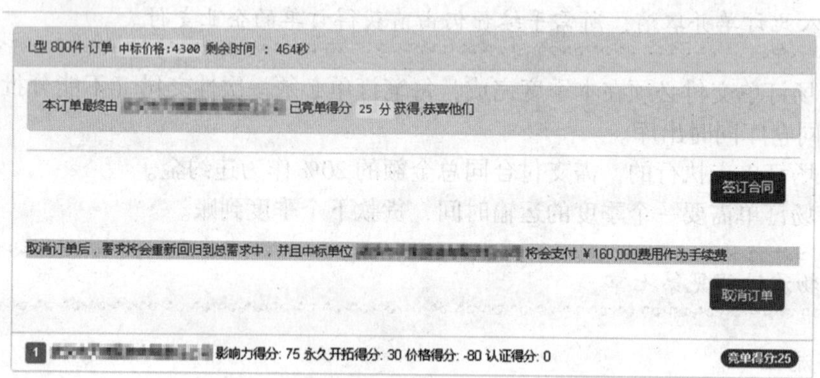

图 5-45　签订销售合同

（4）合同签订后，企业进入主界面→“操作提示”，确认货物交付；或者企业进入主界面→“销售部”→“销售订单”，选定合同，单击“查看”，确认货物交付，如图 5-46 所示。

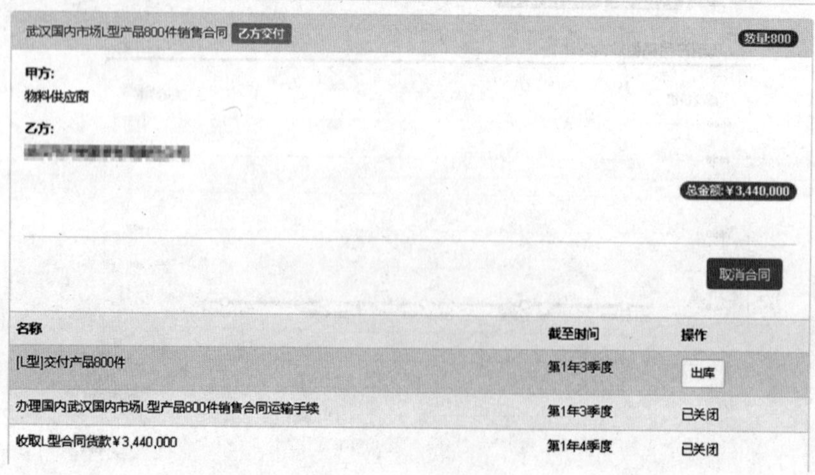

图 5-46　货物交付

(5) 货物出库后，进入物流业务流程。

(二) 竞标

制造企业可以在经营中参与招投标中心的市场竞标活动，取得销售订单。竞标必须按照招标人的要求准备标书参与竞标，具体见第八章第二节。

(三) 谈判

企业之间的交易通过谈判并签订销售合同来完成。一般分为两种类型：一是由制造企业向其他制造企业或贸易企业发起的原材料和半成品交易，二是由贸易企业向制造企业发起的商品交易（即渠道订单）。

注：企业间创建交易由采购方向被采购方发起，L型产品属于半成品，商品主要指半成品和产成品（不包括原材料）。

1. 业务规则

(1) 企业之间进行谈判，货物价格由交易双方协商确定。

(2) 谈判交易的形式有三种：第一种是本期采购，即本期签订合同，本期到货；第二种是下一期采购，即本期签订合同，下一个季度到货；第三种是下二期采购，即本期签订合同，下二个季度到货。

(3) 谈判交易的产品交付必须在约定时间完成，每笔订单必须一次性交付（不能分批），同一订单可以由不同仓库同时出库。

(4) 谈判交易取消合同或在约定时间未执行的，违约的一方需支付合同总金额的20%作为违约金；在约定时间未执行的，经双方协商，合同可以继续执行（不按违约处理）。

(5) 谈判交易三种形式的付款时间和收款时间的约定情况具体如表5-14所示。

表5-14 三种交易形式收付款时间

序号	交易类型	卖方发货时间	买方收货时间	买方付款时间	卖方收款时间
1	本期采购	本期	本期收货（付款后）	本期	下一期
2	下一期采购	下一期	下一期收货（付款后）	下一期	下一期
3	下二期采购	下二期	下二期收货（付款后）	下二期	下二期

注：物流过程见第七章。

2. 业务流程（例）

(1) 贸易企业进入公司主界面→“采购部”→“采购订单”，单击“创建交易”，打开创建交易窗口，选择交易对方、商品类型、采购数量、采购时间，输入交易总金额，单击“确认”，等待对方同意，如图5-47所示。

创建交易 ×

物料交易合同申请

您现在正在起草一份企业间的物料交易合同，合同提交后，对方企业将会收到合同，只有当对方确认合同后，合同方能生效

甲方：

乙方：

制造企业1-制造企业

物料类型：

L型

采购数量：

660

采购时间：

○ 本期采购 ◉ 下一期采购 ○ 下二期采购

❶注意，金额部分为合同总额，不是单价

请输入合同总额 确认

图 5-47 发起企业间交易

（2）制造企业进入公司主界面，会收到“操作提示”——“来自某贸易企业的交易请求确认”，单击“确认”，确认交易请求，如图 5-48 所示。

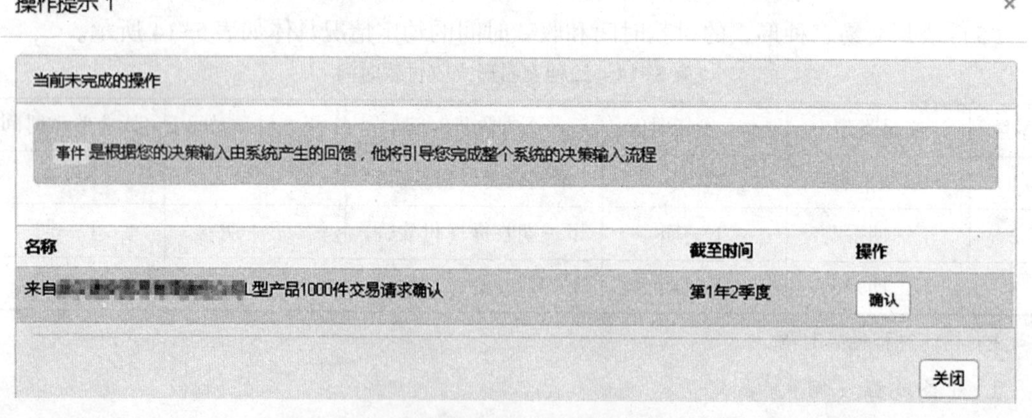

图 5-48 确认交易合同

（3）根据企业具体情况，选择“确认合同”或“拒绝合同”，如图 5-49 所示。确认后，合同生效；拒绝后，合同自动解除；不处理的，合同下一季度自动解除。

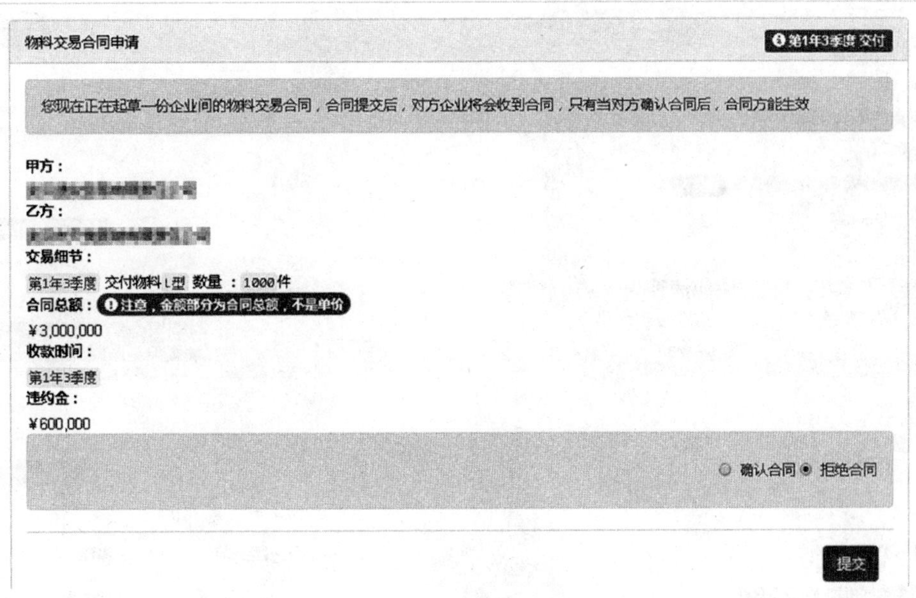

图 5-49　签订交易合同

（4）货物交付到期，下一季度初（下一期采购的交易类型），制造企业进入主界面→操作提示，确认货物交付；或者企业进入主界面→销售部→销售订单，选定合同进行查看，单击“出库”，确认货物交付，如图 5-50 所示。

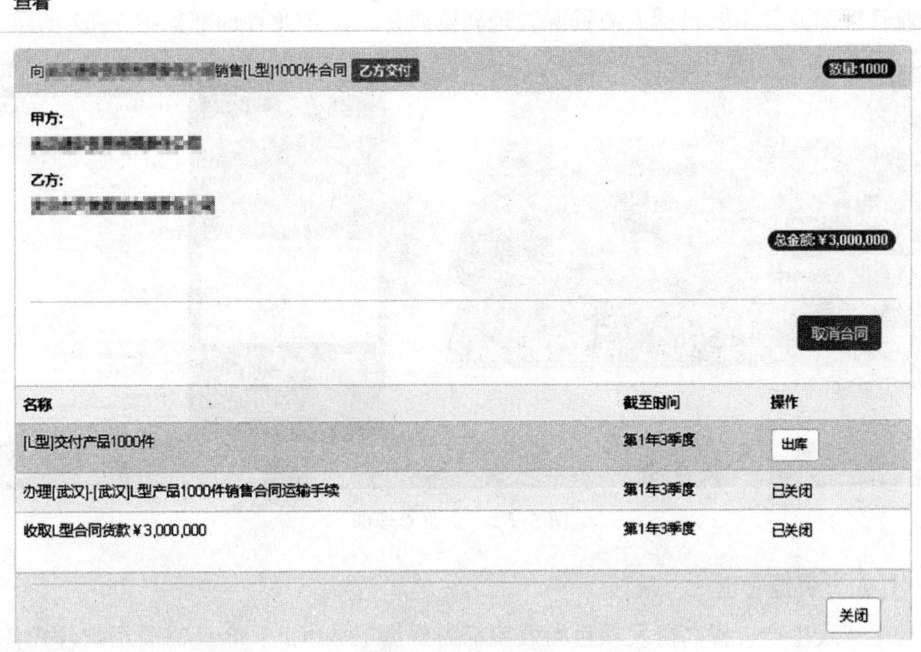

图 5-50　货物交付

（5）货物出库后，进入物流业务流程。（具体见第七章）

（6）一方违约，另一方可以选择结束合同或继续履行合同，如图5-51所示。

图5-51　合同违约

十三、企业管理部业务

企业管理部业务主要包括人力资源管理和资质认证。企业管理部如图5-52所示。

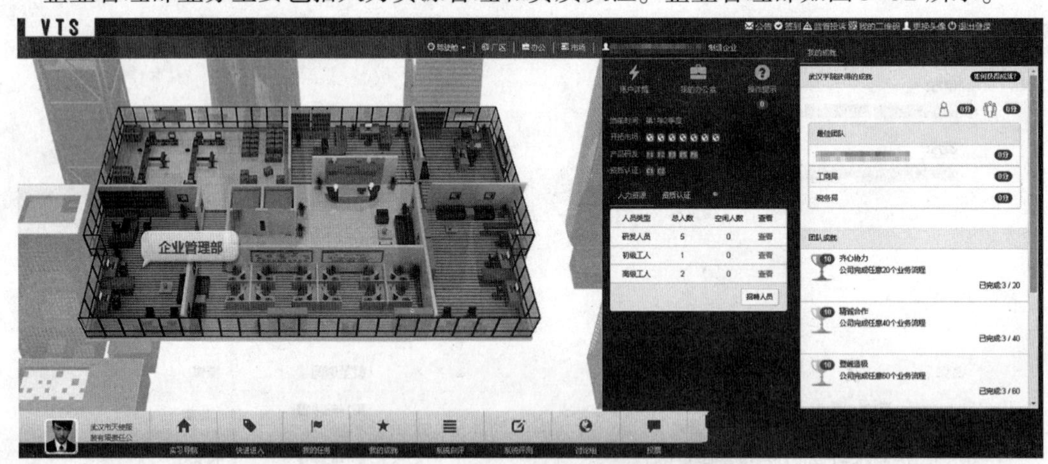

图5-52　企业管理部

（一）人力资源管理

驱动生产线生产、提高研发项目的效率都需要员工，因此，企业需要招聘各式各样的人才，并且将人员分配到合适的岗位开始工作。各种类型的人员都有各种能力，企业在人才招聘时应注意能力的搭配，在尽可能减少人力成本的同时，提高工作效率。

1. 业务规则

（1）招聘费用为每招聘一人支付的费用，不同类型的人才招聘费用不同。市场人才具体情况如表 5-15 所示。

表 5-15　市场人才具体情况

人员类型	招聘费用/元	人员类型	管理能力/%	专业能力/%	工资/(元·人$^{-1}$·季$^{-1}$)
初级工人	6 000	生产人员	0	10	4 000
高级工人	10 000	生产人员	0	20	6 000
车间管理人员	8 000	生产人员	25	0	5 000
研发人员	10 000	研发人员	0	10	10 000

（2）生产人员只能投入生产线中，研发人员只能用于研发。

（3）专业能力是指每个员工进入生产线后能够提升的生产线生产的能力。

注：总提升产能=(初级工人专业能力×数量+高级工人专业能力×数量)×(1+管理人员管理能力×数量)×生产线人员利用率。

（4）进入研发项目后，提升研发项目研发能力。

注：总提升研发能力=科研人员研发能力×人数（科研人员数量）。

（5）招聘的人员在当季即可投入工作，招聘费用在招聘时立即支付。

（6）科研人员进入研发项目后，在产品研发成功以前可以随时调出。

（7）生产工人在生产线处于生产状态时不能从生产线上调入或调出。每季度产品投产前，生产工人可自由调度。

（8）人员工资在下一季度支付，人员为空闲状态时也需要支付工资。

（9）解聘人员时，需一次性支付两个季度工资。

2. 业务流程

（1）企业进入主界面→“企业管理部”→“人力资源”，单击“招聘人员”，进行各类人员的招聘，如图 5-53 所示。

招聘人员　×

招聘人员

序号	人员类型	招聘费用(元)	工资(元/期)	管理能力	专业能力	人员类型	操作
1	初级工人	6000	4000	0	10	生产人员	招聘
2	高级工人	10000	6000	0	20	生产人员	招聘
3	车间管理人员	8000	5000	25	0	生产人员	招聘
4	研发人员	10000	10000	0	10	研发人员	招聘

图 5-53　人员招聘

（2）输入招聘数量，单击“提交”，确认招聘相关岗位，如图 5-54 所示。

招聘

人力资源查看

人员类型
车间管理人员

招聘费用(元)
¥8000

工资(元/期)
¥5000

管理能力提升
25

专业能力提升
0

类型
生产人员

招聘人数
10

提交

图 5-54　确认工人招聘数量

（3）人员调度：见研发和生产部分。

（二）资质认证

资质认证包括 ISO9000（质量管理体系认证）和 ISO14000（环境管理体系认证），两者都是国际上通行的管理产品质量的有效方法。

资质认证是指依据产品标准和相应技术要求，经认证机构确认并通过颁发认证证书和认证标志来证明某一产品符合相应标准和相应技术要求的活动。当产品通过认证后，在市场竞争内，同价格的产品无形中有着更优越的竞争力，因此在模拟企业当中，拥有更多质量认证的企业也将在销售竞单环节获得更大的优势。

1. 业务规则

（1）虚拟环境中认证只需要资金达到要求，认证于下一季度通过。

（2）认证通过后，在销售竞单中获得加分，并永久有效。

资质认证明细如表 5-16 所示。

表 5-16　资质认证明细

资质认证名称	需要时间/季度	最少投入/(元·季$^{-1}$)	是否可分期	竞单加分	总投入/(元·季$^{-1}$)
ISO9000	1	1 000 000	不可	10	1 000 000
ISO14000	1	500 000	可连续性两期	10	1 000 000

注：认证费用较高，可以在企业经营后期资金充足后考虑。

2. 业务流程

企业进入主界面→“企业管理部”→“资质认证”，单击“查看”，输入投入金额，支付投资款，完成投入，如图 5-55 所示。

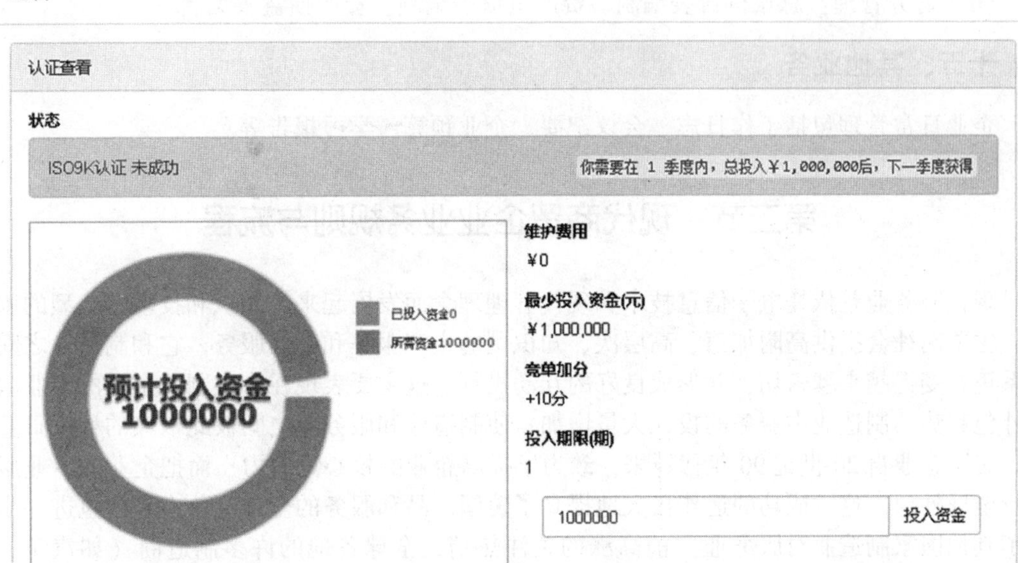

图 5-55　投入资质认证资金

十四、财务部业务

财务部主要业务包括资金申请、贷款、转账。企业财务部如图 5-56 所示。

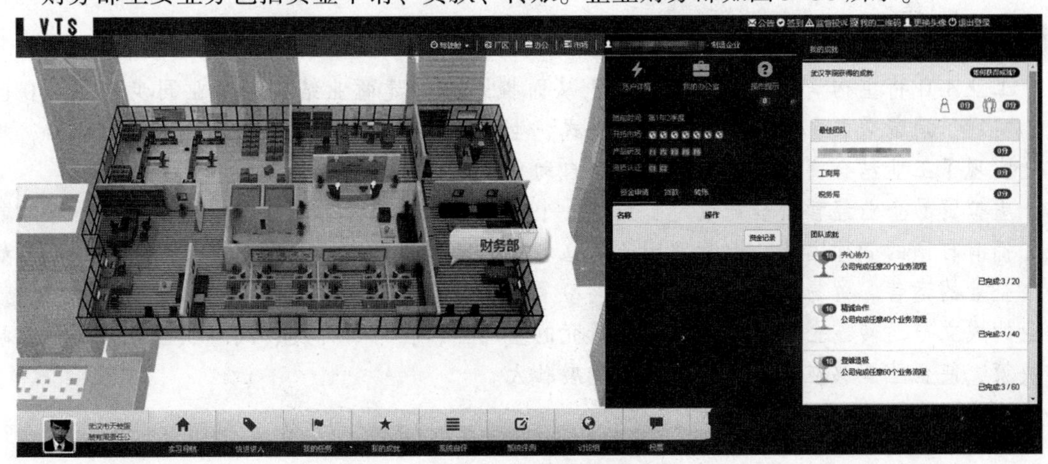

图 5-56　企业财务部

（1）资金申请是指企业运营过程中涉及资金的业务均需财务部门审核并处理。

（2）贷款业务见第六章第三节。

（3）转账业务见第六章第三节。

（4）纳税申报：增值税 13%（材料、产品交易价格为不含税价格），税率可由教师进行调整；企业所得税 25%；城建税为增值税的 7%；教育费附加为增值税的 3%。其他税费，按相关规定执行。

(5) 费用分摊与固定资产折旧：产品研发费用在研发成功以后的当季开始，按 4 个季度分摊；固定资产折旧采用直线法，不考虑残值。

(6) 财务管理：总账科目表编制、资产负债表编制、资产损益表编制。

十五、其他业务

企业日常管理包括工作日志、会议纪要、企业预算、学习报告等。

第二节　现代商贸企业业务规则与流程

现代服务业是依托电子信息技术和现代管理理念而发展起来的知识和技术密集型的服务业，主要向社会提供高附加值、高层次、知识型的生产服务和生活服务。它和制造业之间的关系正在变得越来越密切，并形成良好的互动机制。这主要表现在许多制造企业的专业服务呈外包趋势，制造业中服务的投入大量增加，使制造业和服务业之间彼此依赖的程度日益加深。美国企业自 20 世纪 90 年代以来，致力于提高企业的核心竞争力，而把企业的专业服务进行全球外包，这一成功的运作极大地提高了美国产品和服务的全球竞争力。这也进一步刺激了其他国家制造业对服务业空前高涨的关注热情，全球各地的许多制造商（如汽车、家电、计算机等）开始同服务企业一样注重管理他们的服务。这些制造商已充分认识到企业要进行全球竞争必须要提供优质的服务，这不仅是企业一个至关重要的竞争手段，也是企业获得竞争优势的潜力所在。

虚拟环境的贸易企业是现代服务业的缩影，是虚拟生态圈中不可或缺的组成部分，它直接关系到经营过程中的总体交易成本和交易效率，是衡量生态圈经济竞争力的重要标志。

扩展阅读

工业 4.0 将重构消费关系和购物链，从而摧毁并重建商业结构。商业同步进入 4.0 时代，实现了消费需求、商业决策、运营模式、生产流程之间所有元素不间断对话的能力，本质上实现了工业结合商业全价值链的完整自动化。

虚拟贸易企业经营过程是设定企业是一个新成立的企业，由创业者一步步把公司组建起来，拥有自己的管理团队，由管理团队建立各项制度，并在市场开发、产品销售等方面开始一个企业的运营。贸易企业创立初始，将获得股东 2 000 万元的资金投资，资金比较充裕。企业的成立与运转靠企业管理层在调查研究的基础上，在市场开发、战略联盟等方面做出科学决策，使企业能够在短短几年时间里发展壮大。

一、企业设立

企业设立流程已经在第四章统一详细叙述，这里不再赘述。

二、组织架构管理

1. 组织架构

贸易企业初期采用直线职能制结构，根据业务需求被划分成采购部、市场部、企业管理部、销售部、财务部五个部门。其中，企业管理部下设二级部门——行政部、人力资源部、信息部；销售部下设二级部门——销售部、销售物流部。各个部门根据各自的职责进行业务决策。每经营年开始由各个部门统一召开公司经营会议，在总经理的带领下通过团队协作，共同建设、经营虚拟企业。

> 注：组织架构根据课程小组分配由学生自由调整，一般采取因岗设人和因人设岗相结合的方式，在不同时期根据业务需求进行综合调整，可以一人多岗或一岗多人，由各公司 CEO 协调完成，后期可以尝试矩阵制。

贸易企业组织架构如图 5-57 所示。

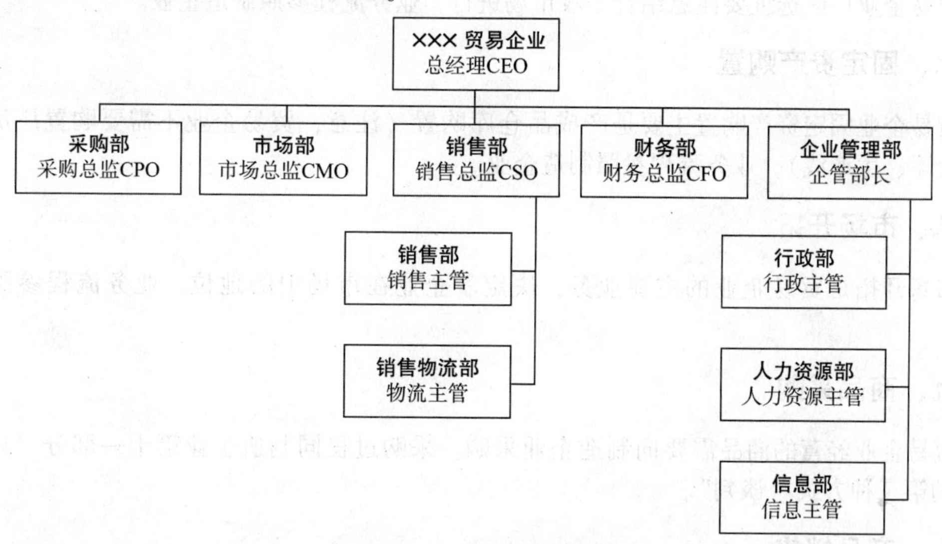

图 5-57　贸易企业组织架构

2. 职责分工（以 4 人小组为例）

贸易企业岗位职责如图 5-58 所示。

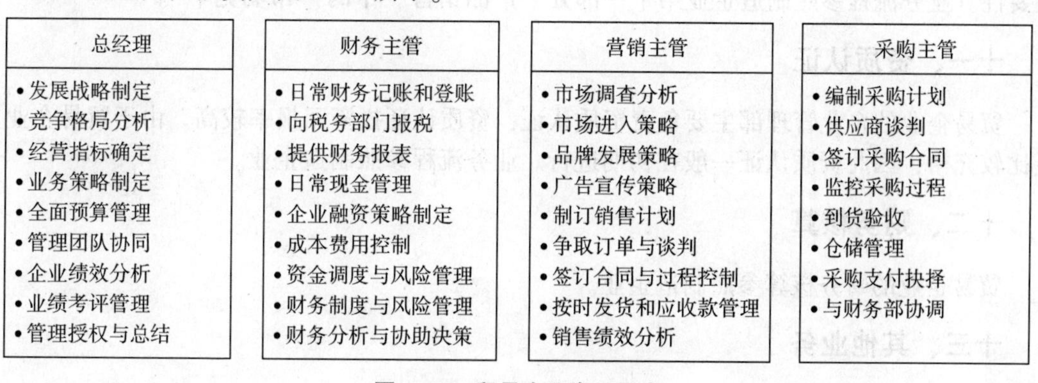

图 5-58　贸易企业岗位职责

三、商业计划书

贸易企业商业计划书撰写参照制造企业，重点在于市场开发、品牌策略、战略联盟等方面。

四、公司战略制定

贸易企业战略制定参照制造企业，可以选择市场渗透战略和联合经营战略等。

五、财务预算

贸易企业财务预算流程参照制造企业。

六、厂区选址

贸易企业厂区选址要注意结合主攻市场进行，业务流程参照制造企业。

七、固定资产购置

贸易企业固定资产购置主要是产成品仓库购置（注意，贸易企业不需要购置厂房、原材料仓库、生产线），业务流程参照制造企业。

八、市场开拓

市场开拓是贸易企业的主要业务，决定着企业在市场中的地位。业务流程参照制造企业。

九、商品采购

贸易企业经营的商品需要向制造企业采购。采购过程同制造企业第十一部分“产品销售”的第三种方式“谈判”。

十、商品销售

贸易企业商品销售主要有两种方式：一是市场竞单，二是竞标。由于竞标在经营过程中安排次数有限，因此贸易企业大量订单主要来源于市场，这也决定了市场开拓对贸易企业的重要性。业务流程参照制造企业第十一部分“产品销售”中的“市场竞单”。

十一、资质认证

贸易企业的企业管理部主要负责资质认证，资质认证投资回报率较高。由于贸易企业资金比较充裕，因此资质认证一般在初期进行。业务流程参照制造企业。

十二、财务核算

贸易企业的财务核算参照制造企业。

十三、其他业务

其他业务同制造企业。

注：制造企业与贸易企业在整个生态圈应该是合作竞争关系和共赢关系，应该在有序的竞争中共同成长。

制造企业的决策重点应该是产品研发和生产等核心业务，应将市场开发、产品销售交给贸易企业，形成一个敏捷柔性的供应链，才能使商品生态圈更具活性，为社会经济做出更多贡献。

恶性竞争可能导致制造企业产品积压，而市场上却无货销售的情况，带来的后果可能是贷款无法偿还、国家税收没有增长、整个市场处于混乱状态。

因此，制造企业和贸易企业及相关的服务业应该研究如何把整个生态链做大做强，研究供应链利益分配机制。

第六章 现代政务服务

第一节　市场监督管理局业务规则与流程

虚拟市场监督管理局是仿真实习环境中的管理机构，负责监督仿真市场的运行，维护仿真实习环境的经济秩序和工作秩序，促进仿真市场经济的健康发展。

虚拟市场监督管理局的基本任务是确认市场主体资格，规范市场主体行为，维护市场经济秩序，保护商品生产经营者和消费者的合法权益；参与市场体系的规划、培育；负责商标的统一注册和管理；实施对广告活动的监督管理；监督管理仿真市场的正常有序运行。

虚拟市场监督管理局的主要业务包括企业登记、企业年检、监督投诉及其他业务。

注：市场监督管理局实验以任务驱动为引线，各种业务流程除启动任务外，均可以通过“我的任务”领取和处理。如图 6-1 所示。

图 6-1　市场监督管理局的任务领取和处理界面

市场监督管理局业务知识储备与能力培养明细如表6-1所示。

表6-1　市场监督管理局业务知识储备与能力培养明细表

机构	具体事项	知识储备	能力表现	考核标准
市场监督管理局	企业设立登记	《企业名称登记管理规定》《中华人民共和国企业法人登记管理条例》《中华人民共和国公司登记管理条例》《企业名称登记管理实施办法》《中华人民共和国个人独资企业法》《中华人民共和国合伙企业法》《公司法》《中华人民共和国商标法》，工商行政管理、经济法等课程；材料格式规范，实验指导书等	1. 学习能力 2. 业务操作能力 3. 组织能力 4. 商务沟通能力 5. 领导能力	1. 业务办理的效率 2. 差错率 3. 投诉率 4. 现场秩序 5. 业务评价
	企业变更登记			
	企业注销登记			
	企业年报公示			
	商标注册			
	投诉监督			

一、组织架构管理

（一）组织架构

市场监督管理局一般采用职能制结构，根据业务需求可以划为若干部门：企业注册处、广告监督管理处、市场规范管理处、商标监督管理处、财务处、办公室等。各个部门根据各自的职责，在局长带领下完成各项工作，充分发挥行政职能，创造良好的市场环境。市场监督管理局的组织架构如图6-2所示。

注：组织架构根据课程小组分配由学生自由调整（一般采取因岗设人和因人设岗相结合），在不同时期根据业务需求进行综合调整，可以一人多岗或一岗多人，由市场监督管理局局长协调完成。

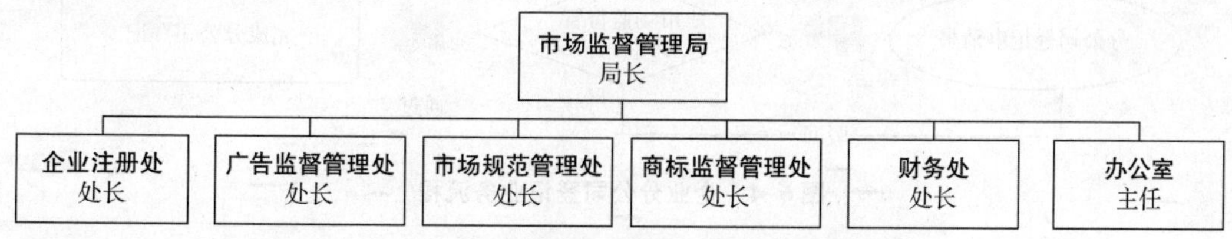

图6-2　市场监督管理局组织架构

组织架构操作流程已经在第三章“公司组建”集中叙述。

（二）职责分工（以3人小组为例）

在市场监督管理局的业务运作过程中，根据业务需要，设置虚拟混合岗，在不同时期角色可以进行转换，以提高工作效率。具体职责分工如图 6-3 所示。

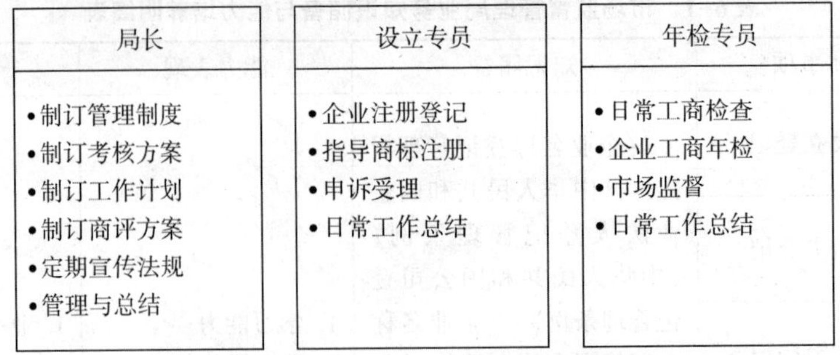

图 6-3　市场监督管理局岗位职责分工

二、企业登记

（一）业务规则

（1）虚拟企业登记过程根据不同情况提供相关材料。

（2）虚拟企业进行企业登记操作时，按流程填制电子表格，远程提交市场监督管理局审核；同时填写纸质版表格，到市场监督管理局窗口核定。

（3）各小组均须完成企业设立登记。其他登记事项可选做。

（4）虚拟市场监督管理局业务人员须指导虚拟企业正确填报信息。

（5）市场监督管理局接受各企业的监督评价。

（二）业务流程

1. 企业设立登记

第四章已详细列示。

2. 企业分公司登记

分公司登记是在公司发展到一定规模和实力后，成立子公司，并进行设立登记的业务。企业分公司登记的业务流程如图 6-4 所示。

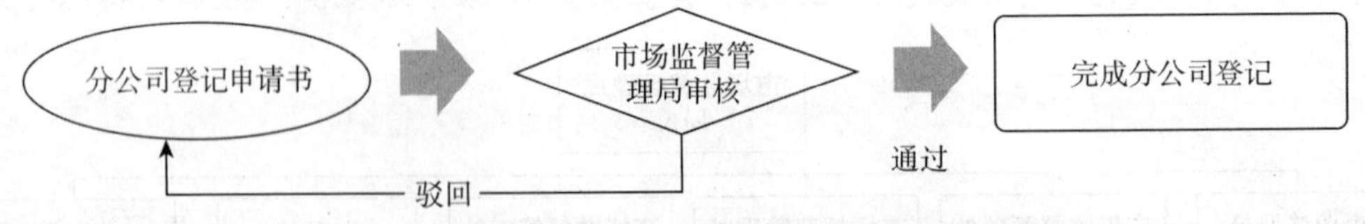

图 6-4　企业分公司登记业务流程

企业进入市场监督管理局→“企业登记”→“企业分公司登记”，填写分公司设立登记申请书（如图 6-5 所示），提交后等待市场监督管理局审核。

分公司设立登记申请书

名　称	[illegible]		
营业场所	四川省成都市	邮政编码	******
负责人姓名	王群峰	联系电话	133********
经营范围	服装生产、销售		
营业期限	10年		

依照《中华人民共和国公司法》、《中华人民共和国公司登记管理条例》申请分公司设立登记，提交材料真实有效。谨此对真实性承担责任。

公司法定代表人签字：[illegible]　指定代表或委托代理人签字公司盖章：[illegible]　公司盖章：[illegible]

2020 年 09 月 12 日　　2030 年 09 月 12 日　　2X0 年 09 月 12 日

注：1、提交的文件、证件应当使用A4纸。
2、应当使用钢笔、毛笔或签字笔工整地填写表格或签字。

图 6-5　分公司设立登记申请书

市场监督管理局在“企业登记”→“企业分公司登记”下查找企业提交的分公司设立登记申请书，同时审核该企业提交的纸质材料。审核无误单击“通过”，审核有问题单击“驳回”；审核通过后，分公司成立。

3. 企业变更登记

企业变更是指企业成立后，企业组织形式、企业登记事项的变化。其业务流程如图 6-6 所示。引起企业变更的原因有企业合并、企业分立和公司组织变更三种。

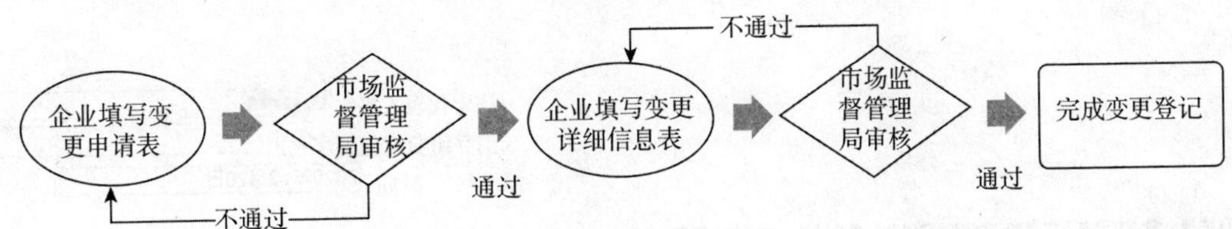

图 6-6　企业变更登记业务流程

变更登记程序同企业分公司设立登记相同，由企业进入市场监督管理局开启业务流程。第一步，企业填写变更登记申请书（如图 6-7 所示）。

公司变更（改制）登记申请书
（公司备案申请书）

注册号/统一社会信用代码: 022833159145709517

公 司 名 称:

敬 告

1、请您认真阅读本表内容和有关注解事项。在申办登记过程中如有疑问，请您登录“北京工商”网站（www.BAIC.gov.cn）—“网上办事”—“登记注册”模块查询相关内容，或直接到工商部门现场咨询。
2、提交申请前，请您了解相关法律、法规，确知所享有的权利和应承担的义务。
3、请您如实反映情况，确保申请材料的真实性。
4、本申请书的电子版可通过上述网址获取。
5、本申请书请使用正楷字体手填或打印填写。选择手工填写的，请您使用蓝黑或黑色墨水，保持字迹工整，避免涂改。选择打印填写的，请您填好后使用A4纸打印，按申请书完整页码顺序装订成册。

本人作为　　　　（公司名称）的法定代表人，现向登记机关提出下列申请，并郑重承诺：
1.本公司如实向登记机关提交有关材料，反映真实情况，并对申请材料实质内容的真实性负责。
2.经营范围涉及照后审批事项的，在领取营业执照后，将及时到相关审批部门办理审批手续，在取得审批前不从事相关经营活动。需要开展未经登记的后置审批事项经营的，将在完成经营范围变更登记后，及时办理相应审批手续，未取得审批前不从事相关经营活动。
3.本人不存在《公司法》第一百四十六条所规定的不得担任法定代表人的情形。
4.本公司自觉参加年度报告，依法主动公示信息，对报送和公示信息的真实性、及时性负责。
5.本公司依法纳税，自觉履行法定统计义务，严格遵守有关法律法规的规定，诚实守信经营。

申请变更事项（请在以下所列事项前□中划“√”）
○股东 ○住所 ○营业期限 ○股东（发起人）改变姓名或者名称 ○公司名称 ○集团名称/简称 ○法定代表人 ○公司类型 ○经营范围 ○注册资本

申请备案事项（请在以下所列事项前□中划“√”）
○监事 ○分公司名称变更 ○取消经营范围中后置标注内容 ○修改经营范围中后置标注内容 ○分公司注销 ○经理 ○公司增设分公司 ○董事 ○公司章程 ○公司清算组成员以清算组负责人

法定代表人签字①：
（清算组负责人签字②）
时间 2020年12月20日

注：① 申请公司法定代表人变更的，由原法定代表人或者拟任法定代表人签字。
② 申请公司清算组成员及清算组负责人备案的，由清算组负责人签字。

提交

图 6-7　变更登记申请书

第二步，市场监督管理局审核，过程同企业分公司设立登记审核过程。

第三步，企业填写变更详细信息表（如图 6-8 所示）。

变更（改制）登记申请表

（备案申请表）

事　项	原登记内容	申请变更后内容
公司名称	[illegible]	
住　所①	武汉市江夏区	
法定代表人	[illegible]	
注册资本	1000 （万元）	（万元）
经营范围	服装生产、销售	
营业期限	10 年	年
公司类型	有限责任公司	
集团名称/简称（仅企业集团变更填写）		
公司增设分公司		
公司清算组成员及清算组负责人		

注：①填写住所时请列明详细地址，精确到门牌号或房间号，如"北京市XX区XX路（街）XX号XX室"。

图 6–8　变更详细信息表

第四步，市场监督管理局审核，过程同企业分公司设立登记审核过程。

4. 企业注销登记

注销登记是指登记机关依法对解散、被撤销、宣告破产、责令关闭或者其他原因终止营业的企业，收缴营业执照，撤销其注册号，取消其企业法人资格或经营权的行政执法行为。其业务流程如图 6–9 所示。

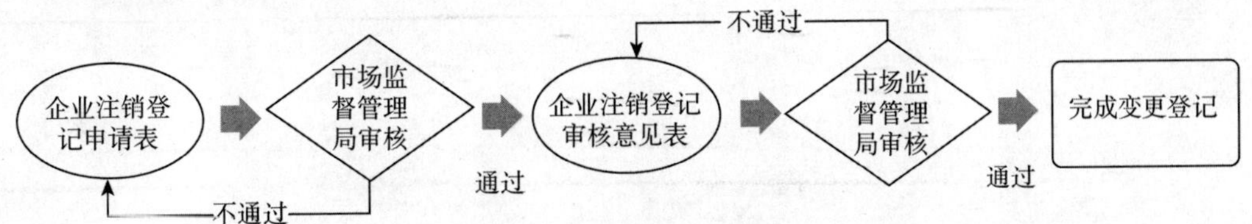

图 6–9　企业注销登记业务流程

同企业分公司设立登记相同，由企业进入市场监督管理局开启业务流程，填写注销登记申请书（如图 6–10 所示）。

企业注销登记申请书

注　册　号：022833159145709517

企业名称（盖章）[illegible]

敬　告

1、申请人在填表前，应认真阅读本表内容和有关注解事项。
2、在申办登记过程中，申请人应认真阅读《一次性告知单》和本申请书后附的《一次性告知记录》。如有疑问，请登录www.BAIC.gov.cn网站查询相关内容。
3、申请人应了解相关的法律、法规，并确知其享有的权利和应承担的义务。
4、申请人应如实向企业登记机关提交有关材料和反映真实情况，并对申请材料实质内容的真实性负责。
5、提交的申请文件、证件应当是原件，确有特殊情况只能提交复印件的，应当在复印件注明与原件一致，并由申请人或被委托人签字。
6、提交的申请文件、证件应当使用A4纸。
7、填写申请书应字迹工整，不得涂改，应使用蓝黑或黑色墨水。

北京市工商行政管理局
（2007年第一版）

现向登记机关申请[illegible]（企业名称）的注销登记。

法定代表人（清算组负责人）、投资人（清算人）、全体合伙人
签字[illegible]

联系电话：180********

2020年12月28日

1、申请全民所有制、集体所有制、集体所有制（股份合作）企业分支机构的注销登记应由隶属企业法定代表人签字。
2、申请有限责任公司、股份有限公司注销登记的，由公司清算组负责人签字。
3、申请分公司注销登记，由公司法定代表人签字。

企业注销登记申请表

名　称	[illegible]
注销原因	不再继续经营

图6-10　企业注销登记申请书（部分内容）

市场监督管理局审核过程同企业分公司设立登记审核过程。如果审核通过，则填写企业注销登记审核意见表，如果审核不通过，则填写驳回登记通知单。

企业清算组填写并提交企业注销登记审核意见表（如图6-11所示）。

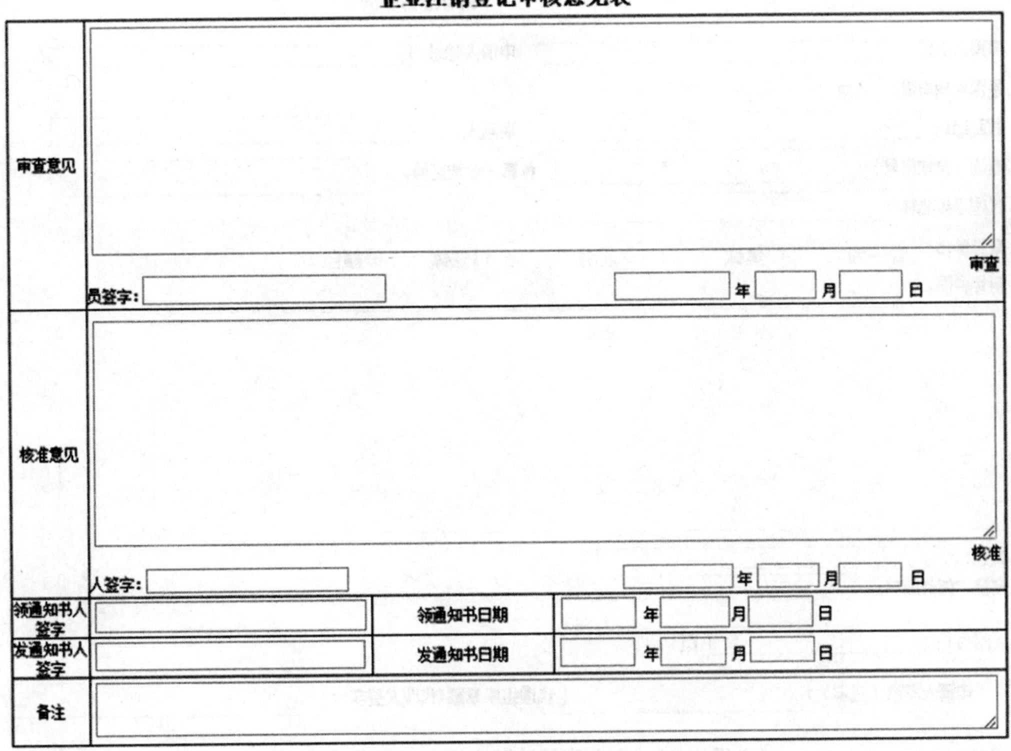

企业注销登记审核意见表

审查意见	审查员签字：		年　月　日
核准意见	核准人签字：		年　月　日
领通知书人签字		领通知书日期	年　月　日
发通知书人签字		发通知书日期	年　月　日
备注			

图 6-11　企业注销登记审核意见表

5. 商标注册

商标注册是商标使用人取得商标专用权的前提和条件，只有经核准注册的商标，才受法律保护。其业务流程如图 6-12 所示。

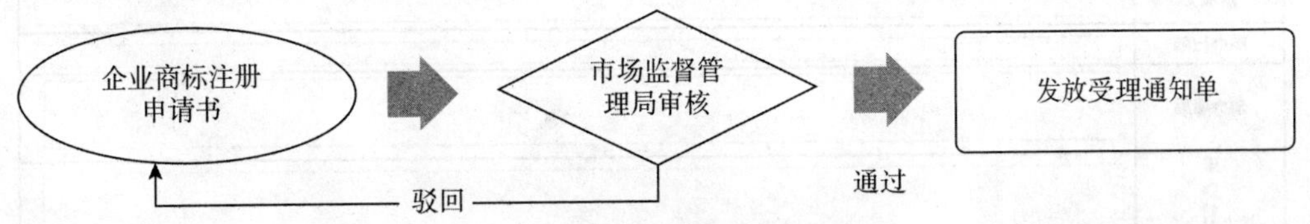

图 6-12　企业商标注册业务流程

同企业分公司设立登记相似，由企业进入市场监督管理局开启业务流程，填写商标注册申请书（如图 6-13 所示）。

商标注册申请书

申请人名称：　　申请人地址：

是否共同申请：○是　○否

邮政编码：　　联系人：

电话（含地区号）：　　传真（含地区号）：

代理组织名称：

商标种类：○一般　○集体　○证明　□立体　□颜色

商标说明：

类别：

商品／服务项目：

（附页：　　页）

申请人章戳（签字）：　　代理组织章戳（代理人签字）：

图6-13　企业商标注册申请书（部分内容）

市场监督管理局审核过程同企业分公司设立登记审核过程。如果审核不通过，则需要重新申请；审核通过，则发放受理通知单（如图6-14所示）给企业。

受理通知单

审批受理机关：（章）　　京怀统计行审[　　]字　　号

申办人			
申办日期			
申办事项			
申办材料清单			
受理人员		送达日期	年　月　日
申办人签收	年　月　日		

注：本通知单一式两联，第一联为存根；第二联交申办人

图6-14　受理通知单

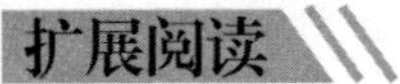

中华人民共和国商标法

自然人、法人或者其他组织在生产经营活动中，对其商品或者服务需要取得商标专用权的，应当向商标局申请商标注册。

1. 以个人名义提出申请，需出示个人居民身份证或个体户营业执照的复印件。以企业作为申请人来申请注册，需出示企业营业执照副本、经发证机关签章的营业执照复印件，以及盖有单位公章及个人签字的填写完整的商标注册申请书。

2. 商标图样10张（指定颜色的彩色商标，应交着色图样10张，黑白墨稿1张）。

3. 提供的商标图样必须清晰，便于粘贴，使用光洁耐用纸张，或用照片代替，长和宽不大于10厘米，不小于5厘米。商标图样方向不清的，应用箭头标明上下方。

三、企业年检

企业年检（企业年度报告公示）是指市场监督管理局依法按年度对企业进行检查，确认企业继续经营资格的法定制度。根据国务院《注册资本制度改革方案》和《企业信息公示暂行条例》的规定，2014年3月1日起，取消企业年检制度，改为实施企业年度报告公示制度。企业应当于每年的1月1日至6月30日，通过企业信用信息公示系统向市场监督管理部门报送上一年度年度报告，并向社会公示。

扩展阅读

注册资本登记制度改革方案

(1) 企业应当按年度在规定的期限内，通过全国企业信用信息公示系统向市场监督管理机关报送年度报告，并向社会公示，任何单位和个人均可查询。

(2) 企业“年报”的主要内容包括公司股东（发起人）缴纳出资情况、资产状况等。企业对年度报告的真实性、合法性负责。市场监督管理机关可以对企业年度报告公示内容进行抽查，经检查发现企业年度报告隐瞒真实情况弄虚作假的，市场监督管理机关依法予以处罚，并将企业法定代表人、负责人等信息通报公安、财政、海关、税务等有关部门，形成“一处违法，处处受限”。

(3) 对未按规定期限公示年度报告的企业，市场监督管理机关会将其载入经营异常名录。企业在3年内履行年度报告公示义务的，可以申请恢复正常记载状态；超过3年未履行的，工商机关将其永久列入严重违法企业黑名单。

（一）业务规则

1. 年检范围

凡领取营业执照的虚拟制造公司、贸易公司、会计师事务所、物流公司，均须参加年检。当年设立登记的企业，自下一年起参加年检。

2. 年检时间

参加年检的机构在第一年第四季度经营结束后和第二年第四季度经营结束后进行年检。

3. 年检内容

年检内容包括：①企业登记事项执行和变动情况；②股东或者出资人的出资或提供合作条件的情况；③企业对外投资情况；④企业设立分支机构情况；⑤企业生产经营情况。其业务流程如图 6-15 所示。

图 6-15 企业年检业务流程

（二）业务流程

（1）企业进入市场监督管理局→“企业年检”→“填写企业法人年检报告书”（如图 6-16 所示），提交后等待市场监督管理局审核。

企 业 法 人 年 检 报 告 书

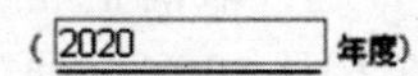

公司名称：[模糊处理]（盖章）

联系电话：027********

注 册 号：022833159145709517

登记机关：市场监督管理局

中华人民共和国国家工商行政管理局制

一、登 记 事 项 情 况

登记事项名称	登记事项现状

图 6-16 填写企业法人年检报告书（部分）

（2）市场监督管理局在“企业年检”→“企业年检管理”中查找企业提交的企业法人年检报告书（如图 6-17 所示），同时审核该企业提交的纸质材料。审核无误“通过”，审核有问题“驳回”。审核通过后完成企业年检。

四、经营情况

企业名称	[illegible]	注册号	022833159145709517
运营状况	■筹建 ■投产开业 ■停业 ■清算		
全年销售（营业）收入		其中：服务营业收入	
全年利润总额		全年净利润	
全年纳税总额			
全年亏损额			
年末资产总额		其中：长期投资	
年末负债总额		其中：长期负债	

注：本表内容应根据资产负债表和损益表填写，并附在资产负债表之前。

本人确认企业提交的年检报告书所填内容属性。

企业法定代表人签名：[illegible]

2021 年 05 月 30 日

●驳回 ●通过

图 6–17　审核通过企业法人年检报告书（部分）

（3）企业分支机构年检同企业年检。

四、监督投诉

（一）业务规则

1．业务范围

（1）虚拟机构中工作人员不作为。

（2）虚拟企业经营过程中存在垄断、不正当竞争等经济违法行为时。

（3）虚拟企业经营过程中存在合同诈骗或存在明显诱导、商标的侵权等违法行为时。

（4）虚拟企业经营过程中存在夸大或者虚假宣传的广告等违法行为时。

（5）虚拟企业注册过程中违反企业登记管理法规的行为等。

2．提交的材料

（1）投诉者的姓名以及住址、电话号码等联系方式（通常需要出示身份证）。

（2）被投诉人的名称、地址；投诉的要求、理由及相关的事实（通常是形成一篇投诉信）。

（3）需要出示投诉的证据（通常是相关发票、凭证、单据、照片等）。

3．处理方法

以行政罚款为主要手段。

（二）业务流程

企业启动投诉流程有以下几种方式：一是单击主界面右上角快捷命令“监督投诉”；二是进入市场监督管理局→“监督投诉”→“填写举报登记单或申诉登记单”；三是在业务流

程过程中进行投诉（仅对应举报政务服务工作人员在履职中违反工作纪律的）。

举报登记单：如果发现企业有违规行为，可以通过填写举报登记单对相关违规企业进行举报。

申诉登记单：如果有消费者对所购买的产品或者售后服务不满意，可以通过填写申诉登记单到市场监督管理局进行申诉。

以第一种方式为例介绍监督投诉业务流程，如图 6-18 所示。

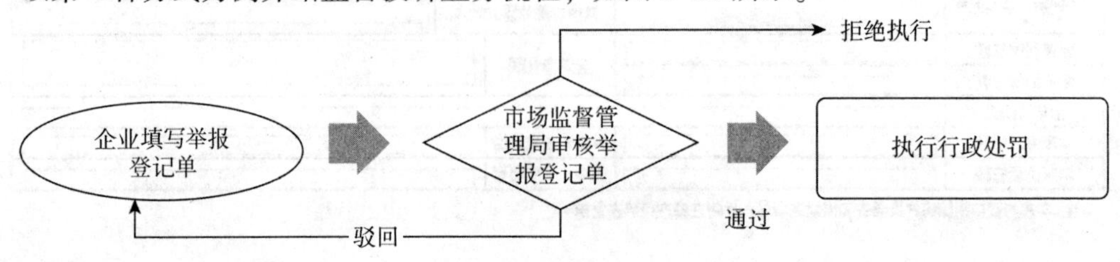

图 6-18　举报业务流程

（1）企业单击主界面右上角快捷命令“监督投诉”，启动监督投诉流程，如图 6-19 所示。

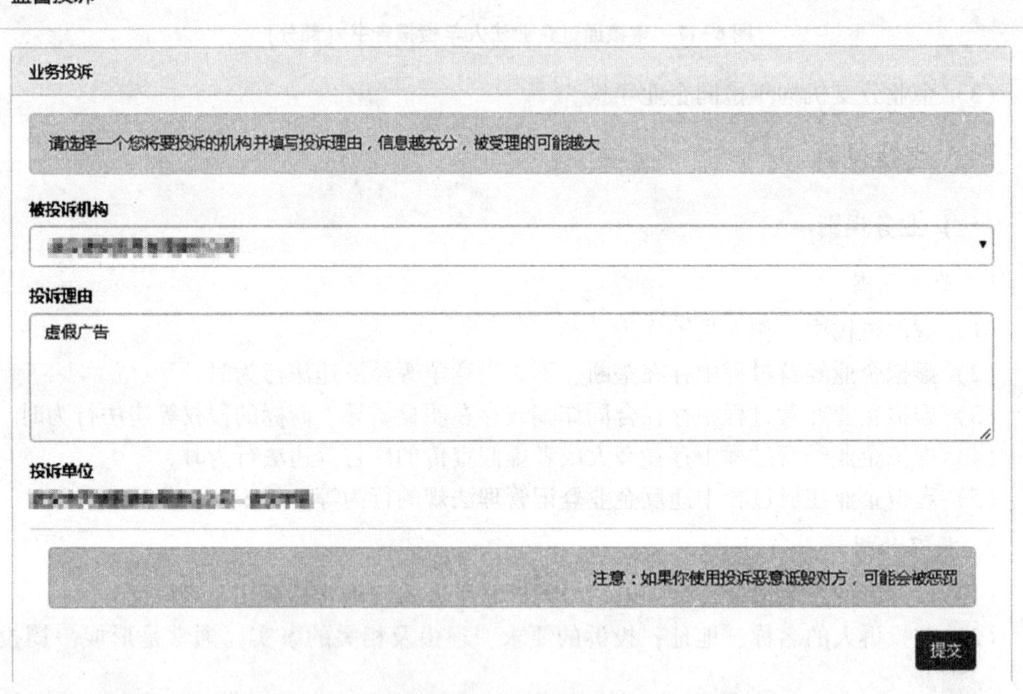

图 6-19　启动监督投诉

（2）企业启动投诉流程后，填制举报登记单（如图 6-20 所示）。

（3）市场监督管理局收到投诉后，进行审核。经过调查取证，证明举报事实存在，审核“通过”；经过审核确认所举报信息存在疑问，“驳回”企业重新填写。

举报登记单

举报者信息

姓　　名：[blurred]　　性别：◉男　○女

联系电话：180********

电子邮箱：********@qq.com

通讯地址：湖北省武汉市

密码设置：***

确认密码：***

被举报方信息

名　　称：[blurred]

地　　址：湖北省武汉市

联系电话：***********

举报人要求

奖　　励：○是　◉否

保　　密：◉是　○否

回　　复：◉是　○否

*是否愿意协助调查：◉是　○否

举报内容

简要情况：

发布虚假广告

图 6-20　举报登记单

（4）市场监督管理局审核通过后，执行行政处罚，如图 6-21 所示。

处罚机构

企业罚款

处罚金额

10000

处罚小组

提交

图 6-21　市场监督管理局执行行政处罚

五、其他业务

（一）查看企业

（1）查看企业发票使用情况。

(2) 查看企业财务报表。
(3) 企业不良付款记录(可以强制执行)。

(二) 工作日志

(1) 虚拟市场监督管理局工作人员撰写工作日志。
(2) 虚拟市场监督管理局工作人员撰写会议纪要。
(3) 虚拟市场监督管理局工作人员撰写学习报告。

(三) 财务系统

(1) 查看各企业科目数据报告。
(2) 查看财务报表报告。
(3) 查看数据分析报告。
(4) 查看企业排名。

第二节　税务局业务规则与流程

虚拟税务局是仿真实习环境中的管理与服务机构,一方面要行使税收管理职责,完成税收业务;另一方面要体现服务社会的职能,积极为各个仿真公司(即纳税人)服务。

注:虚拟税务局的主要业务包括行政审批、纳税申报及其他业务,负责对虚拟企业进行税收征缴、管理和监督,同时承担纳税辅导工作。

税务部门的内部机构设置及工作流程主要参考当前实际税务机关的做法,并结合仿真实习环境的具体情况而制定,因此一些具体流程及规则与实际不一定完全相符。

税务局实验以任务驱动为引线,各种业务流程除启动任务外,均可以通过"我的任务"领取和处理。如图6-22所示。

图6-22　税务局业务领取和处理界面

税务局业务知识储备与能力培养明细如表6-2所示。

表 6-2 税务局业务知识储备与能力培养明细

具体事项	知识储备	能力表现	考核标准
税务登记 核定税收征收方式 减免税 延期纳税 税务检查 纳税申报 税款征收	《中华人民共和国税收征收管理法》《税务登记管理办法》《中华人民共和国行政处罚法》《中华人民共和国税法》等法规，以及实验指导书等	1. 学习能力 2. 业务操作能力 3. 组织能力 4. 商务沟通能力 5. 领导能力	1. 业务办理的效率 2. 差错率 3. 投诉率 4. 现场秩序 5. 业务评价

一、组织架构管理

（一）组织架构

税务局一般采用职能制结构，根据业务需求可以划为纳税服务处、稽查处、信息中心、票证中心、财务管理处、办公室等若干部门。各个部门根据各自的职责，在局长带领下完成各项工作，充分发挥行政职能，完成税收任务。

注：组织架构根据课程小组分配由学生自由调整，一般采取因岗设人和因人设岗相结合的方式，在不同时期根据业务需求进行综合调整，可以一人多岗或一岗多人，由税务局局长协调完成。

税务局组织架构如图 6-23 所示。

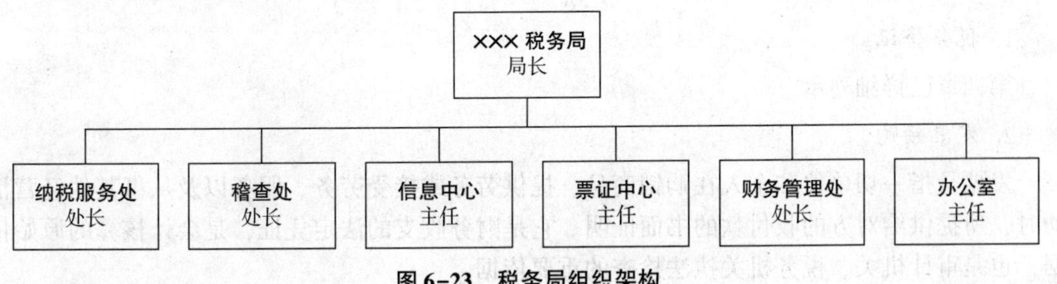

图 6-23 税务局组织架构

组织架构操作流程已经在第三章集中叙述，此处不再赘述。

（二）职责分工（以 3 人小组为例）

税务业务运作过程中，根据业务需要，设置虚拟混合岗，在不同时期，角色可以进行转换，以提高工作效率。

税务局岗位职责分工如图 6-24 所示。

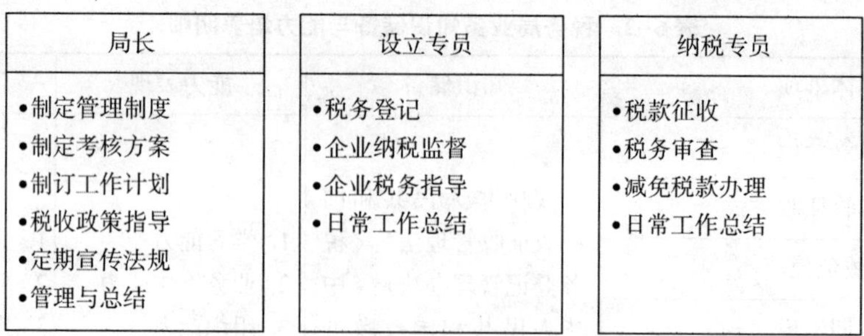

图 6-24　税务局岗位职责分工

二、行政审批

受理纳税人申请，对纳税人注销原因是否符合实际情况，税款、处罚、发票等涉税事项是否办结，申请资料是否齐全进行审核。不符合条件的，当场填制补正资料告知书或税务事项不予受理决定书，申请资料退回纳税人并一次性告知需补正的材料或不予受理的原因，纳税人享有依法申请行政复议或提起行政诉讼的权利。

（一）业务规则

（1）虚拟企业在税务审批过程中根据不同情况提供相关材料。

（2）虚拟企业进行税务审批操作时，按流程填制电子表格，远程提交税务局审核；同时填写纸质版，到税务局窗口核定。

（3）各小组均须完成税务登记和发票领购。其他登记事项可选做。

（4）虚拟税务局业务人员须指导虚拟企业正确填报信息。

（5）虚拟税务局接受各企业的监督评价。

（二）业务流程

1. 税务登记

第四章已详细列示。

2. 发票领购

发票是指一切单位和个人在购销商品、提供劳务或接受劳务、服务以及从事其他经营活动时，所提供给对方的收付款的书面证明。它是财务收支的法定凭证，是会计核算的原始依据，也是审计机关、税务机关执法检查的重要依据。

发票领购业务流程如图 6-25 所示。

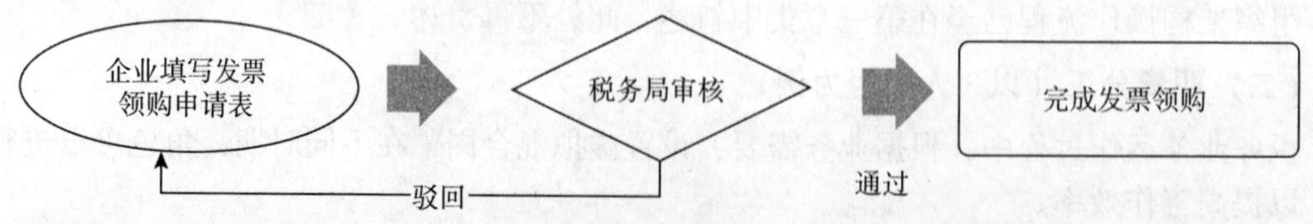

图 6-25　发票领购业务流程

企业进入“税务局”→“行政审批”→“金税开票”→“发票领购”，填制发票领购申请表（如图 6-26 所示）。

发票领购申请表

纳税人识别号：833159145709517

纳税人(扣缴义务人)名称：

纳税人名称		经营地址	武汉市江夏区
经济类型	私营企业	经办人		电话	180********
经营范围	服装生产、销售	经办人身份证号	123456789003

发票名称	规格	联次	数量	每月用量	购票方式
增值税专用发票		3	120	10	验旧购新

发票专用章印模	
申请理由	经营业务 填表人：张勤 2020年06月22日

以下由税务机关填写

发票保证金(元)		保证金收据号	

受理初审意见	资格认定调查意见	审核批准意见
受理人： 年 月 日	征管所长： 年 月 日	批准人： 年 月 日

图 6-26 发票领购申请表

税务局通过“行政审批”→“金税开票”→“发票领购”，查找企业提交的发票领购申请书，同时审核该企业提交的纸质材料，审核无误“通过”，审核有问题“驳回”。

3. 纳税征收方式申请

税款征收方式是税务机关在组织税款入库过程中对纳税人的应纳税款的计算、征收、缴库等所采取的方法和形式。税款征收方式的确定遵循保证国家税款及时足额入库、方便纳税人、降低税收成本的原则。

纳税征收目前主要有以下几种方式：查账征收、核定征收、定期定额征收、代收代缴、代扣代缴、委托代征、查验征收。以核定征收为例，其申请业务流程如图 6-27 所示。

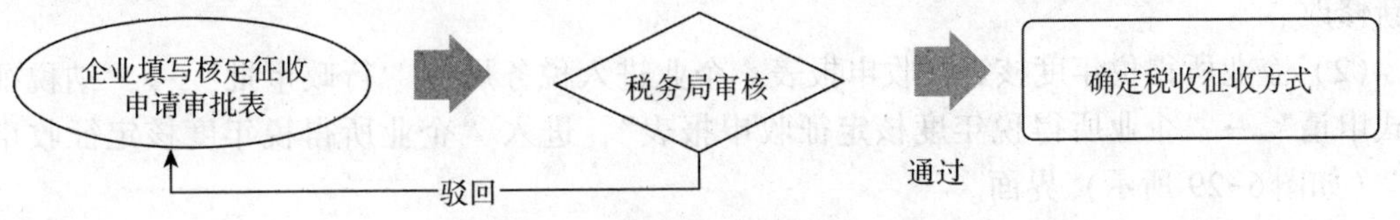

图 6-27 核定征收申请业务流程

(1) 核定征收申请审批表：

企业进入“税务局”→“行政审批”→“纳税征收方式申请”，填制核定征收申请审批表（如图 6-28 所示）。

核定征收申请审批表

纳税人识别号：8 3 3 1 5 9 1 4 5 7 0 9 5 1 /

纳税人名称：

申请意见：

新开业，会计账簿暂不健全，因此申请核定征收。

法定代表人（负责人）：　办税员：　2020 年 12 月 31 日

以下由税务机关填写：

核定税种	核定企业类型	核定征收类型	核定税额（利润率）	执行日期起
所得税	内资企业	核定销售额		

核定方式及计算过程：

管理环节意见：

经办人：　负责人：　公章：

年　月　日

综合业务部门意见：

经办人：　负责人：　公章：

年　月　日

主管税务机关意见：

经办人：　负责人：　公章：

年　月　日

图 6-28　核定征收申请审批表

税务局通过“行政审批”→“纳税征收方式申请”，查找企业提交的核定征收申请审批表，同时审核该企业提交的纸质材料，审核无误“通过”，审核有问题“驳回”，退回企业重新修改。

（2）企业所得税年度核定征收申报表：企业进入税务局→“行政审批”→“纳税征收方式申请”→“企业所得税年度核定征收申报表”，进入“企业所得税年度核定征收申报表”（如图 6-29 所示）界面。

企业进入税务局→“行政审批”→“纳税征收方式申请”→“企业所得税年度核定征收申报表”，审核其内容，如有不符合项，选择“驳回”，退回给企业重新修改；如所有内容都符合要求，选择“通过”，则“企业所得税年度核定征收申报表”操作完成。

企业所得税年度核定征收申报表

纳税人识别号：8 3 3 1 5 9 1 4 5 7 0 9 5 1 7

金额单位：元列至角分

纳税人名称：	[illegible]	填表日期	2021-01-31		
申报日期	2020-12-31	所属时期	2020-06	至	2020-12
生产经营地址	武汉市江夏区	登记注册类型	有限责任公司		
口税票先到	开户银行及银行帐号				

行次	项目	依法申报金额	税务机关调整数
1	销售收入		
2	应纳所得率		
3	应纳税所得额（3=1*2）		
4	适应税率		
5	应缴所得税额（5=3*4）		
6	已预缴的所得税额		
7	经批准减免的所得税额		
8	应补（退）的所得税额（8=5-6-7）		

企业负责人签字：[illegible] 会计主管人签字：[illegible] 填表人签字：

图 6-29 企业所得税年度核定征收申报表

（3）企业所得税征收方式鉴定表：企业进入税务局→“行政审批”→“纳税征收方式申请”→“企业所得税征收方式鉴定表”，进入“企业所得税征收方式鉴定表”（如图 6-30 所示）界面。

企业所得税征收方式鉴定表

纳税人识别号：	8 3 3 1 5 9 1 4 5 7 0 9 5 1 7		
纳税人名称：	[illegible]		
纳税人地址：	武汉市江夏区		
经济类型	私营企业	所属行业	生产制造	开业日期	
开户银行		账号	
邮政编码		联系电话	
上年收入总额		上年成本费用额	
上年应纳税所得额		上年所得税额	

行次	项目	纳税人自报情况	主管税务机关审核情况
1	账簿设置情况		
2	收入总额核算情况		
3	成本费用核算情况		
4	账簿凭证保存情况		
5	纳税义务履行情况		

征收方式：

纳税人意见：

（纳税人签章： （公章） 年 月 日

税务机关审批意见：

经办人签字： 科室负责人签字： 主管局长签字：

公章： 公章：

年 月 日 年 月 日 年 月 日

图 6-30 企业所得税征收方式鉴定表

企业进入税务局→“行政审批”→“纳税征收方式申请”→“企业所得税征收方式鉴定表”，审核其内容，如有不符合项，选择“驳回”，将企业的企业所得税征收方式鉴定表退回给企业重新修改；如所有内容都符合要求，选择“通过”，则“企业所得税征收方式鉴定表”操作完成。

4. 减免税审批

减免税是指税务机关依据税收法律、法规以及国家有关税收规定给予纳税人的减税、免税。减税、免税主要是对某些纳税人和征税对象采取减少征税或者免予征税的特殊规定。

减免税审批流程同核定征收申请流程，如图 6-31 所示。纳税人减免税申请审批表如图 6-32 所示。

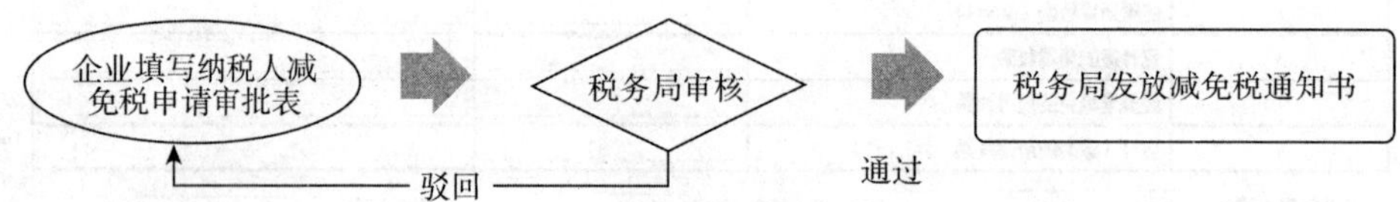

图 6-31　减免税审批业务流程

纳税人减免税申请审批表

纳税人识别号：

纳税人名称：

生产经营地址					
办税人员		联系电话		邮政编码	
登记注册类型		生产经营期限止			
生产经营范围					

已享受减免税优惠	税种	适用税率	减免退方式	减免种类	减免原因	所属时期起	减免时期止	税额(幅度)	余额

企业欠税情况	税种	所属时期起	所属时期止	税额(幅度)	欠税原因

减免税申请情况　　代扣代缴

申请减免理由　　申请减免税种　　第一次获利时间

序号	减免原因	减免种类	适用税率	减免退方式	幅度/额度/税率	所属时期起	所属时期止

审批信息

管理部门意见：　　（公章）　经办人：　负责人：　年　月　日

管理部门意见：　　（公章）　经办人：　负责人：　年　月　日

主管局长审批意见：　经办人：　负责人：　年　月　日

上级税务机关审批意见（公章）：　经办人：　负责人：　年　月　日

批准减免税情况

序号	税种	减免原因	减免种类	适用税率	减免退方式	幅度/额度/税率	所属时期起	所属时期止	备注

图 6-32　纳税人减免税申请审批表

税务局对纳税人减免税申请审批表进行审核，通过后发放减、免税批准通知书（如图 6-33 所示）。

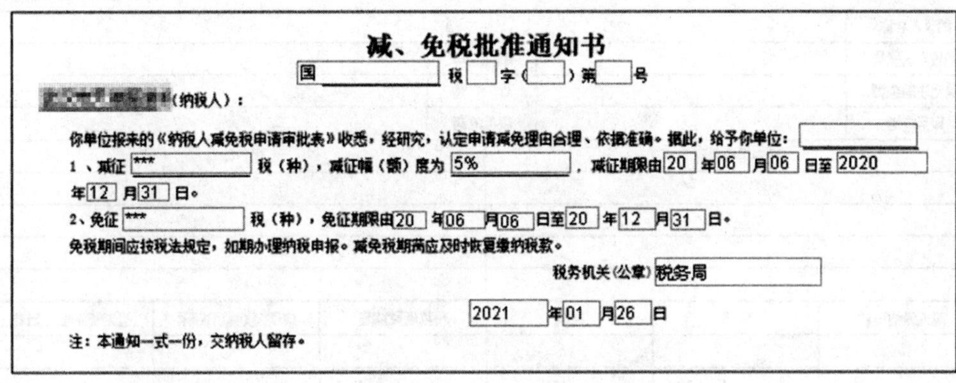

减、免税批准通知书

国＿＿＿＿ 税＿＿ 字（＿＿）第＿＿ 号

＿＿＿＿（纳税人）：

你单位报来的《纳税人减免税申请审批表》收悉，经研究，认定申请减免理由合理、依据准确。据此，给予你单位：＿＿＿＿

1、减征 *** 税（种），减征幅（额）度为 5%，减征期限由 20 年 06 月 06 日至 2020 年 12 月 31 日。

2、免征 *** 税（种），免征期限由 20 年 06 月 06 日至 20 年 12 月 31 日。

免税期间应按税法规定，如期办理纳税申报。减免税期满应及时恢复缴纳税款。

税务机关（公章）税务局

2021 年 01 月 26 日

注：本通知一式一份，交纳税人留存。

图 6-33　减、免税批准通知书

5. 延期纳税申请

延期纳税申请包括延期申报申请和延期缴纳税款申请，流程同核定征收申请。两项业务的流程分别如图 6-34 和图 6-35 所示。

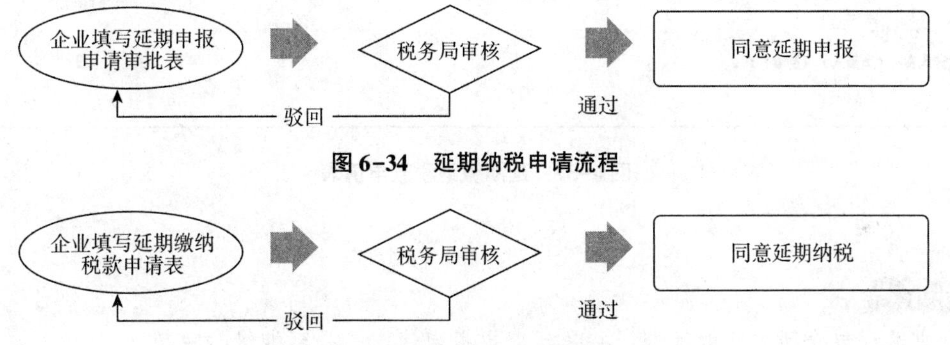

图 6-34　延期纳税申请流程

图 6-35　延期申报申请审批表

税务局审核延期申报申请审批表（如图 6-36 所示）和延期缴纳税款申请表（如图 6-37 所示），审核无误“通过”，审核有问题“驳回”。

延期申报申请审批表

纳税人识别号：

纳税人（扣缴义务人）名称：

序号	申报税种	是否延期	所属期起	所属期止	申请延期止
1					
2					

延期申报的理由：

（签章）

法定代表人（负责人）：　　办税人员：　　年　　月　　日

图 6-36　延期申报申请审批表

延期缴纳税款申请表

金额单位：元（列至角分）

纳税人名称					
纳税人识别号			顺序号		
登记注册类型			行　业		
联系电话			联系电话		
开户银行名称			银行帐号		
延期缴纳税种	税目	税额	税款所属期限	申请延期缴纳期限	延期缴纳截止日期
合　计					

延期缴纳税款理由：（一）因不可抗力，导致纳税人发生较大损失，正常生产经营活动受到较大影响的；（ ）

（二）当期货币资金在扣除应付职工工资、社会保险费后，不足以缴纳税款的。（ ）

法定代表人（负责人）（签章）：　　　　　　　　年　　月　　日

图 6-37　延期缴纳税款申请表

扩展阅读

延期纳税包含两方面的延期：一是延期申报申请，二是延期缴纳税款。

1. 延期申报申请

纳税人、扣缴义务人不能按期办理纳税申报或者报送代扣代缴、代收代缴税款报告表的，经税务机关核准，可以延期申报。经核准延期办理前款规定的申报、报送事项的，应当在纳税期内按照上期实际缴纳的税额或者税务机关核定的税额预缴税款，并在核准的延期内办理税款结算。

2. 延期缴纳税款

纳税人因下列情形之一导致资金困难，不能按期缴纳税款的，可以向税务机关申请延期缴纳税款，并在申请延期缴纳的同时向税务机关提供以下证明资料。

(1) 水、火、风、雷、海潮、地震等人力不可抗拒的自然灾害，应提供灾情报告。

(2) 可供纳税的现金、支票以及其他财产等遭遇偷盗、抢劫等意外事故，应提供有关公安机关出具的事故证明。

(3) 国家调整经济政策的直接影响，应提供有关政策调整的依据。

(4) 短期贷款拖欠，应提供货款拖欠情况证明和货款拖欠方不能按期付款的证明材料。

(5) 市局根据税收征管实际规定的其他情形。

6. 税务检查

税务检查制度是税务机关根据国家税法和财务会计制度的规定，对纳税人履行纳税义务的情况进行监督、审查的制度。

税务检查既有利于全面贯彻国家的税收政策，严肃税收法纪，加强纳税监督，查处偷税、漏税和逃骗税等违法行为，确保税收收入足额入库，也有利于帮助纳税人端正经营方向，促使其加强经济核算，提高经济效益。

税种检查流程如下：

(1) 税务检查通知书。税务机关确定检查对象，向纳税人下达税务检查通知书。税务局通过“行政审批”→“税务检查”，填写税务检查通知书（如图 6-38 所示）。

税务检查通知书

国＿＿＿＿ 税稽通字（汉）第 1 号

[illegible]：

根据《中华人民共和国税收征收管理法》第＿＿＿＿款，我局决定从＿＿年＿＿月＿＿日起派＿＿＿＿等人对你（单位）＿＿年＿＿月＿＿日至＿＿年＿＿月＿＿日期间执行税法的情况进行检查，依据《中华人民共和国税收征收管理法》第五十六条，届时请将有关资料准备齐全，应准备的有关资料如下：

一、税务登记证副本、工商营业登记证副本；

二、增值税专用发票、普通发票、收款收据购印证；

三、＿＿年＿＿月＿＿日至＿＿年＿＿月＿＿日的：

（一）购印的增值税专用发票、普通发票、收款收据（包括已经使用的和未使用的）；

（二）各类会计报表；

（三）各类纳税申报表；

（四）各类账册，总帐以及所属的明细账、现金帐和银行日记账等；

（五）记账凭证；

（六）其他有关的资料

如你单位有因不可抗力（或特殊情况）不能接受检查或以上稽查人员应回避的，必须在接到本通知之日起三日内提出申请。

签发人（局长签名）：＿＿＿＿

税务机关（公章）＿＿＿＿

＿＿年＿＿月＿＿日

图 6-38 税务检查通知书

企业进入“税务局”→“行政审批”→“税务检查”，查看税务检查通知书。

(2) 税务违法调查报告。税务局实施税务检查，检查人员在实施检查的过程中，通过询问调查，核实取证，制作检查底稿和涉税事实认定意见书，由纳税人在涉税事实认定意见书上签章，最后制作税务违法调查报告，送检查部门进入审理程序。

税务局通过“行政审批”→“税务检查”，填写税务违法调查报告（如图 6-39 所示）。

(3) 税务处理决定书。税务局审理事实、证据是否清楚、确凿，适用法律是否正确，程序是否合法，被查人意见，处理意见是否得当。审理后，由检查部门制作审理报告，送主管领导审批。审批后，对通过检查未发现涉税问题的，制作税务处理决定书；发现涉税问题的，制作税务处理决定书、税务行政处罚决定书。

税务局通过“行政审批”→“税务检查”，填写税务处理决定书（如图 6-40 所示）。

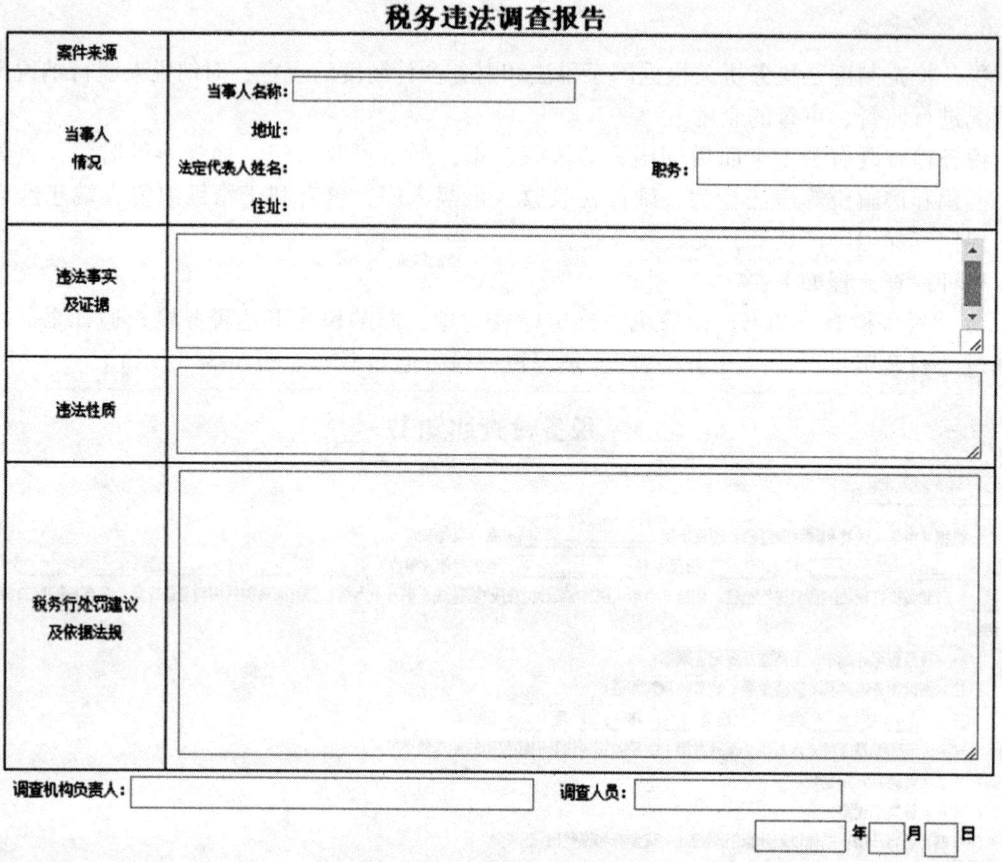

税务违法调查报告

案件来源	
当事人情况	当事人名称： 地址： 法定代表人姓名：　　职务： 住址：
违法事实及证据	
违法性质	
税务行处罚建议及依据法规	

调查机构负责人：　　调查人员：

年　月　日

图 6-39　税务违法调查报告

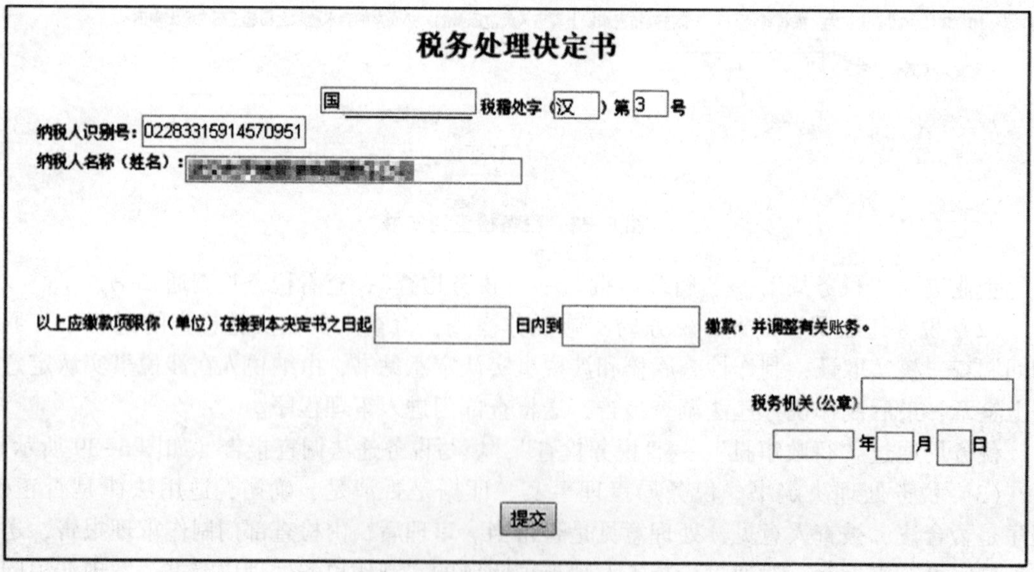

税务处理决定书

国　税稽处字（汉）第 3 号

纳税人识别号：02283315914570951

纳税人名称（姓名）：

以上应缴款项限你（单位）在接到本决定书之日起　日内到　缴款，并调整有关账务。

税务机关（公章）

年　月　日

提交

图 6-40　税务处理决定书

企业可以查看税务处理决定书。

税务局通过“行政审批”→“税务检查”，填写税务行政处罚决定书（如图6-41所示）。

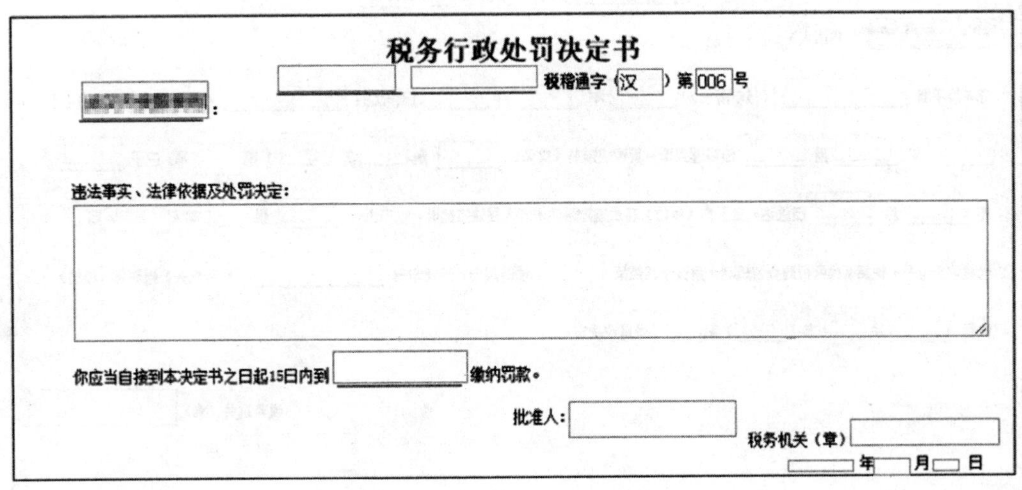

税务行政处罚决定书

税稽通字（汉）第006号

违法事实、法律依据及处罚决定：

你应当自接到本决定书之日起15日内到　　缴纳罚款。

批准人：

税务机关（章）

年　月　日

图6-41　税务行政处罚决定书

企业可以查看税务行政处罚决定书。

(4) 复议申请书。纳税人对处理决定有异议的，可以申请复议。

企业进入“税务局”→“行政审批”→“税务检查”，填写复议申请书，如图6-42所示。

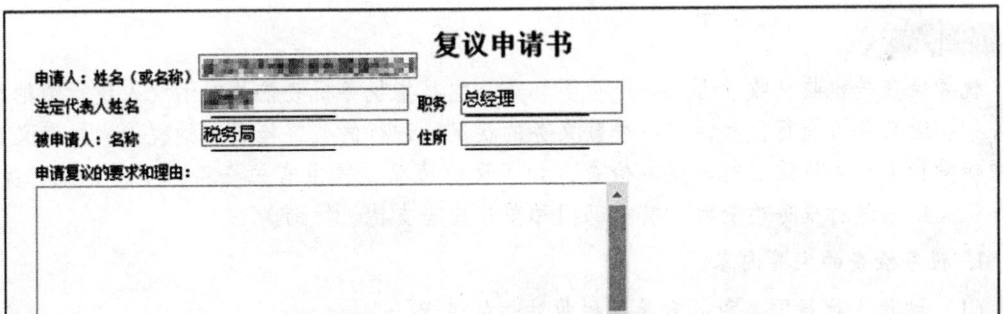

复议申请书

申请人：姓名（或名称）

法定代表人姓名　　职务　总经理

被申请人：名称　税务局　　住所

申请复议的要求和理由：

申请人签名或盖章

年　月　日

图6-42　复议申请书

(5) 强制执行决议书。纳税人拒不执行的，强制执行。

税务局通过“行政审批”→“税务检查”，填写强制执行决议书，如图6-43所示。

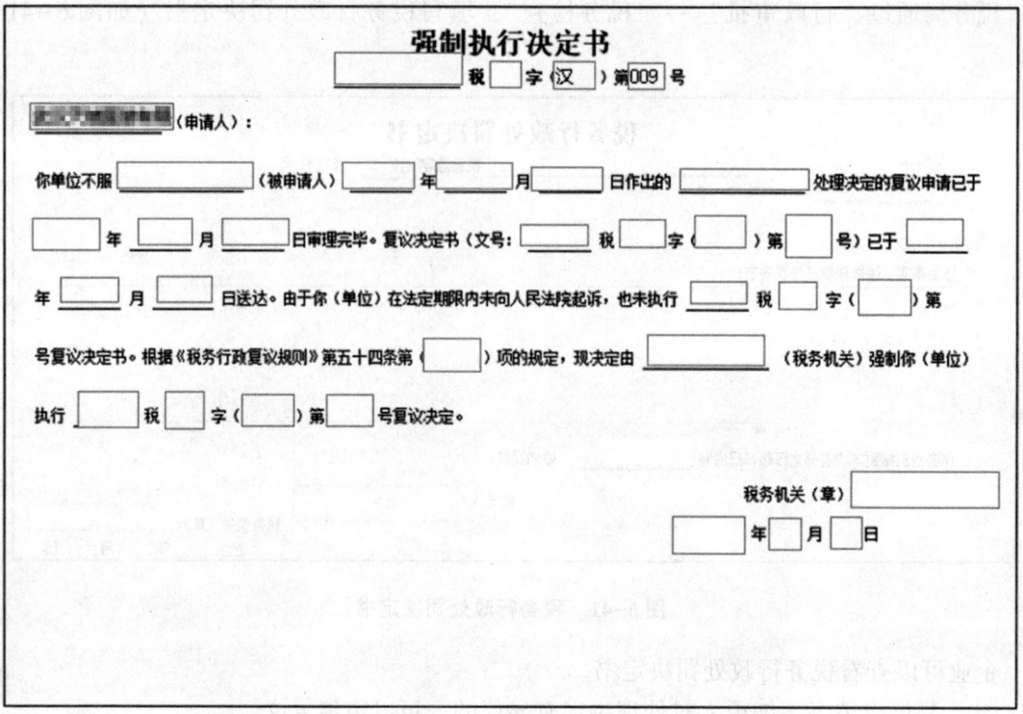

强制执行决定书

税　字（汉）第009号

（申请人）：

你单位不服　（被申请人）　年　月　日作出的　处理决定的复议申请已于

年　月　日审理完毕。复议决定书（文号：　税　字（　）第　号）已于

年　月　日送达。由于你（单位）在法定期限内未向人民法院起诉，也未执行　税　字（　）第

号复议决定书。根据《税务行政复议规则》第五十四条第（　）项的规定，现决定由　（税务机关）强制你（单位）

执行　税　字（　）第　号复议决定。

税务机关（章）

年　月　日

图6-43　强制执行决议书

企业可以查看强制执行决议书。

扩展阅读

税务检查是税收征收管理的一个重要环节。它是指税务机关依法对纳税人履行缴纳税款义务和扣缴义务人履行代扣、代收税款义务的状况所进行的监督检查。纳税人、扣缴义务人必须接受税务机关依法进行的税务检查，如实反映情况、提供有关资料，不得拒绝、隐瞒。税务机关依法进行税务检查时，有关部门和单位应当支持、协助。

1. 税务检查的主要内容

（1）纳税人执行国家税收政策和税收法规的情况。

（2）纳税人遵守财经纪律和财会制度的情况。

（3）纳税人的生产经营管理和经济核算情况。

（4）纳税人遵守和执行税收征收管理制度的情况，有无不按纳税程序办事和违反征管制度的问题。

2. 税务检查的范围

（1）检查纳税人的账簿、记账凭证、报表和有关资料，检查扣缴义务人代扣代缴、代收代缴税款账簿，记账凭证和有关资料。

（2）到纳税人的生产经营场所和货物存放地检查纳税人应纳税的商品、货物或者其他财产，检查扣缴义务人与代扣代缴、代收代缴税款有关的经营情况。

（3）责成纳税人、扣缴义务人提供与纳税或者代扣代缴、代收代缴税款有关的文件、证明材料和有关资料。

(4) 询问纳税人、扣缴义务人与纳税或者代扣代缴、代收代缴税款有关的问题和情况。

(5) 到车站、码头、机场、邮政企业及其分支机构检查纳税人托运、邮寄应纳税商品、货物或者其他财产的有关单据、凭证和有关资料。

(6) 经县级以上税务局（分局）局长批准，凭全国统一格式的检查存款账户许可证明，查询从事生产经营的纳税人、扣缴义务人在银行或者其他金融机构的存款账户。税务机关调查税收违法案件时，经设区的市、自治州以上税务局（分局）局长批准，可以查询案件涉嫌人员的储蓄存款。

3. 税务检查的方法

(1) 税务查账。税务查账是对纳税人的会计凭证、账簿、会计报表以及银行存款账户等核算资料所反映的纳税情况所进行的检查。这是税务检查中最常用的方法。

(2) 实地调查。实地调查是对纳税人账外情况进行的现场调查。

(3) 税务稽查。税务稽查是对纳税人的应税货物进行的检查。

三、纳税申报

纳税申报是指纳税人按照税法规定的期限和内容向税务机关提交有关纳税事项书面报告的法律行为，是纳税人履行纳税义务、承担法律责任的主要依据，是税务机关税收管理信息的主要来源和税务管理的一项重要制度。

（一）业务规则

(1) 虚拟企业须按规定向税务机关办理纳税申报。

(2) 虚拟企业按照税务机关规定，根据办理不同税种的纳税申报情况提供相关材料。

(3) 虚拟企业每季度初办理（上一季度的）纳税申报。

(4) 虚拟企业在经营过程中须向税务机关办理增值税纳税申报和所得税纳税申报，其他可以选做。

扩展阅读

《中华人民共和国税收征收管理法》关于纳税申报的规定如下。

第二十五条　纳税人必须依照法律、行政法规规定或者税务机关依照法律、行政法规的规定确定的申报期限、申报内容如实办理纳税申报，报送纳税申报表、财务会计报表以及税务机关根据实际需要要求纳税人报送的其他纳税资料。

扣缴义务人必须依照法律、行政法规规定或者税务机关依照法律、行政法规的规定确定的申报期限、申报内容如实报送代扣代缴、代收代缴税款报告表以及税务机关根据实际需要要求扣缴义务人报送的其他有关资料。

第二十六条　纳税人、扣缴义务人可以直接到税务机关办理纳税申报或者报送代扣代缴、代收代缴税款报告表，也可以按照规定采取邮寄、数据电文或者其他方式办理上述申报、报送事项。

第二十七条　纳税人、扣缴义务人不能按期办理纳税申报或者报送代扣代缴、代收代缴税款报告表的，经税务机关核准，可以延期申报。

经核准延期办理前款规定的申报、报送事项的，应当在纳税期内按照上期实际缴纳的税额或者税务机关核定的税额预缴税款，并在核准的延期内办理税款结算。

（二）业务流程

企业向税务机关报送材料时，电子报送的每项都是独立程序。企业可以将所有纸质版申报材料一次填制完成后，到税务局进行核定。

1. 增值税纳税申报

企业进入“税务局”→“纳税申报”→“国税”→增值税申报，填写各种电子材料，同时填制纸质材料，提交后等待税务局审核。

其中包括增值税纳税申报表及其附列资料和主要财务报表，具体如图 6-44 至图 6-50 所示。

增值税纳税申报表（适用于一般纳税人）

根据《中华人民共和国增值税暂行条例》第二十二条和第二十三条的规定制定本表，纳税人不论有无销售额，均应按主管税务机关核定的纳税期限按期填报本表，并于次月一日起十日内，向当地税务机关申报。

税款所属时间：自　年　月　日至　年　月　日　　填表日期：　年　月　日　　金额单位：元至角分

社会信用代码			所属行业			
纳税人名称		法定代表人姓名		注册地址	营业地址	
开户银行及帐号			企业登记注册类型		电话号码	

项目		栏次	一般货物及劳务		即征即退货物及劳务	
			本月数	本年累计	本月数	本年累计
销售额	（一）按适用税率征税货物及劳务销售额	1				
	其中：应税货物销售额	2				
	应税劳务销售额	3				
	纳税检查调整的销售额	4				
	（二）按简易征收办法征税货物销售额	5				
	其中：纳税检查调整的销售额	6				
	（三）免、抵、退办法出口货物销售额	7			--	--
	（四）免税货物及劳务销售额	8			--	--
	其中：免税货物销售额	9			--	--
	免税劳务销售额	10			--	--
税款	销项税额	11				
	进项税额	12				
	上期留抵税额	13		--		--
	进项税额转出	14				
	免抵退货物应退税额	15			--	--
	按适用税率计算的纳税检查应补缴税额	16			--	--
	应抵扣税额合计	17=12+13-14-15+16		--		--

图 6-44　增值税纳税申报表

增值税纳税申报表附列资料（表一）													
（本期销售情况明细）													
税款所属时间：　年　月													
纳税人名称：（公章）		填表日期：　年　月　日								金额单位：元至角分			
一、按适用税率征收增值税货物及劳务的销售额和销项税额明细													
项目	栏次	应税货物						小计			合计		
		17%税率			13%税率								
		份数	销售额	销项税额	份数	销售额	销项税额	份数	销售额	销项税额	份数	销售额	销项税额
防伪税控系统开具的增值税专用发票	1												
非防伪税控系统开具的增值税专用票	2												
开具普通发票	3												
未开具发票	4	——			——			——			——		
小计	5=1+2+3+4	——			——			——			——		
纳税检查调整	6	——			——			——			——		
合计	7=5+6	——			——			——			——		

二、简易征收办法征收增值税货物的销售额和应纳税额明细										
项目	栏次	6%征收率			4%征收率			小计		
		份数	销售额	应纳税额	份数	销售额	应纳税额	份数	销售额	应纳税额
防伪税控系统开具的增值税专用发票	8									
非防伪税控系统开具的增值税专用发票	9									
开具普通发票	10									
未开具发票	11	——			——			——		
小计	12=8+9+10+11	——			——			——		
纳税检查调整	13	——			——			——		
合计	14=12+13	——			——			——		

三、免征增值税货物及劳务销售额明细										
项目	栏次	免税货物			免税劳务			小计		
		份数	销售额	税额	份数	销售额	税额	份数	销售额	税额
防伪税控系统开具的增值税专用发票	15				——	——	——			
非防伪税控系统开具的增值税专用发票	16			——			——			——
开具普通发票	17	——		——	——		——	——		——
合计	18=15+16+17	——			——		——	——		

图 6-45　增值税纳税申报表（附表一）

增值税纳税申报表附列资料（表二）

增值税纳税申报表附列资料（表二）（本期进项税额明细）

纳税人识别号：　纳税人名称：（公章）：　所属时间：　年　月　日

申报日期：　年　月　日　填表日期：　年　月　日　金额单位：元至角分

一、申报抵扣的进项税额				
项　　目	栏次	份数	金额	税额
（一）认证相符的防伪税控增值税专用发票	1=2+3=23+35-25			
其中：本期认证相符且本期申报抵扣	2=35-24			
前期认证相符且本期申报抵扣	3=23+24-25			
（二）非防伪税控增值税专用发票及其他扣税凭证	4=5+…+10			
其中：17%税率	5			
13%税率或扣除率	6			
10%扣除率	7			
7%扣除率	8			
6%征收率	9			
4%征收率	10			
（三）期初已征税款	11	——	——	
当期申报抵扣进项税额合计	12=1+4+11			
二、进项税额转出额				
项　　目	栏次	份数	金额	税额
本期进项税转出额	13=14+…+21	——	——	——
其中：免税货物用	14			
非应税项目用	15			
非正常损失	16			
按简易征收办法征税货物用	17			
纳税检查调减进项税额额	18			
未经认证已抵扣的进项税额	19			
	20			
	21			
三、待抵扣进项税额				
项　　目	栏次	份数	金额	税额
（一）认证相符的防伪税控增值税专用发票	22	——	——	——
期初已认证相符但未申报抵扣的	23			
本期认证相符且本期未申报抵扣的	24			
期末已认证相符但未申报抵扣	25			
其中：按照税法规定不允许抵扣	26			
（二）非防伪税控增值税专用发票及其他扣税凭证	27=28+…+34			
其中：17%税率	28			
13%税率或扣除率	29			
10%扣除率	30			
7%扣除率	31			

图 6-46　增值税纳税申报表（附表二）

增值税纳税申报表附列资料（表三）

（防伪税控增值税专用发票申报抵扣明细）

申报抵扣所属期：　年　月

纳税人识别号

纳税人名称：（公章）：　　　　填表日期：　年　月　日　　　　金额单位：元至角分

类别	序号	发票代码	发票号码	开票日期	金额	税额	销货方纳税人识别号	认证日期	备注
本期认证相符且本期申报抵扣									
	小计								
前期认证相符且本期申报抵扣									
	小计								
	合计								

注：本表“金额”“合计”栏数据应与《附列资料（表二）》第1栏中“金额”项数据相等；

本表“税额”“合计”栏数据应与《附列资料（表二）》第1栏“税额”项数据相等。

图 6-47　增值税纳税申报表（附表三）

增值税纳税申报表附列资料（表四）

（防伪税控增值税专用发票存根联明细）

申报所属时间：　年　月

纳税人识别号：

纳税人名称：（公章）：　　　　填表日期：　年　月　日　　　　金额单位：元至角分

序号	发票代码	发票号码	开票日期	购货方纳税人识别号	金额	税额	作废标志
合计							

注：本表“金额”“合计”栏数据应属于《附列资料（表一）》第1，8，15栏“小记”“销售额”项数据之和；

本表“税额”“合计”栏数据应等于《附列资料（表一）》第一栏“小计”“销项税额”，第八栏“小计”“应纳税额”，第15栏小计“”税额“项数据之和。

图 6-48　增值税纳税申报表（附表四）

资产负债表（__________公司/第____期）

资产	年初	期末	负债和所有者权益（或股东权益）	年初	期末
流动资产：			流动负债：		
货币资金			短期借款		
交易性金融资产			交易性金融负债		
应收票据			应付票据		
应收账款			应付账款		
预付款项			预收款项		
应收利息			应付职工薪酬		
应收股利			应交税费		
其他应收款			应付利息		
存货			应付股利		
一年内到期的非流动资产			其他应付款		
其他流动资产			一年内到期的非流动负债		
流动资产合计			其他流动负债		
非流动资产：			流动负债合计		
可供出售金融资产			非流动负债：		
持有至到期投资			长期借款		
长期应收款			应付债券		
长期股权投资			长期应付款		
投资性房地产			专项应付款		
固定资产			预计负债		
在建工程			递延所得税负债		
工程物资			其他非流动负债		
固定资产清理			非流动负债合计		
生产性生物资产			负债合计		
油气资产			所有者权益（或股东权益）：		
无形资产			实收资本（或股本）		
开发支出			资本公积		
商誉			减：库存股		
长期待摊费用			盈余公积		
递延所得税资产			未分配利润		
其他非流动资产			所有者权益（或股东权益）合计		
非流动资产合计					
资产总计			负债和所有者权益（或股东权益）总计		

制表人：________ 审核：________ CEO：________ 核心企业教师：________

图 6-49 资产负债表

税务局通过“纳税申报”→“国税”→“增值税申报”，审核各项电子数据及纸质版材料。审核无误“通过”，审核有问题“驳回”。

利润表

年　月

编制单位：

单位：元

项　　目	行次	本月数	本年累计数
一、主营业务收入	1		
减：主营业务成本	2		
营业费用	3		
主营业务税金及附加	4		
二、主营业务利润	5		
加：其他业务利润	6		
减：管理费用	7		
财务费用	8		
三、营业利润	9		
加：投资收益	10		
补贴收入	11		
营业外收入	12		
减：营业外支出	13		
加：以前年度损益调整	14		
四、利润总额	15		
减：所得税	16		
五、净利润	17		

单位负责人：　财会负责人：　复核：　制表：

图 6-50　利润表

企业填写国税通用缴款书，如图 6-51 所示。

中华人民共和国
税收通用缴款书　(20081)京国缴电　№　国

隶属关系：

注册类型：　填发日期：　年　月　日　征收机关：　所

缴款单位（人）			预算科目		
	代码			编码	
	全称			名称	
	开户银行			级次	地方级
	账号		收款国库		045工商银行海淀分理处

税款所属时期：　年　月　日 至　年　月　日　税款限缴日期：　年　月　日

品目名称	课税数量	计税金额或销售收入	税率或单位税额	已缴或扣除额	实缴税额

金额合计（大写）：　亿　仟　佰　拾　万　仟　佰　拾　元　角　分

缴款单位（人） （盖章） 经办人（盖章）	税务机关 （盖章） 添票人（盖章）	上列款项已收妥并划转收款单位账户 国库银行（盖章） 年　月　日	备注：

图 6-51　国税通用缴款书

税务局审核缴款书，税款缴纳完毕。

2. 所得税纳税申报

所得税申报流程与增值税申报流程相似。

3. 其他纳税申报

纳税申报基本流程相同，这里不再赘述。

四、其他业务

（一）纳税辅导

（1）对税务登记业务进行辅导，如税务登记表、税种变更情况等。

（2）对发票领购业务进行辅导，如一般发票、增值税专用发票等。

（3）对国税业务进行辅导。

（4）对地税业务进行辅导。

（二）工作日志

（1）虚拟税务局工作人员撰写工作日志。

（2）虚拟税务局工作人员撰写会议纪要。

（3）虚拟税务局工作人员撰写学习报告。

（三）财务系统

（1）查看各企业科目数据报告。

（2）查看财务报表报告。

（3）查看数据分析报告。

（4）查看企业排名。

第三节　商业银行业务规则与流程

虚拟商业银行是虚拟运营环境中的中介金融机构，主要负责对虚拟企业进行资金管理、提供贷款和其他业务支持，包括：开户管理、贷款管理、现金业务、询证函等。

商业银行是通过存款、贷款、汇兑、储蓄等业务，承担信用中介的金融机构，主要的业务是吸收公众存款、发放贷款，以及办理票据贴现等。一般的，商业银行没有货币的发行权，其传统业务主要集中在经营存款和贷款业务。

注：商业银行实验以任务驱动为引线，各种业务流程除启动任务外，均可以通过“我的任务”领取和处理。如图 6-52 所示。

商业银行业务知识储备与能力培养明细如表 6-3 所示。

图 6-52　商业银行业务领取和处理界面

表 6-3　商业银行业务知识储备与能力培养明细

具体事项	知识储备	能力表现	考核标准
银行开户 现金业务 贷款业务	《中华人民共和国商业银行法》《银行业金融机构存取现金业务管理办法》《中华人民共和国民法典》《商业银行互联网贷款管理办法》等法律法规，货币银行学、商业银行经营管理等课程，以及实验指导书等	1. 学习能力 2. 业务操作能力 3. 组织能力 4. 商务沟通能力 5. 领导能力 6. 调查能力	1. 业务办理的效率 2. 差错率 3. 投诉率 4. 现场秩序 5. 业务评价

一、组织架构管理

（一）组织架构

商业银行采用直线职能制结构，根据业务需求可以划为信贷部、存款部、投资部、财务管理处、办公室等若干部门。各个部门根据各自的职责，在行长的带领下完成各项工作，充分发挥金融职能，为企业发展提供资金保障。

注：组织架构根据课程小组分配由学生自由调整，一般采取因岗设人和因人设岗相结合的方式，在不同时期根据业务需求进行综合调整，可以一人多岗或一岗多人，由银行行长协调完成。

商业银行组织架构如图 6-53 所示。

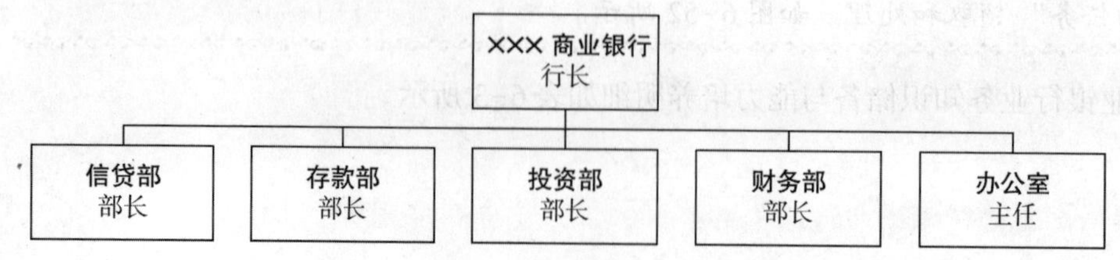

图 6-53　商业银行组织架构

组织架构操作流程已经在第三章集中叙述，此处不再赘述。

（二）职责分工（以3人小组为例）

商业银行业务运作过程中，根据业务需要设置虚拟混合岗，在不同时期，角色可以进行转换，以提高工作效率。商业银行岗位职责分工如图6-54所示。

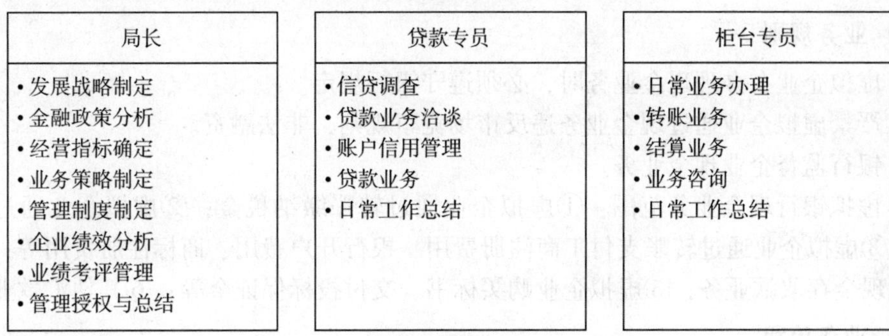

图6-54 商业银行岗位职责分工

二、开户管理

（一）业务规则

（1）开户范围：虚拟环境中的制造企业、贸易企业、物流公司、会计师事务所。

（2）虚拟商业银行开户需按照要求提供相关材料。

（3）虚拟商业银行必须坚持公正、公平的原则，严格执行金融法律、法规和国家政策，为客户保密。

（4）虚拟商业银行对虚拟企业开户进行业务辅导。

（5）虚拟商业银行接受其他各机构的监督。

（二）业务流程

（1）基本户开户（见第四章）。

（2）一般户开户：业务流程如图6-55所示。

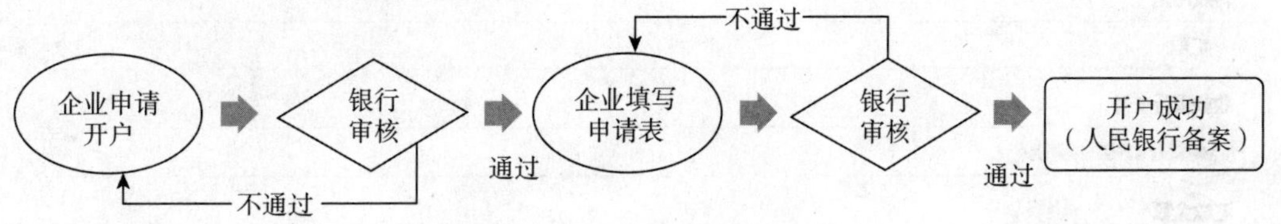

图6-55 一般户开户业务流程

企业进入“商业银行”→“开户业务”→“企业一般户开户”，填写企业一般账户开户申请，提交后等待银行审核。流程类似于基本户开户，完成后报人民银行备案登记即可。

三、现金业务

虚拟商业银行现金业务包括电子支票转账、对公现金业务等。

注：现金业务是指在商品交易、劳务供应等经济往来中直接使用现金进行应收应付款结算的业务，是货币结算的形式之一，在我国主要适用于单位与个人之间的款项收付在现金结算起点金额以下的零星小额收付。

（一）业务规则

（1）虚拟企业在办理现金业务时，必须遵守银行规定。

（2）严禁虚拟企业通过现金业务违反市场竞争规则，非法融资。

（3）银行监督企业现金业务。

（4）虚拟银行现金业务范围：①虚拟企业通过转账缴纳税金；②虚拟企业通过转账交付罚款；③虚拟企业通过转账支付工商注册费用、银行开户费用、商标注册费用等；④虚拟企业办理现金存取款业务；⑤虚拟企业购买标书、交付投标保证金等；⑥其他汇款业务。

（二）业务流程

1. 转账业务

企业通过“财务部”→“转账”→“电子支票”，填写转账信息和转账支票，如图6-56和图6-57所示。

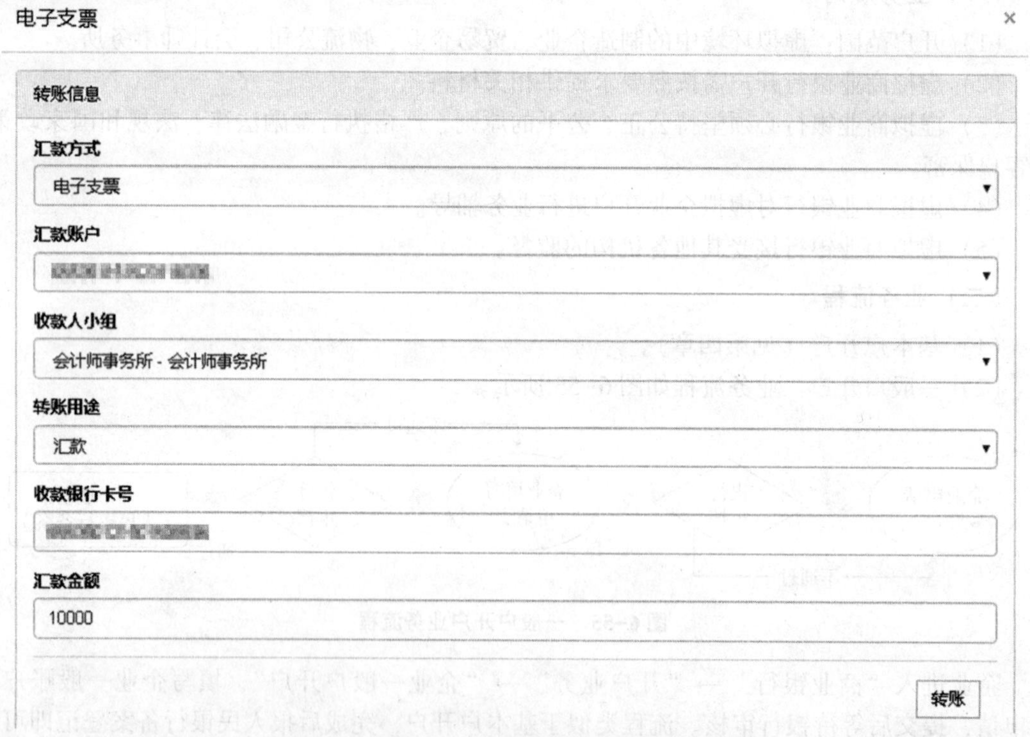

电子支票 ×

转账信息

汇款方式

电子支票

汇款账户

收款人小组

会计师事务所 - 会计师事务所

转账用途

汇款

收款银行卡号

汇款金额

10000

转账

图6-56　企业填写转账信息

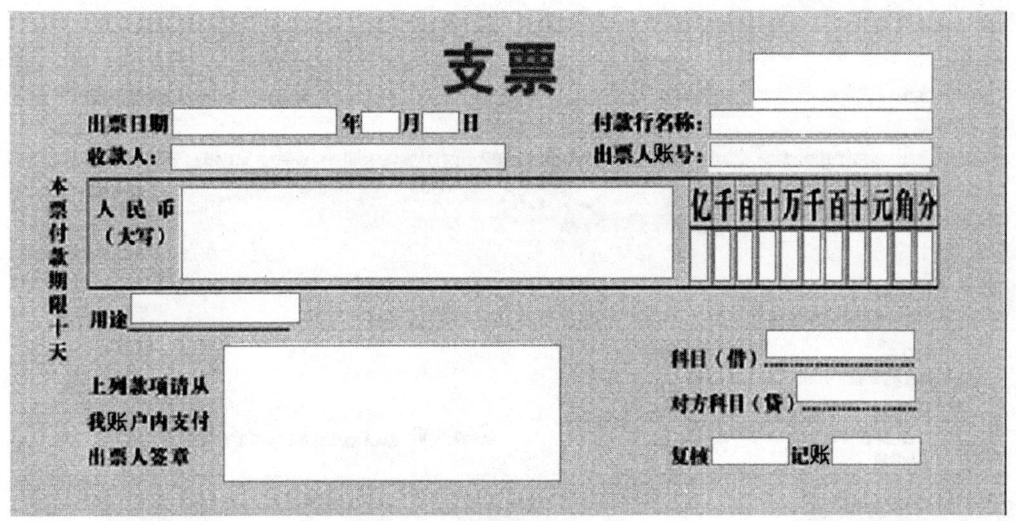

支票

出票日期　　年　月　日　　付款行名称：

收款人：　　出票人账号：

本票付款期限十天

人民币（大写）	亿	千	百	十	万	千	百	十	元	角	分

用途

上列款项请从我账户内支付出票人签章

科目（借）

对方科目（贷）

复核　　记账

图 6-57　企业填写转账支票

商业银行通过“现金业务”→“电子支票审核”，审核无误“通过”，审核有问题“驳回”；通过“现金业务”→“电子支票转账”，完成转账业务。

收款方（会计师事务所）进入“商业银行”→“账户信息”→“基本信息”，查看银行对账单，确认款项到账，如图 6-58 所示。

第1年1季度会计师事务所的对账单

交易日期	虚拟日期	借方发生额	贷方发生额	账户余额	凭证种类	凭证号	摘要	交易方式	交易地点
2021-06-02 01:36:45	第1年3季度		¥10,000	¥10,000	网银凭证	21	向会计师事务所转账¥10,000,用途:汇款	网上银行	银行

图 6-58　银行对账（确认转账款项已到账）

2. 对公现金业务

商业银行的对公现金业务主要是指企业现金存取业务。如图 6-59 所示。

对公现金业务

此功能仅能办理对公的企业现金业务,个人业务暂不支持

存款历史　取款历史

企业名称	账户	账户余额	操作
		¥498,000	存款 取款
商业银行		¥100,000,000	存款 取款
税务局		¥0	存款 取款
工商局		¥0	存款 取款
制造企业12		¥8,740,000	存款 取款
		¥14,840,000	存款 取款
		¥100,000	存款 取款
		¥10,000	存款 取款

图 6-59　银行对公现金业务界面

企业填写纸质版存款单据，提交银行。银行审核存款单，处理存款业务，如图 6-60 所示。

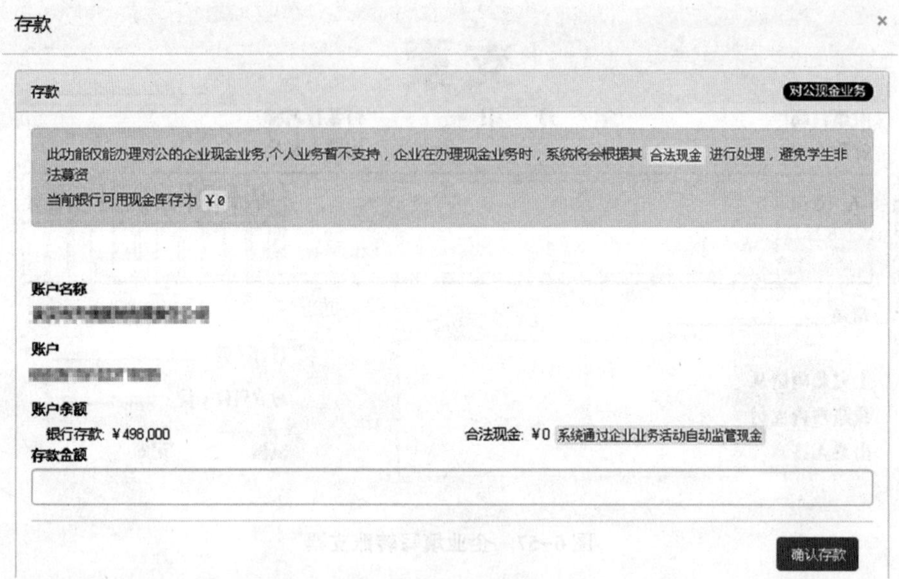

存款

存款 对公现金业务

此功能仅能办理对公的企业现金业务,个人业务暂不支持，企业在办理现金业务时，系统将会根据其 合法现金 进行处理，避免学生非法募资

当前银行可用现金库存为 ¥0

账户名称

账户

账户余额

银行存款: ¥498,000 合法现金: ¥0 系统通过企业业务活动自动监管现金

存款金额

确认存款

图 6-60 存款业务

企业填写纸质版取款单据，提交银行。银行审核取款单，处理取款业务，如图 6-61 所示。

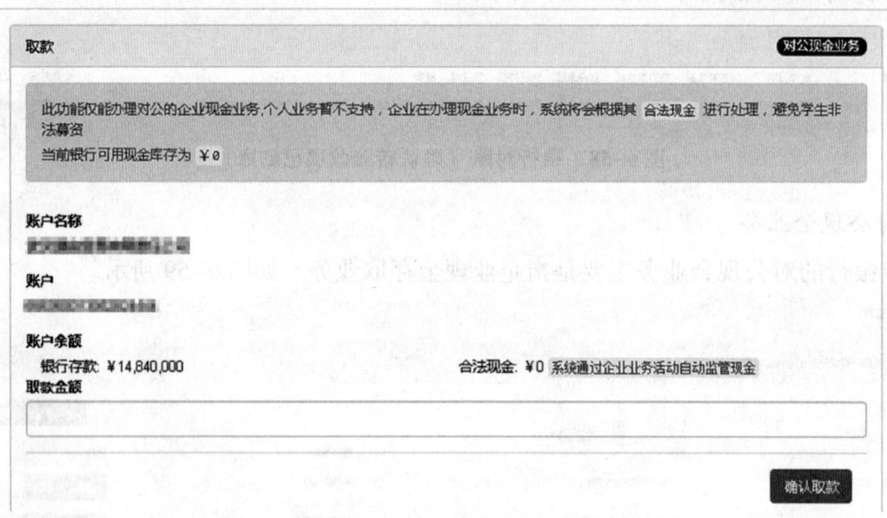

图 6-61 取款业务

四、贷款管理

银行贷款，是指银行根据国家政策以一定的利率将资金贷放给资金需要者，并约定归还期限的一种经济行为。申请银行贷款一般要求提供担保、房屋抵押或者收入证明，还需要个人征信良好。

（一）业务规则

（1）虚拟商业银行为虚拟企业经营提供贷款业务。

（2）贷款分为流动资金贷款和固定资产贷款，贷款按季收取利息。

（3）贷款额度原则上不超过企业所有者权益的50%，具体额度由银行经过调查后商议决定。

（4）虚拟商业银行有权监督贷款企业对所贷款项的使用情况

（二）业务流程

商务银行贷款业务流程如图 6-62 所示。

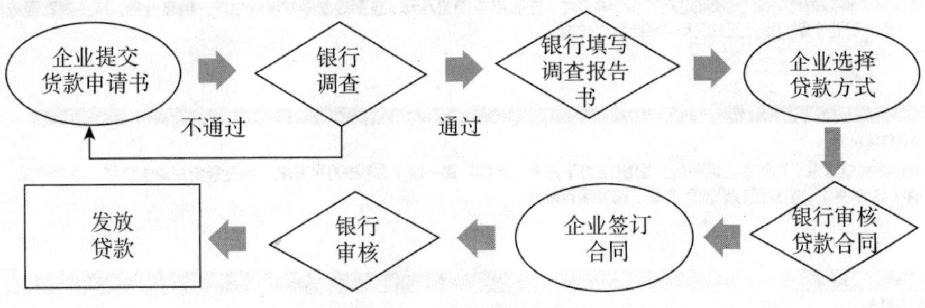

图 6-62　贷款业务流程

（1）企业进入“商业银行”→“贷款业务”→“申请贷款”，填写贷款申请书（如图 6-63 所示），提交后等待银行审核。

贷款申请书

公司简介

[illegible]成立于2020年06月，注册资本1000万元，主要经营服装设计生产、销售业务。

贷款理由

近几年来，中国文化元素不断在服装设计生产中盛行，产品需求不断增大，为我公司发展提供了良好的空间和机会。现拟扩大生产规模，建造厂房一座，购买三条全自动生产线。由于资金不足，特向贵行申请贷款500万元，期限四个季度，以公司经营收入作为还款来源，以现有厂房和生产线进行抵押，望批复。

贷款金额

500万元

贷款用途

建造厂房、购买生产线

附营业执照及企业法人营业执照、资产负载表

图 6-63　贷款申请书

（2）银行在接到企业提交的贷款申请书后，通过“贷款管理”→“调查报告管理”，指派信贷员进行调查，并撰写调查报告（如图6-64所示），提出意见，提交上级逐级审核。审核无误“通过”，审核有问题“驳回”。

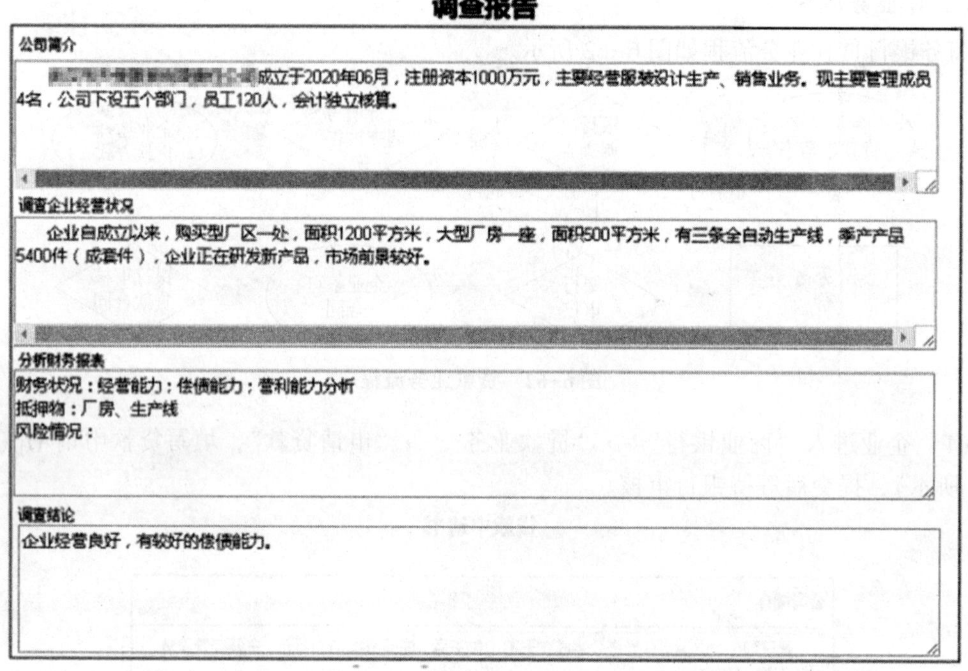

调查报告

公司简介

成立于2020年06月，注册资本1000万元，主要经营服装设计生产、销售业务。现主要管理成员4名，公司下设五个部门，员工120人，会计独立核算。

调查企业经营状况

企业自成立以来，购买型厂区一处，面积1200平方米，大型厂房一座，面积500平方米，有三条全自动生产线，季产产品5400件（成套件），企业正在研发新产品，市场前景较好。

分析财务报表

财务状况：经营能力：偿债能力：营利能力分析
抵押物：厂房、生产线
风险情况：

调查结论

企业经营良好，有较好的偿债能力。

图6-64　贷款调查报告

扩展阅读

贷款调查报告主要包括以下几部分内容。

（1）资料核查。核查企业法人身份、财务报表、银行流水、营业执照、贷款卡等是否按规定办理年检手续，对贷款申请表上所填写的内容等一系列材料做背景调查。

（2）客户信誉及人品调查。通过征信系统，了解企业和企业主的信用记录，重点是与客户周边人交流，如向上游企业询问客户是否有拖欠账款的行为，了解企业是否有拖欠员工工资的习惯；评估资产负债率。

（3）企业资产及经营状况。通过查看企业资产负债率、流动比率、速动比率、应收账款周转率、所有者权益、收入、支出、利润等财务指标的变化，分析企业经营成长曲线；对生产经营的产品质量、市场占有率及市场前景等进行了解，以便分析企业还款来源和还款计划能否实现。

（4）贷款用途。调查企业贷款用途是否真实合理，确保资金流向安全，防止企业将资金挪作他用。

（5）调查企业高管及关联公司情况，判断是否影响还款能力。

（6）抵、质押物和担保人的核实。对抵、质押物的变现能力、可变现价值、安全性等进行调查，确保其是借款人或第三人拥有或有权处分、无争议的财产。

另外，坚持双人调查和面签。

（3）企业进入“商业银行”→“贷款业务”→“贷款方式选择”，选择贷款方式。贷款方式包括信用贷款、质押贷款、抵押贷款三种类型，如图 6-65 所示，企业根据需要选择适用的贷款方式即可。

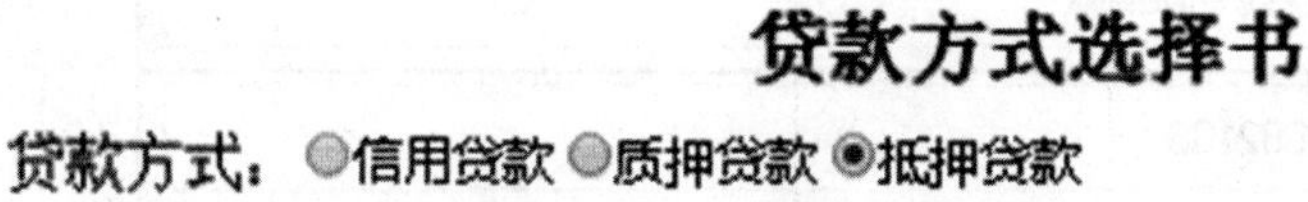

贷款方式选择书

贷款方式： ◎信用贷款 ◎质押贷款 ◉抵押贷款

图 6-65 贷款方式选择书

（4）企业进入“商业银行”→“贷款业务”→“抵押合同”，填写借贷抵押合同（如图 6-66 所示），提交后等待银行审核。

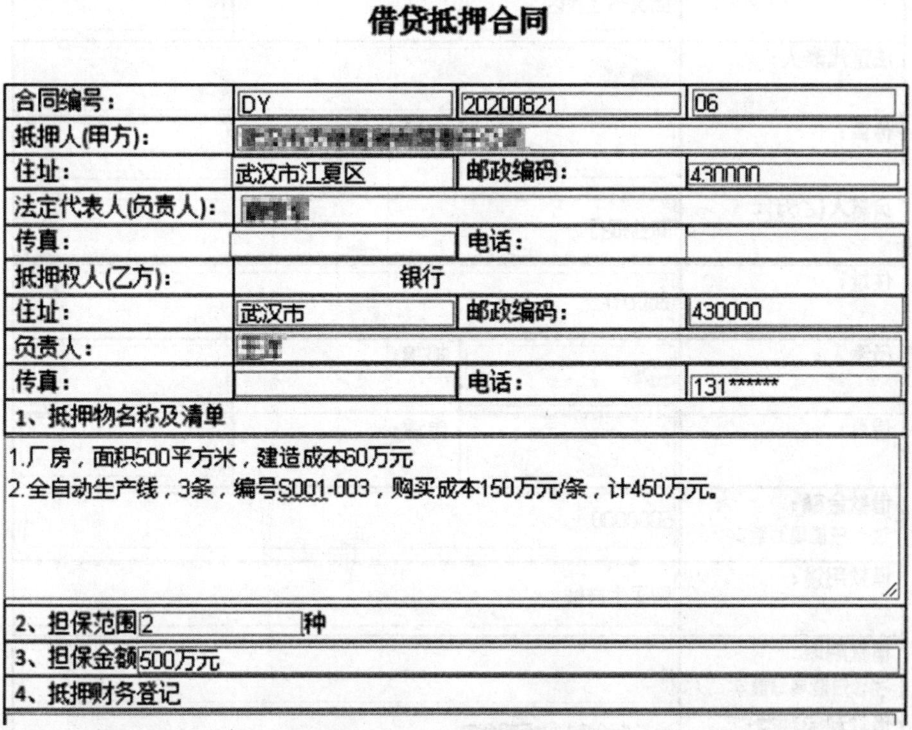

借贷抵押合同

合同编号：	DY	20200821	06
抵押人(甲方)：			
住址：	武汉市江夏区	邮政编码：	430000
法定代表人(负责人)：			
传真：		电话：	
抵押权人(乙方)：	银行		
住址：	武汉市	邮政编码：	430000
负责人：			
传真：		电话：	131******

1、抵押物名称及清单

1.厂房，面积500平方米，建造成本60万元
2.全自动生产线，3条，编号S001-003，购买成本150万元/条，计450万元。

2、担保范围 2 种

3、担保金额 500万元

4、抵押财务登记

图 6-66 借贷抵押合同

（5）商业银行通过“贷款管理”→“抵押合同”管理，对借贷抵押合同进行审核，审核无误“通过”，审核有问题“驳回”。

（6）企业进入“商业银行”→“贷款业务”→“贷款合同”，签订人民币资金借贷合同，如图 6-67 所示，提交后等待银行审核。

人民币资金借贷合同

项目：	购置生产线专项借款		
合同编号：	JK2020082108		
贷款种类：	抵押贷款		
借贷人(甲方)：	[illegible]		
住址：	武汉市江夏区	邮编：	
法定代表人：	[illegible]		
传真：		电话：	
贷款人(乙方)：	商业银行		
住址：	武汉市		
负责人：	[illegible]	邮编：	
传真：		电话：	
借款金额： 注：只能填写数字	5000000		
借款用途：	购买生产线		
借款期限： 注：只能填写数字	4		
借款利率种类：	◉长期贷款 ○短期贷款		
借款利率： 注：只能填写数字（%）	20		
贷款种类：	抵押贷款		
违约责任：			
罚金利率：			

图 6–67　资金借贷合同

(7) 商业银行通过“贷款管理”→“贷款合同”，对人民币资金借贷合同进行审核，审核无误“通过”，审核有问题“驳回”。

(8) 企业进入“商业银行”→“贷款业务”→“企业收款”，选择收款账号，如图 6-68 所示。

图 6-68　企业选择收款账号

(9) 商业银行通过“贷款管理”→“贷款合同”，选择放款账号，如图 6-69 所示。

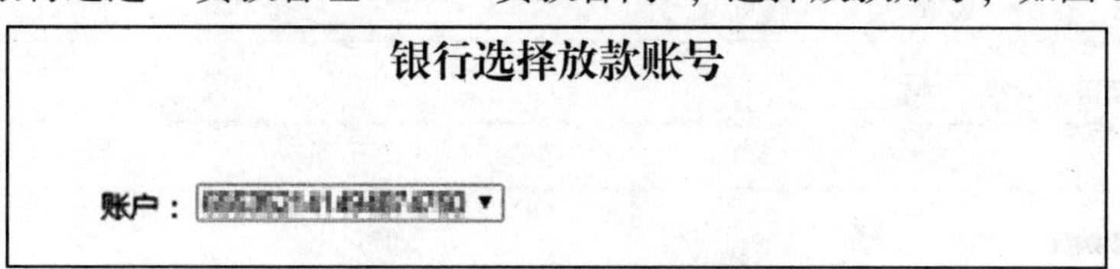

图 6-69　银行选择放款账号

(10) 企业进入经营主界面，根据操作提示，确认收款，如图 6-70 所示。

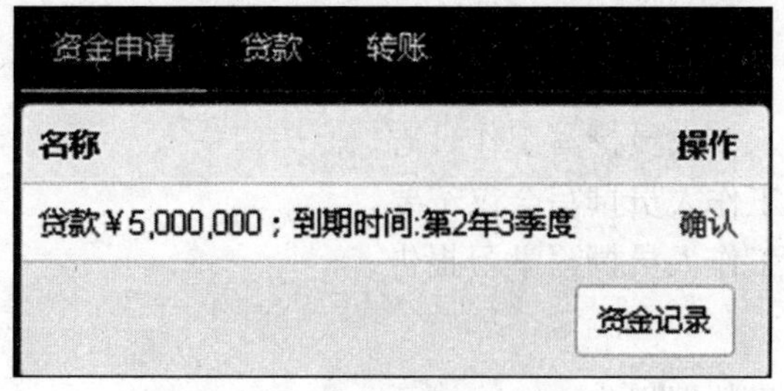

图 6-70　企业确认收款

五、其他业务

（一）询证函业务

询证函业务将在第八章中“会计师事务所业务规则与流程”一节中具体列示。

（二）日常工作

1. 银行公告

如图 6-71 所示。

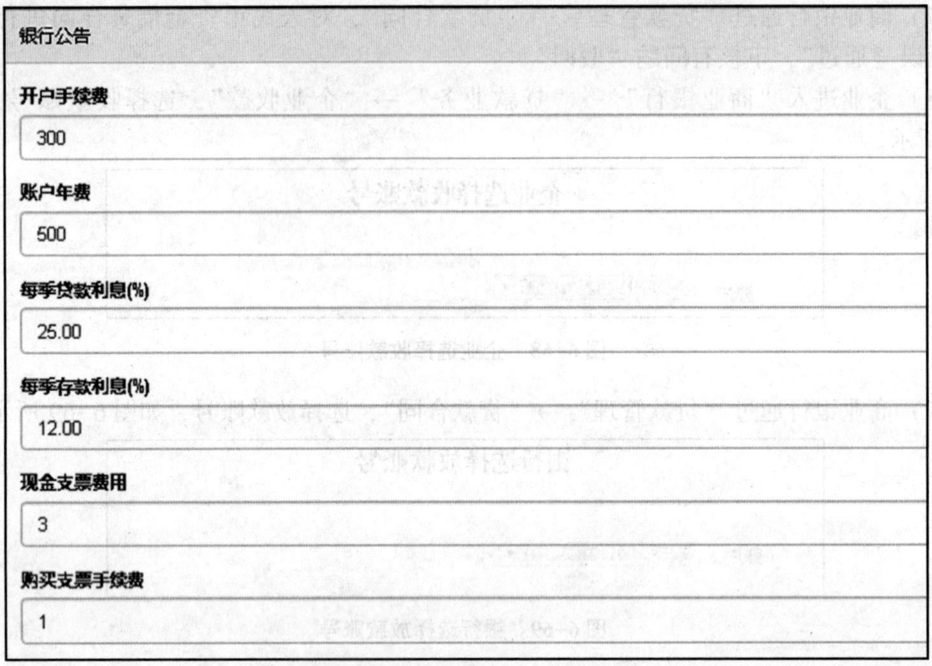

银行公告

开户手续费

300

账户年费

500

每季贷款利息(%)

25.00

每季存款利息(%)

12.00

现金支票费用

3

购买支票手续费

1

图 6-71　银行公告

2. 工作日志

（1）虚拟商业银行工作人员撰写工作日志。

（2）虚拟商业银行工作人员撰写会议纪要。

（3）虚拟商业银行工作人员撰写学习报告。

3. 财务系统

（1）查看各企业科目数据报告。

（2）查看财务报表报告。

（3）查看数据分析报告。

（4）查看企业排名。

第七章

物流公司业务规则与流程

物流公司是虚拟实验环境中各企业之间的连接纽带，是流通的中间环节，它提供物流一体化服务，主要业务包括物流公司设立、合同管理、仓储业务、运输业务和其他业务。

注：物流公司实验以任务驱动为引线，各种业务流程除启动任务外，均可以在“我的任务”中领取和处理，如图7-1所示。

图7-1 物流公司任务领取与处理界面

物流公司业务知识储备与能力培养明细如表7-1所示。

表7-1 物流公司业务知识储备与能力培养明细

具体事项	知识储备	能力表现	考核标准
运输业务	《中华人民共和国民法典》《中华人民共和国保险法》，物流管理、仓储管理、运输管理、管理信息系统等课程，实验指导书等	1. 学习能力 2. 业务操作能力 3. 组织能力 4. 商务沟通能力 5. 领导能力	1. 业务办理的效率 2. 差错率 3. 投诉率 4. 现场秩序 5. 业务评价
仓储业务			
合同管理			

一、物流公司设立

物流公司设立流程与第四章“公司注册”相同，这里不再赘述。

二、组织架构管理

（一）组织架构

物流公司采用直线职能制结构，根据业务需求可以划为业务部、仓储部、运输部、财务部、办公室等若干部门。各个部门根据各自的职责，在总经理的带领下完成各项工作，充分发挥桥梁纽带作用，为生产流通服务。

注：组织架构根据课程小组分配由学生自由调整，一般采取因岗设人和因人设岗相结合的方式，在不同时期根据业务需求进行综合调整，可以一人多岗或一岗多人，由总经理协调完成，以确保运作效率和质量。

物流公司组织架构如图 7-2 所示。

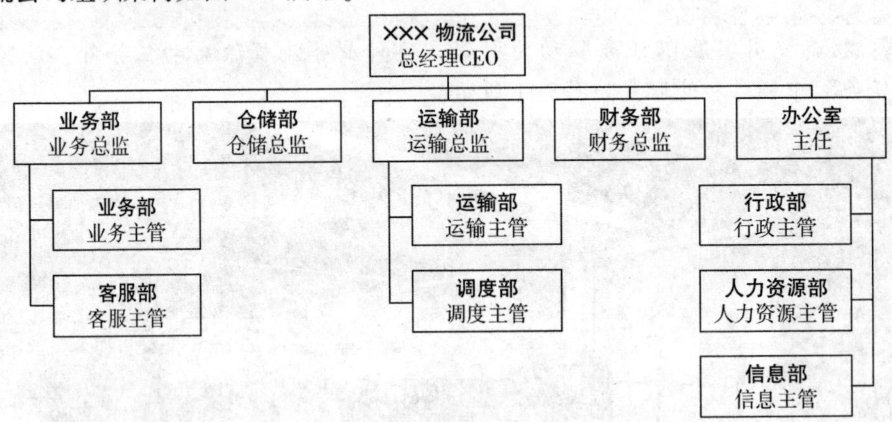

图 7-2　物流公司组织架构

组织架构操作流程已经在第三章“公司组建”集中叙述，此处不再赘述。

（二）职责分工（以 3 人小组为例）

物流公司业务运作过程中，根据业务需要，设置虚拟混合岗，在不同时期，角色可以进行转换，以提高工作效率。物流公司岗位职责分工如图 7-3 所示。

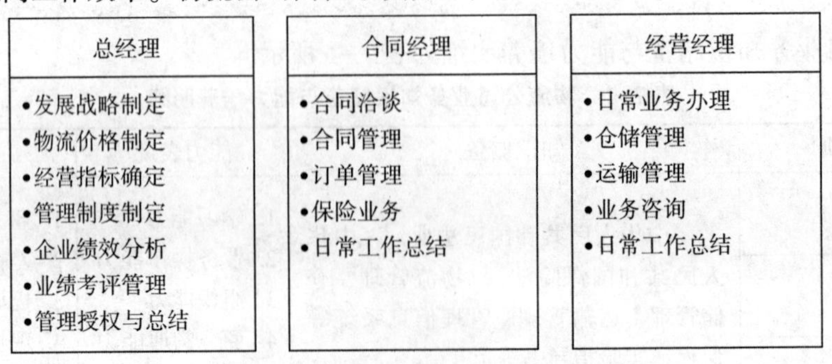

图 7-3　物流公司岗位职责分工

三、物流合同业务

（一）业务规则

（1）企业与物流公司协商后，经双方认可，签订物流合同，约定双方的责任、权利、义务，规范双方的行为。

（2）物流合同是企业与物流公司之间设立、变更、终止权利义务关系的协议。

（3）虚拟物流公司在办理业务时，须严格执行国家政策与法律、行业规范，不得随意泄露客户信息。

（4）虚拟物流公司未按时执行合同，须承担违约责任。

（5）虚拟物流公司应接受虚拟市场监督管理局的监督。

（二）业务流程

物流合同业务流程如图 7-4 所示。

图 7-4　物流合同业务流程

（1）制造企业或贸易企业在销售产品时，启动物流合同业务。例如，某制造企业与某贸易企业进行交易时，启动武汉—武汉销售合同运输手续业务，如图 7-5 所示。

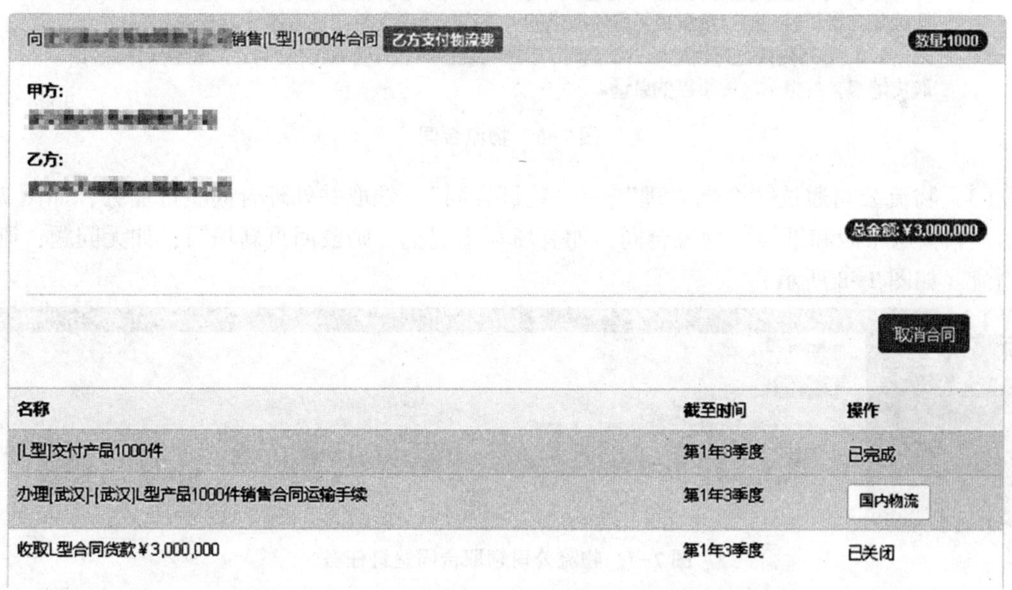

图 7-5　制造企业启动物流合同流程

（2）甲方制造企业签订物流合同（如图 7–6 所示）。

国内货物运输协议

编号：G001

甲方：

法定代表人：

地址： 武汉市江夏区

电话： 180********

乙方：

法定代表人：

地址： 湖北省襄阳市

电话： 131********

依照有关法律规定，甲乙双方本着平等互惠的原则，就甲方委托乙方办理货物运输事宜达成如下协议：

1、委托代理事项

1.1、甲方委托乙方托运品为：L型，运输方式为以下第 B 项运输服务业务；

A、航空货物运输业务（国内各航空公司）；

B、省际汽运业务（含国内汽运门对门业务）；

C、铁路货物运输业务（含行包、行邮、专列、中铁快运等）；

1.2、甲方委托乙方托运货物事宜时，应准确真实填写发货(提货)清单并盖章(签名)确认或如实填写[并签名(盖章)]乙方所提供的《货物托运书》并由乙方签收。

1.3、甲方委托乙方代理取货事宜时，应当明确告知乙方待取货物的名称、数量（件数），取货地点，并提供取货所需的单证。

图 7–6　物流合同

（3）物流公司通过"合同管理"→"签订合同"，领取并处理合同签订业务，如图 7–7 所示。审核电子版和纸质版物流合同，如有填写不规范，则驳回重新填写；如无问题，则签订物流（如图 7–8 所示）。

图 7–7　物流公司领取合同签订任务

同履行时，应采取电话、电报或传真等形式通知另一方，当不可抗力事故停止或消除后，双方应立即恢复合同正常履行。

7、合同的解除

7.1、任何一方解除合同，都必须以书面形式提前 7 日通知对方。

7.2、当协议要求解除时如尚有待结算费用，乙方须在 15 日内向甲方发出《结算通知书》并附有效单证，甲方须按照本协议有关结算约定核对付款。

8、争议解决

甲、乙双方在履行本协议过程中发生任何争议，应及时协商解决，不能协商解决的，可向当地人民法院起诉。

9、本协议自双方签定之日起生效，有效期为一年。

10、本协议一式二份，甲、乙双方各执一份，具有同等法律效力。

11、本协议有附件《国内物流服务报价表》一份。

12、其他补充内容：

如在此协议商定到期之日甲方仍有余款未结清，此协议依然生效至所有款项结清时起正式解除。

甲方：（盖章）　　　　**乙方：（盖章）**

甲方代表签字：　　　　**乙方代表签字：**

甲方开户行： 商业银行　　　　**乙方开户行：** 商业银行

账号：　　　　**账号：**

2020 年 06 月 24 日　　　　2020 年 06 月 24 日

图 7-8　物流合同（部分）

（4）制造企业（甲方）在主界面根据“操作提示”，领取发布订单信息任务，如图 7-9 所示。

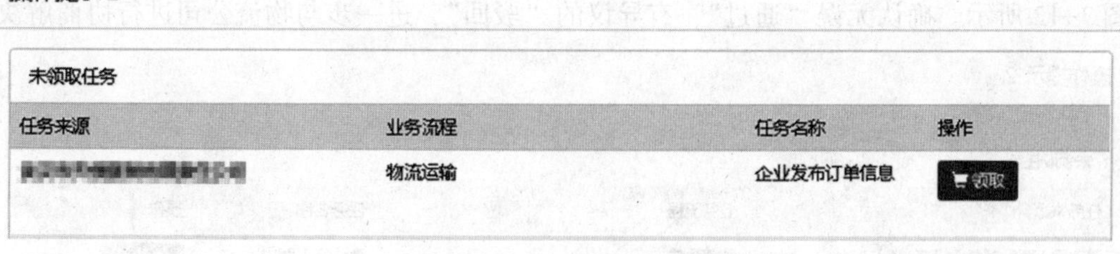

图 7-9　制造企业领取发布订单信息任务

（5）物流公司通过“合同管理”→“订单信息”（如图 7-10 所示），领取并处理订单信息审核任务。审核电子版和纸质版订单信息，如甲方（制造企业或贸易企业）订单信息有误，则驳回重新填写。

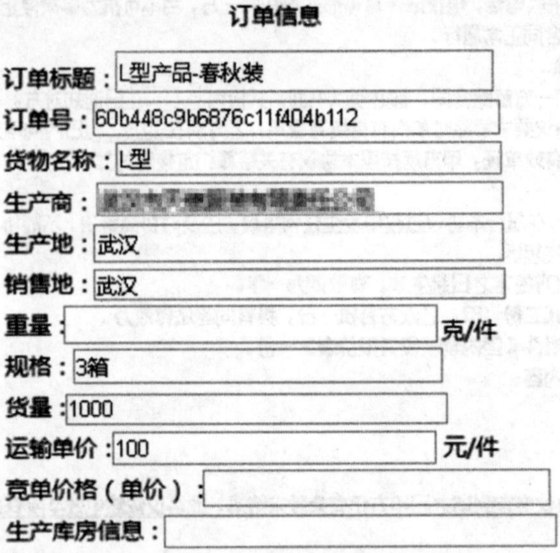

订单信息

订单标题：L型产品-春秋装
订单号：60b448c9b6876c11f404b112
货物名称：L型
生产商：
生产地：武汉
销售地：武汉
重量： 克/件
规格：3箱
货量：1000
运输单价：100 元/件
竞单价格（单价）：
生产库房信息：

图 7-10 物流公司领取订单审核任务

（6）物流公司通过“合同管理”→“出货信息”（如图 7-11 所示），领取并填写物流费用。

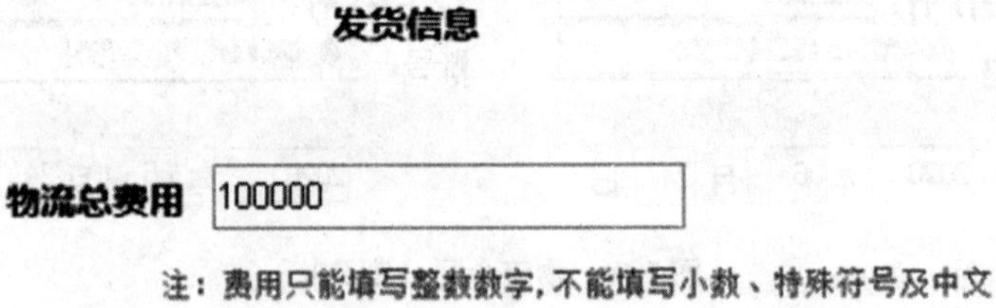

发货信息

物流总费用 100000

注：费用只能填写整数数字，不能填写小数、特殊符号及中文

图 7-11 物流公司领取填写物流费用任务

（7）制造企业（甲方）在主界面进入“操作提示”，领取并处理物流费用确认任务，如图 7-12 所示。确认无误“通过”，有异议的“驳回”，进一步与物流公司进行协商解决。

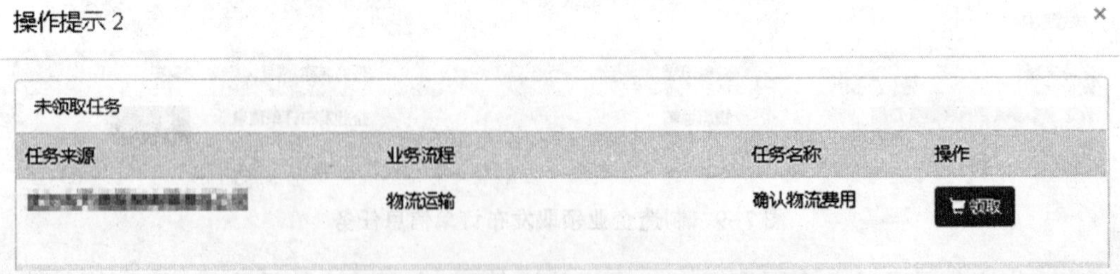

操作提示 2

未领取任务

任务来源	业务流程	任务名称	操作
	物流运输	确认物流费用	领取

图 7-12 制造企业领取物流费用确认任务

（8）制造企业（甲方）在主界面进入“操作提示”，领取并处理发货任务，如图 7-13 所示。

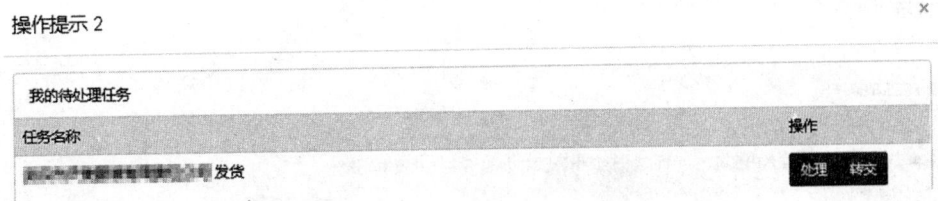

图 7-13　制造企业领取发货任务

（9）制造企业（甲方）在主界面进入“操作提示”，支付物流费用，如图 7-14 所示。支付物流费用后即可以收取此次交易货款。

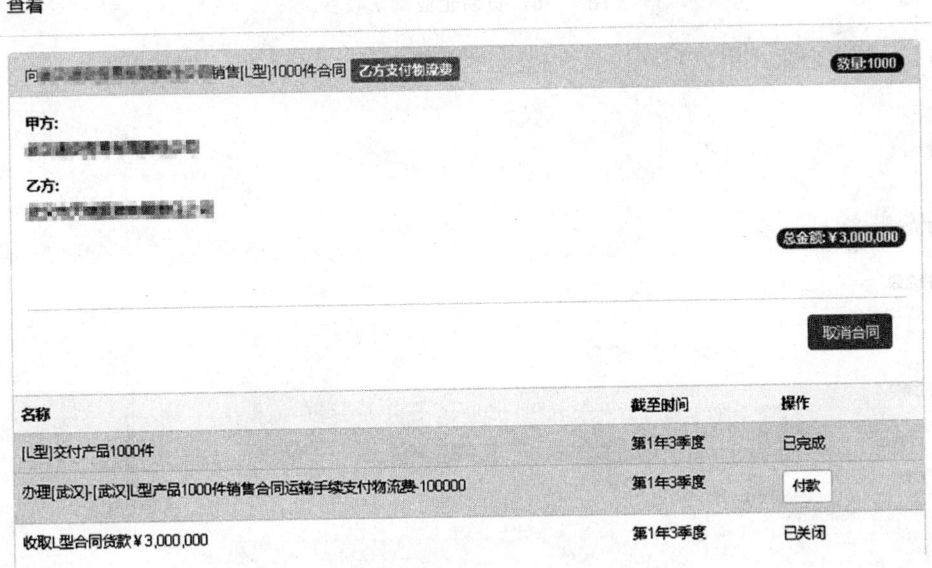

图 7-14　制造企业支付物流费用

（10）贸易企业（收货方）在主界面进入“操作提示”，付款后，确认收货，如图 7-15、图 7-16 所示。

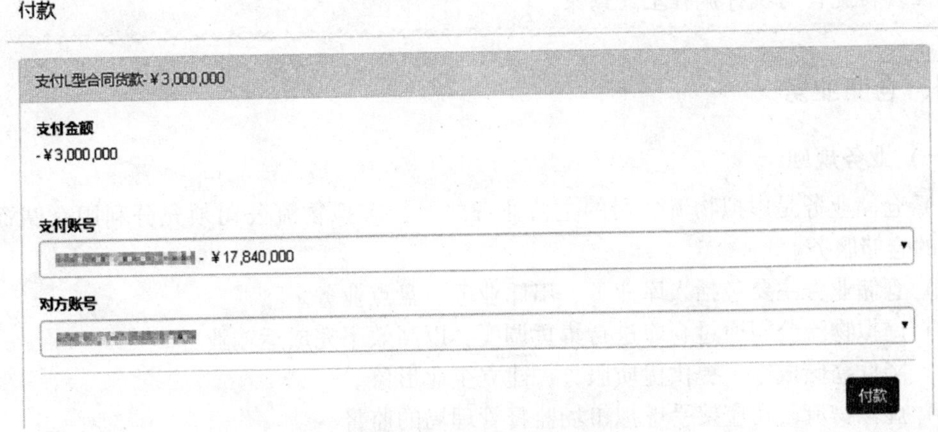

图 7-15　贸易企业付款

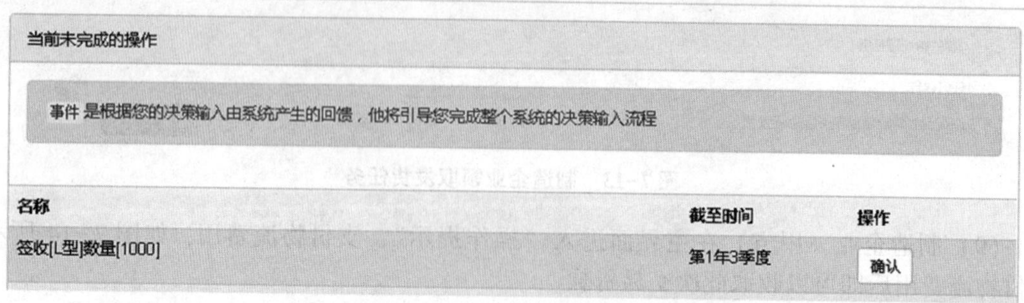

图 7-16　贸易企业确认收货

（11）制造企业（甲方）在主界面进入“操作提示”页面，收款，如图 7-17 所示，交易完成。

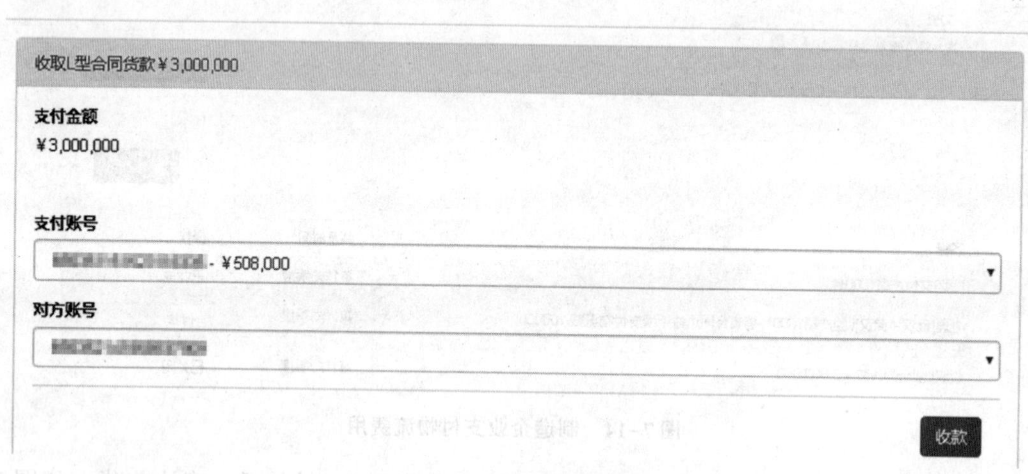

图 7-17　收款页面

注：物流合同执行流程至此结束。

四、仓储业务

（一）业务规则

（1）仓储业务是虚拟物流公司的主营业务之一，虚拟物流公司须充分利用仓储资源提供高效的仓储服务。

（2）仓储业务主要包括入库业务、出库业务、盘点业务。

（3）虚拟物流公司通过仓库进行集货调度，以高效率完成运输业务。

（4）降低仓储成本，提供优质服务，建立企业形象。

（5）虚拟物流公司应接受虚拟市场监督管理局的监督。

（二）业务流程

企业与物流公司签订物流合同并填写订单信息后，进行集货调度。首先安排货物入库，然后根据订单信息，对线路相同的订单安排同车、同批次运输；其次根据时间安排组织货物出库，并进行盘点，完成仓储业务。

根据仓储管理功能，完成仓储业务，需要填制入库单、出库单、盘库单。

（1）物流公司通过“仓储业务”→“仓储管理”→“入库明细”，填制入库单明细（如图 7-18 所示）。

入库单明细

入库客户		入库库房		入库日期	
委托单号		入库单号		受理人	
运单号码		交接库管员		到库时间	
运送单位		车牌号码		司机	
备注					

图 7-18 入库单明细

（2）物流公司通过“仓储业务”→“仓储管理”→“出库明细”，填制出库单明细（如图 7-19 所示）。

出库单明细

出库客户		出库库房		出库日期	
委托单号		出库单号		受理人	
提单号码		交接库管员		到库时间	
收货单位		联系人		电话	
地址		运单号码		运送单位	
车牌号码		司机			
备注					

图 7-19 出库单明细

（3）物流公司通过“仓储业务”→“仓储管理”→“盘库单”，填制盘库单（如图 7-20 所示）。

盘库单

盘库单号		盘库日期	
客户名称		仓库名称	
盘库说明			

盘点货物明细

货物品种	货物规格	出厂批号	生产日期	存放货位	数量（件）	数量（个）	货物状态（完好 货损 批号破损）	备注

操作员：________ 日期：________

图 7-20 盘库单

五、运输业务

（一）业务规则

（1）虚拟物流公司根据市场环境制订运输价格表明细表。

（2）虚拟物流公司须合理安排车辆调度。

（3）虚拟物流公司须按客户要求将货物准时、准地运输到收货地。

（4）虚拟物流公司完善成本费用记录，填制各项单据。

（二）业务流程

货物出库后，开启运输业务。首先填写运单，也称路单，合理安排运输路线和批次，到达目的地后，收货方进行签收，填写签收单；其次进行运输费用结算及成本核销；最后填制利润表。

（1）运单是由承运人签发的，证明货物运输合同、货物交由承运人，承运人保证将货物交给指定的收货人的单证。物流公司通过“运输业务”→“国内运输”→“运单”，填制运单（如图 7-21 所示）。

运单

运单信息	系统运单号		交接运单号		系统订单号	
	起运地		目的地		距离	
	中转		中转联系人		中转联系电话	
	特约事项		其他			
承运信息	承运商		承运商电话		车牌号	
	司机		司机电话			
费用信息	应付运费		应付配送费		应付提货费	
	其他费用		应付合计			
	运费付款方式		代收货款			
货物信息	货物名称		数量		重量	
	体积		单价		计价单位	
	总价					

图 7-21　运单

（2）路单是由承运人安排运输车辆、路线、时间等的单据。物流公司通过“运输业务”→“国内运输”→“路单”，填制路单（如图 7-22 所示）。

路单信息管理

路单编号	起运地	目的地	起运时间	承运商	车牌号	状态

图 7-22　路单

（3）签收单是收货方收到货物并验收的单据。物流公司通过“运输业务”→“国内运输”→“签收单”，填制签收单（如图 7-23 所示）。

签收单

运单信息	路单号		托运单位	
	起运地		目的地	
货物明细	货物名称		类型	
	规格		包装	
	装车数		签收数量	
	签收体积		签收重量	
签收信息	签收人		签收时间	
	返单收回方式		返单收回日期	
	返单收回人			
	现金欠付			
签收人意见				

图 7-23　签收单

（4）费用结算单是某一物流业务各个阶段的费用记录的单据。物流公司通过“运输业务”→“国内运输”→“费用结算单”，填制费用结算单（如图 7-24 所示）。

费用结算单

厂商信息	订单号	仓储费用	运输费用	合计

结算时间：　　　　结算人：

图 7-24　费用结算单

（5）核销单是确定物流业务各个阶段消耗的单据。物流公司通过“运输业务”→“国内运输”→“核销单”，填制核销单（如图 7-25 所示）。

核销单

路单信息	路单编号			
	起运地		起运日期	
	目的地		运到日期	
	运量		重行驶	
	燃油定额		机油定额	
	车牌号		司机	
运单明细	系统运单号	系统订单号	托运单位	
核销信息	空驶里程			
	燃油实际消耗			

图 7-25 核销单

（6）成本费用单是物流公司成本费用清单。物流公司通过“运输业务”→“国内运输”→“物流公司成本费用”，填制成本费用单（如图 7-26 所示）。

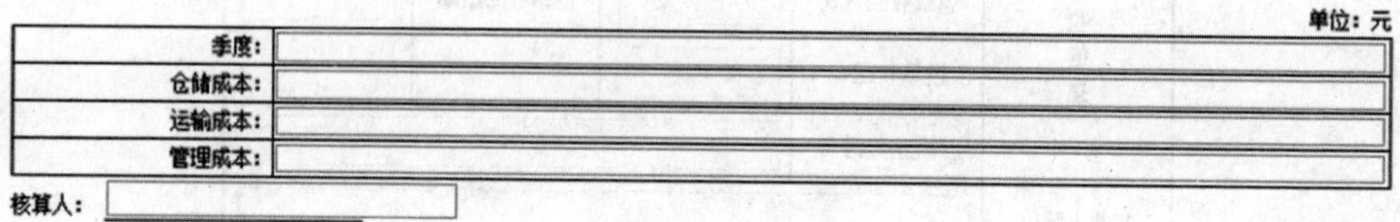

物流公司成本费用

单位：元

季度：	
仓储成本：	
运输成本：	
管理成本：	

核算人：

图 7-26 成本费用单

（7）物流公司通过“运输业务”→“国内运输”→“利润表”，填制企业利润表（如图 7-27 所示）。

企业利润表

应收款信息				
应付款信息				
公司利润				
财务审核				

图 7-27 企业利润表

六、其他业务

工作日志

（1）虚拟物流公司工作人员撰写工作日志。

（2）虚拟物流公司工作人员撰写会议纪要。

（3）虚拟物流公司工作人员撰写学习报告。

第八章

现代公共服务

第一节　会计师事务所业务规则与流程

虚拟会计师事务所主要是依据法律、法规和政策提供社会中介服务，监督企业经济活动，评价企业经营管理行为，鉴证企业财务状况和经济成果等，其主要业务包括验资、年度审计、账务代账、咨询管理等。

会计师事务所是指依法独立承担注册会计师业务的中介服务机构，是由有一定会计专业水平、经考核取得证书的会计师（如中国的注册会计师、美国的执业会计师、英国的特许会计师、日本的公认会计师等）组成的，受当事人委托承办有关审计、会计、咨询、税务等方面业务的组织。中国对从事证券相关业务的会计师事务所和注册会计师实行许可证管理制度。

注：会计师事务所实验以任务驱动为引线，除启动任务外，其他各业务流程均可以通过“我的任务”领取和处理，如图 8-1 所示。

会计师事务所业务知识储备与能力培养明细如表 8-1 所示。

图 8-1　会计师事务所的任务领取和处理任务界面

表 8-1　会计师事务所业务知识储备与能力培养明细

具体事项	知识储备	能力表现	考核标准
验资业务	《中华人民共和国审计法》《中华人民共和国民法典》《中华人民共和国注册会计师法》、会计准则、会计制度，审计、财务管理、会计学、税法等课程，以及实验指导书等	1. 学习能力 2. 业务操作能力 3. 组织能力 4. 商务沟通能力 5. 写作能力	1. 业务办理的效率 2. 差错率 3. 投诉率 4. 现场秩序 5. 业务评价
审计业务			
咨询业务			

一、会计师事务所设立

会计师事务所设立流程与第四章“公司注册”相同，这里不再赘述。

二、组织架构管理

（一）组织架构

会计师事务采用矩阵制结构，根据业务需求可以划为审计一部、审计二部、业务咨询部、财务部、行政部等若干部门。各个部门根据各自的职责，在总经理的带领下完成各项工作，充分发挥社会审计作用，维护市场环境，引导企业运行。

> 注：组织架构根据课程小组分配由学生自由调整，一般采取因岗设人和因人设岗相结合的方式，在不同时期根据业务需求进行综合调整，可以一人多岗或一岗多人，由总经理协调完成，以确保运作效率和质量。

会计师事务所组织架构如图 8-2 所示。

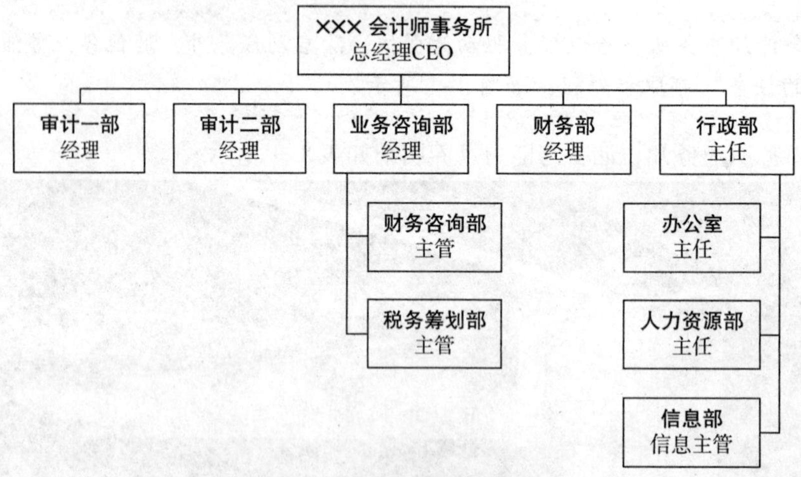

图 8-2　会计师事务所组织架构

组织架构操作流程已经在第三章“公司组建”集中叙述，此处不再赘述。

（二）职责分工（以 3 人小组为例）

会计师事务所业务运作过程中，根据业务需要设置虚拟混合岗，在不同时期，角色可以进行转换，以提高工作效率。会计师事务所岗位职责分工如图 8-3 所示。

总经理	合同经理	经营经理
•制定经营政策 •签署相关法律文书 •主持研究业务实施 •制订培训计划并实施 •分析企业绩效 •管理业绩考评 •管理授权与总结	•验资业务接洽 •验资业务咨询 •编辑验资报告 •日常工作总结	•审计业务接洽 •完成审计工作底稿 •整理档案 •编制报告书 •日常工作总结

图 8-3　会计师事务所岗位职责分工

三、验资业务

验资，是指注册会计师依法接受委托，对被审验单位注册资本的实收情况或注册资本及实收资本的变更情况进行审验，并出具验资报告。验资分为设立验资和变更验资。

扩展阅读

设立验资：企业与会计师事务所签订验资业务委托书，委托会计师事务所验资。验资时需向会计师事务所提供以下资料：

（1）公司名称核准通知书；

（2）公司章程；

（3）公司租赁合同，如果是自有房产的需提供自有房屋产权证明；

（4）股东身份证明，个人股东提供身份证，法人（公司）股东提供营业执照；

（5）股东投资款缴存银行的银行进账单（支票头）或现金缴款单；

（6）如个人股东是以个人存折转账缴存投资款的，则需提供个人存折；提供以上资料时，会计师事务所需验原件后留存复印件。

此外，被验资单位协助会计师事务所到公司开户银行询证股东投资款实际到位情况。

变更验资：变更验资需向会计师事务所提供以下资料：

（1）被审验单位法定代表人签署的变更登记申请书；

（2）董事会、股东会或股东大会做出的变更注册资本的决议；

（3）政府有关部门对被审验单位注册资本变更等事宜的批准文件；

（4）经批准的注册资本增加或减少前后的协议、合同、章程；

（5）注册资本变更前的营业执照；

（6）外商投资企业注册资本变更后的批准证书；

（7）前期的验资报告及相关资料；

（8）注册资本增加或减少前最近一期的会计报表；

（9）被审验单位提供的有关前期出资已到位、出资者未抽回资本的书面声明；

（10）以货币、实物、知识产权、非专利技术、土地使用权等出资增加注册资本的相关资料；

（11）与合并、分立、注销股份有关的协议、方案、资产负债表、财产清单；

（12）与减资有关的公告、债务清偿报告或债务担保证明；

（13）与合并或分立有关的公告、债务清偿报告或债务担保证明；

（14）出资者以其债权转增资本的有关协议；

（15）有关股权转让的协议、决议、批准文件，证明股权转让的律师意见书或公证书等法定文件及办理股款交割的凭证；

（16）相关会计处理资料；

（17）被审验单位确认的注册资本变更情况明细表；

（18）国家相关法规规定的其他资料。

（一）业务规则

（1）会计师事务所承担虚拟环境中所有企业的验资工作。

（2）会计师事务所验资工作在公司注册过程中执行，并出具验资报告。

（3）会计师事务所必须恪守独立、客观、公正的原则，为客户保密。

（4）会计师事务所接受市场监督管理局的监督。

（二）业务流程

验资业务一般在线下完成。验资业务的流程如图 8-4 所示。

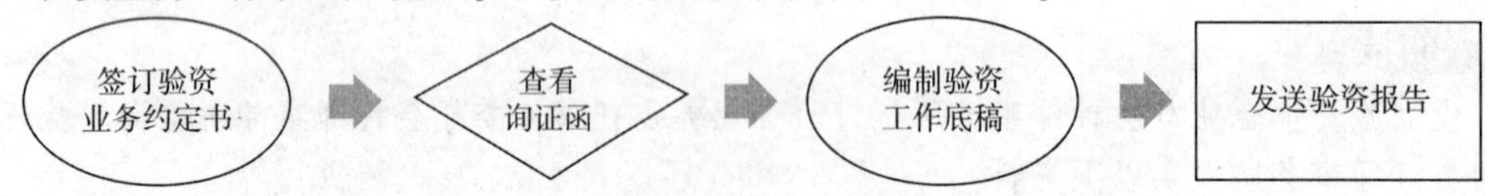

图 8-4　验资业务流程

（1）线下与被审验企业签订验资业务约定书（如图 8-5 所示）。

验资业务约定书

甲方：[illegible]

乙方：[illegible]

兹由甲方委托乙方对甲方截至20_年_月_日止注册资本及实收资本的变更情况进行审验。经双方协商，达成以下约定：

一、业务范围与委托目的

1．乙方接受甲方委托，对甲方自20_年_月_日止注册资本及实收资本增加（减少）情况进行审验。审验范围包括与验资相关的出资者、出资币种、出资金额、出资时间、出资方式、出资比例和相关会计处理，以及增资后的出资者、出资金额和出资比例等。（减少注册资本的，审验范围包括与减资相关的减资者、减资币种、减资金额、减资时间、减资方式、债务清偿或担保情况、相关会计处理以及减资后的出资者、出资金额和出资比例等。）

2．甲方委托乙方验资的目的是为申请注册资本和实收资本的变更登记及向出资者签发（或换发）出资证明。

二、甲方的责任与义务

（一）甲方的责任

1．确保出资者按照法律法规以及协议、章程的要求出资；

2．提供真实、合法、完整的验资资料；

3．保护资产的安全、完整。

（二）甲方的义务

图 8-5　验资业务约定书

（2）线下方式向银行询证。银行询函如图 8-6 所示。

银行询证函

（适用于设立验资）

银行：　　　　　　　　编号：

本公司（筹）聘请的小天才会计师事务所有限公司正在对本公司（筹）的注册资本实收情况进行审验。按照国家有关法规的规定和中国注册会计师审计准则的要求，应当询证本公司（筹）出资者（股东）向贵行缴存的出资额。下列数据及事项如与贵行记录相符，请在本函下端“数据及事项证明无误”处签章证明；如有不符，请在“列明不符事项”处列明不符事项。有关询证费用可直接从本公司（筹）存款账户中收取。回函请直接寄至小天才会计师事务所有限公司。

截至20　年　月　日止，本公司（筹）出资者（股东）缴入的出资额列示如下：

缴款人	缴款日期	银行账号	币种	金额	款项用途
合计金额（大写）					

------------------------------公司（筹）

法定代表人或委托代理人：（签名并盖章）　　　　20　年　月　日

结论 1：数据及事项证明无误

20　年　月　日　经办人：　　　　　　银行盖章：

结论 2：如果不符，请列明不符事项

20　年　月　日　经办人：　　　　　　银行盖章：

图 8-6　银行询证函

（3）线下编制验资工作底稿（例）。

①填制被审验单位基本情况表（如图 8-7 所示）。

被审验单位基本情况表

（适用于内资有限责任公司、股份有限公司设立验资）

编制人：　　　　日期：20　　年　　月　　日　　　　索引号：

复核人：　　　　日期：20　　年　　月　　日　　　　页次：

<table>
<tr><td>被审验单位名称</td><td colspan="6"></td></tr>
<tr><td>住　所</td><td colspan="6"></td></tr>
<tr><td>联系电话</td><td></td><td>传　真</td><td colspan="2"></td><td>邮政编码</td><td></td></tr>
<tr><td>电子信箱</td><td colspan="6"></td></tr>
<tr><td>公司类型</td><td colspan="6"></td></tr>
<tr><td>法定代表人</td><td></td><td>经营期限</td><td colspan="4"></td></tr>
<tr><td>经营范围</td><td colspan="6"></td></tr>
<tr><td>审批机关及文号</td><td colspan="6"></td></tr>
<tr><td>董 事 长</td><td></td><td>总经理</td><td colspan="2"></td><td>委托代理人</td><td></td></tr>
<tr><td>开户银行及账号</td><td colspan="6"></td></tr>
<tr><td rowspan="2">出资者名称</td><td colspan="3">认缴（认购）注册资本</td><td colspan="3">实收资本</td></tr>
<tr><td>出资方式</td><td>出资金额</td><td>出资比例</td><td>出资方式</td><td>出资金额</td><td>出资比例</td></tr>
<tr><td></td><td></td><td></td><td></td><td></td><td></td><td></td></tr>
<tr><td></td><td></td><td></td><td></td><td></td><td></td><td></td></tr>
<tr><td></td><td></td><td></td><td></td><td></td><td></td><td></td></tr>
</table>

图 8-7　被审验单位基本情况表

②填制货币资金出资清单（如图 8-8 所示）。

货币资金出资清单

被审验单位名称：　　　　　　　　　　　　　　　　索引号：

编制人：　　　　日期：2008 年　　月　　日　　单位：元　页次：

<table>
<tr><td rowspan="2">投资者名称</td><td rowspan="2">出资
日期</td><td rowspan="2">存入银行及账号</td><td colspan="2">投资原币</td><td colspan="2">折合注册资本</td><td colspan="2">折合人民币</td></tr>
<tr><td>币别</td><td>金额</td><td>汇率</td><td>金额</td><td>汇率</td><td>金额</td></tr>
<tr><td></td><td></td><td></td><td></td><td></td><td></td><td></td><td></td><td></td></tr>
<tr><td></td><td></td><td></td><td></td><td></td><td></td><td></td><td></td><td></td></tr>
<tr><td></td><td></td><td></td><td></td><td></td><td></td><td></td><td></td><td></td></tr>
<tr><td></td><td></td><td></td><td></td><td></td><td></td><td></td><td></td><td></td></tr>
</table>

图 8-8　货币资金出资清单

（4）出具并线下送达验资报告。验资报告如图 8-9 所示。

验资报告

××有限责任公司（筹）：

我们接受委托，审验了贵公司（筹）截至 2020 年 06 月 14 日申请设立登记的注册资本实收情况。按照法律法规以及协议、章程的要求出资，提供真实、合法、完整的验资资料，保护资产的安全、完整是全体股东及贵公司（筹）的责任。我们的责任是对贵公司（筹）注册资本的实收情况发表审验意见。我们的审验是依据《中国注册会计师审计准则第 1602 号—验资》进行的。在审验过程中，我们结合贵公司（筹）的实际情况，实施了检查等必要的审验程序。

根据协议、章程的规定，贵公司（筹）申请登记的注册资本为人民币××元，由全体股东于××年×月×日之前一次缴足。经我们审验，截至 2020 年 06 月 14 日止，贵公司（筹）已收到全体股东缴纳的注册资本（实收资本），合计人民币××元（大写）。各股东以货币出资××元，实物出资××元。

本验资报告供贵公司（筹）申请办理设立登记及据以向全体股东签发出资证明时使用，不应被视为是对贵公司（筹）验资报告日后资本保全、偿债能力和持续经营能力等的保证。因使用不当造成的后果，与执行本验资业务的注册会计师及本会计师事务所无关。

[illegible]　　　　注册会计师：王[illegible]
（签名并盖章）　　（主任会计师/副主任会计师）
（签名并盖章）

2020 年 06 月 14 日

图 8-9　验资报告

四、审计业务

虚拟环境中会计师事务所主要涉及的审计类型是独立审计。独立审计是指独立于被审计单位之外的注册会计师依据审计准则对被审计单位的会计报表及相关信息进行审计并发表审计意见。

（一）业务规则

（1）会计师事务所承担虚拟环境中所有企业的验资和审计工作。

（2）会计师事务所验资工作在公司注册后立即执行，并出具验资报告。

（3）会计师事务所在每年度末进行年度审计，各企业不得拒绝。

（4）会计师事务所必须恪守独立、客观、公正的原则，为客户保密。

（5）会计师事务所应接受市场监督管理局的监督。

（二）业务流程

审计业务的流程如图 8-10 所示。

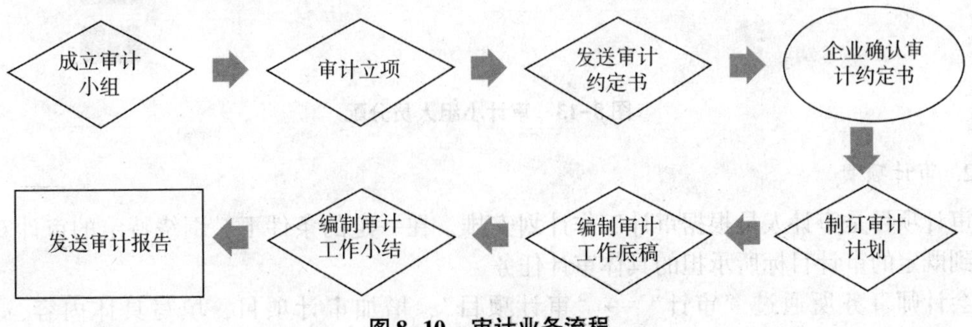

图 8-10　审计业务流程

1. 审计小组人员管理

会计师事务所通过“审计”→“审计小组人员管理”，增加审计小组，并进行小组设置，如图 8-11 和图 8-12 所示。

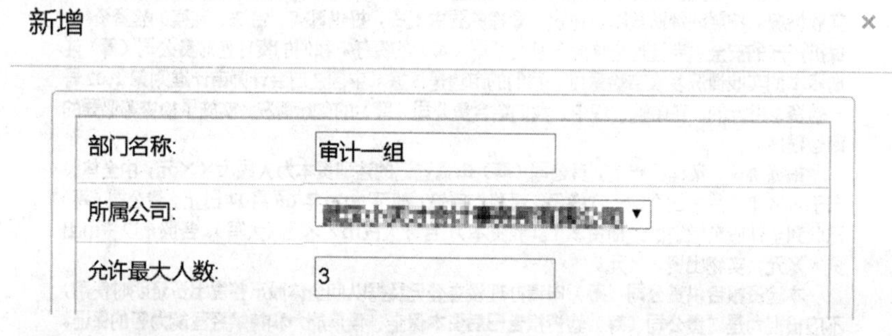

图 8-11　增加审计小组（如审计 1 组）

部门列表

新增

序号	部门名称	所属公司	允许最大人数	人数	操作
0	验资组	[illegible]	3	3	编辑 查看 删除 小组人员管理
1	审计一组	[illegible]	3	4	编辑 查看 删除 小组人员管理
2	审计二组	[illegible]	3	4	编辑 查看 删除 小组人员管理

图 8-12　审计小组设置（例）

增加小组完成后，单击“小组人员管理”，进行人员分配，如图 8-13 所示。可设一人多岗。

部门人员管理列表

已添加到的小组人员

序号	用户名称	操作
0	[illegible] 人力	移除
1	[illegible]	移除
2	[illegible]	移除

图 8-13　审计小组人员分配

2. 审计项目

审计项目是审计人员根据审计工作计划安排，在一定的条件下，围绕特定的审计对象，为达到既定的审计目标所承担的具体审计任务。

会计师事务所通过“审计”→“审计项目”，增加审计项目，填写具体内容，如图 8-14 所示。

项目名称	第1年度报表审计（制造1）
审计时限范围	第1 年 01 月 01 日
至	第1 年 12 月 31 日
财务报表模板	
工作底稿模板	
所属部门	审计组
审计类别	报表审计
被审计单位名称	[illegible]
被审计人	
审计时间	第2年第1季度 到 第2年第1季度

图 8-14　增加审计项目

3. 发送审计业务约定书

审计业务约定书是指会计师事务所与被审计单位签订的，用以记录和确认审计业务的委托与受托关系、审计目标和范围、双方的责任以及报告的格式等事项的书面协议。

审计项目确认后，向项目约定的企业发送审计业务约定书（如图 8-15 所示），填写审计业务约定书具体内容。提交后，同时制作纸质版审计业务约定书，递交给被审计企业，等待其确认。

审计业务约定书

甲方：[illegible]有限公司
乙方：[illegible]会计师事务所
兹由甲方委托乙方进行第一年度财务报表及高新技术产品情况表进行审计，经双方协商，达成如下约定：

一、业务范围及审计目标

1、乙方接受甲方委托，对甲方按照企业会计准则和《新企业会计制度》编制的第1年12月31日的资产负债表，第1年度的利润表和现金流量表以及财务报表附注（以下统称财务报表）进行审计，以及对 20020 年度企业自产高新技术产品销售及研究开发经费情况表进行审计。

2、乙方通过执行审计工作，对财务报表的下列方面发表审计意见：
（1）财务报表是否按照企业会计准则和《新企业会计制度》的规定编制；
（2）财务报表是否在所有重大方面公允反映甲方的财务状况、经营成果和现金流量。

二、甲方的责任与义务

（一）甲方的责任

1、根据《中华人民共和国会计法》及《企业财务会计报告条例》，甲方及甲方负责人有责任保证会计资料的真实性和完整性。因此，甲方管理层有责任妥善保存和提供会计记录（包括但不限于会计凭证、会计账簿及其他会计资料），这些记录必须真实、完整地反映甲方的财务状况、经营成果和现金流量。

2、按照企业会计准则和《新企业会计制度》的规定编制财务报表是甲方管理层的责任，这种责任包括：（1）设计、实施和维护与财务报表编制相关的内部控制，以使财务报表不存在由于舞弊或错误而导致的重大错报；（2）选择和运用恰当的会计政策；（3）作出合理的会计估计。

（二）甲方的义务

1、及时地为乙方的审计工作提供其所要求的全部会计资料和其他有关资料（在第2年1月3日之前提供审计所需的全部资料），并保证所提供资料的真实性和完整性。

2、确保乙方不受限制地接触任何与审计有关的记录、文件和所需的其他信息。

[下段适用于集团财务表审计业务，使用时需要按每位客户/约定项目的特殊情况而修改，如果加入此段，应相应修改下面其他条款编号。]

图 8-15　审计业务约定书

4. 企业确认审计业务约定书

被审计企业通过“操作提示”→“领取审计业务约定书”，并进行确认，如图 8-16 所示，同时在纸质版上签字盖章。

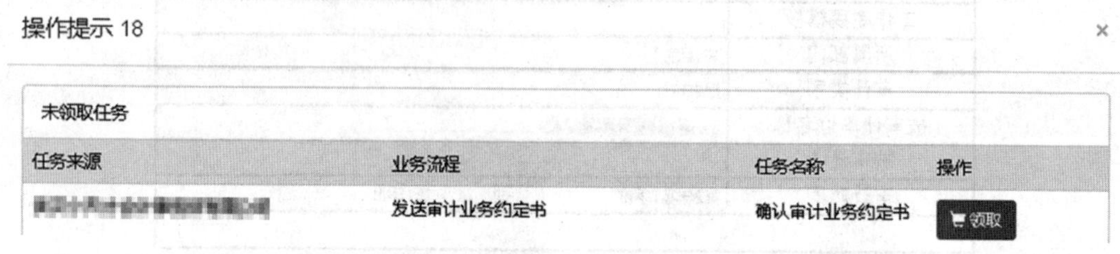

图 8-16　企业确认审计业务约定书

5. 填写年度审计计划

会计师事务所通过“审计”→“审计项目”→“业务操作”，填写年度审计总体工作计划表（如图 8-17 所示），同时填写纸质版年度审计总体工作计划表。

审计总体工作计划表

被审计单位：　　编制人：　　日期：2020年6月20日　　索引号：

会计期间及截止日：2020年6月20日　　复核人：　　日期：2020年6月20日　　页次：

一、委托审计的目的、范围：

目的：资产负债表所列的各项资产、负债、所有者权益在资产负债表日是否存在，利润表所列各项收入和费用在会计期间内是否确实发生。

范围：1.确定基础性会计记录和其他资料中所包含的信息是可靠，是否能够成为编制会计报表的依据。

2.确定有关信息、资料是否在会计报表中得到恰当的反映。

二、审计策略（是否实施预审，是否进行控制测试，实质性测试按业务循环还是按报表项目等）

不实施预审，进行控制测试，实质性测试按报表项目

三、评价内部控制和审计风险：

1.相关行业状况、法律环境和监管环境及其他外部因素，包括使用的财务报告编制基础。

2.被审计单位的目标、战略以及可能导致重大错报风险的相关经营风险。

3.被审计单位财务业绩衡量和评价——识别被审计单位的关 键财务业绩指标并记录识别出的可能导致重大错报的风险，考虑是否存在导致对持续经营能力产生重大疑虑的情况和事项。

四、重要会计问题及重点审计领域：

主要问题：

1、固定资产的账面数、清查数、盘盈、盘亏和损失数

2、流动资产账面数、清查数、盘盈、盘亏和损失数

3、对外投资账面数、清查数、盘盈、盘亏和损失数

五、重要性标准初步估计：

确定审计项目的重要性水平

要符合国家有关法律法规的要求，其次要符合审计目的，信息使用者的要求，再次要区别被审计单位的性质和业务规模、被审计单位的内部控制和业务风险水平、财政财务收支的性质和金额、收支项目间的相互关系及变动趋势等。

根据被审计单位性质确定基数和比例进行计算的过程，重要性水平是基数和比例的乘积，其表现形式是金额额度。通常可以采取以下数据计算：(1)对于 按收付实现制核算的预算单位和非营利性的事业单位，按收入或支出总额的0.5%--2%确定;(2)对于按

六、计划审计日期：

2020年6月20日

图 8-17　审计总体工作计划表

注：1. 审计计划应当贯穿审计全过程；项目负责人和项目组其他关键成员应当参与审计计划工作；在编制审计计划时应当了解被审计单位的情况，确定可能会影响会计报表的重要事项；编制审计计划时，注册会计师应对审计重要性、审计风险进行适当评估；审计计划的繁简程度取决于被审计单位的经营规模和预定审计工作的复杂程度。

6. 编制审计工作底稿

审计工作底稿，是指审计人员在审计工作过程中形成的全部审计工作记录和获取的资料。它是审计证据的载体，可作为审计过程和结果的书面证明，也是形成审计结论的依据。

会计师事务所通过"审计"→"审计项目"→"业务操作"，编制审计工作底稿（纸质版和电子版）。审计工作底稿项目如图 8-18 所示。

负债类		
短期借款底稿	应付账款底稿	应付工资底稿
应付福利费底稿	长期借款底稿	

内控类		
内部控制测试表(一)	内部控制测试表(二)	内部控制测试表(三)

损益类		
管理费用底稿	财务费用底稿	产品销售成本底稿
产品销售收入底稿	税金及附加底稿	销售费用底稿
营业外收入底稿	营业外支出底稿	

图 8-18　审计工作底稿项目

7. 审计工作小结

审计小结是一份重要的审计工作底稿，它是对审计工作中各种信息的综合提炼。

注：审计小结通过考查审计范围，被审计企业以及审计证据是否为审计意见的形成提供充分依据，从而确保审计是根据独立审计准则实施的。审计小结检查审计过程中所作的重要会计和审计事项处理情况，考查会计报表是否已根据企业会计制度和有关规定公允地表述。审计小结使审计项目经理了解重要会计事项的取证、处理及判断。

会计师事务所→审计→审计项目→业务操作，编制审计工作小结（纸质版和电子版）。审计工作小结如图 8-19 所示。

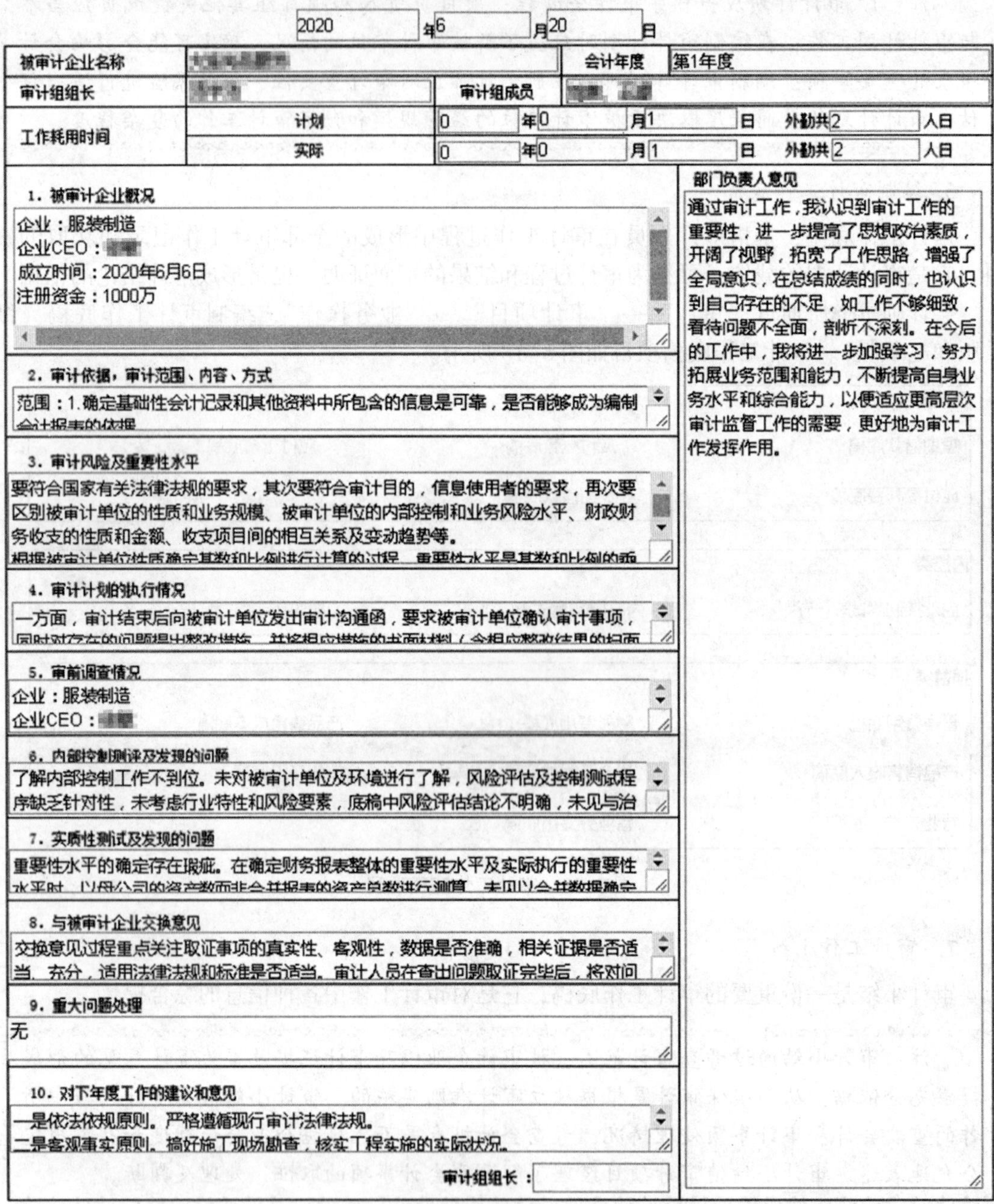

审计工作小结

2020 年6 月20 日

被审计企业名称	[illegible]	会计年度	第1年度
审计组组长	[illegible]	审计组成员	[illegible]
工作耗用时间 计划	0 年0 月1 日	外勤共2 人日	
工作耗用时间 实际	0 年0 月1 日	外勤共2 人日	

1. 被审计企业概况

企业：服装制造
企业CEO：
成立时间：2020年6月6日
注册资金：1000万

2. 审计依据，审计范围、内容、方式

范围：1.确定基础性会计记录和其他资料中所包含的信息是可靠，是否能够成为编制会计报表的依据

3. 审计风险及重要性水平

要符合国家有关法律法规的要求，其次要符合审计目的，信息使用者的要求，再次要区别被审计单位的性质和业务规模、被审计单位的内部控制和业务风险水平、财政财务收支的性质和金额、收支项目间的相互关系及变动趋势等。
根据被审计单位性质确定基数和比例进行计算的过程，重要性水平是基数和比例的乘

4. 审计计划的执行情况

一方面，审计结束后向被审计单位发出审计沟通函，要求被审计单位确认审计事项，同时对存在的问题提出整改措施，并将相应措施的书面材料（含相应整改结果的扫面

5. 审前调查情况

企业：服装制造
企业CEO：

6. 内部控制测评及发现的问题

了解内部控制工作不到位。未对被审计单位及环境进行了解，风险评估及控制测试程序缺乏针对性，未考虑行业特性和风险要素，底稿中风险评估结论不明确，未见与治

7. 实质性测试及发现的问题

重要性水平的确定存在瑕疵。在确定财务报表整体的重要性水平及实际执行的重要性水平时，以母公司的资产数而非合并报表的资产总数进行测算，未见以合并数据确定

8. 与被审计企业交换意见

交换意见过程重点关注取证事项的真实性、客观性，数据是否准确，相关证据是否适当、充分，适用法律法规和标准是否适当。审计人员在查出问题取证完毕后，将对问

9. 重大问题处理

无

10. 对下年度工作的建议和意见

一是依法依规原则。严格遵循现行审计法律法规。
二是客观事实原则。搞好施工现场勘查，核实工程实施的实际状况。

审计组组长：

部门负责人意见

通过审计工作，我认识到审计工作的重要性，进一步提高了思想政治素质，开阔了视野，拓宽了工作思路，增强了全局意识，在总结成绩的同时，也认识到自己存在的不足，如工作不够细致，看待问题不全面，剖析不深刻。在今后的工作中，我将进一步加强学习，努力拓展业务范围和能力，不断提高自身业务水平和综合能力，以便适应更高层次审计监督工作的需要，更好地为审计工作发挥作用。

图 8-19　审计工作小结

8. 编制审计报告

审计报告是注册会计师在完成审计工作后向委托人提交的最终产品，是注册会计师对财务报表是否在所有重大方面按照财务报告编制基础编制并实现公允反映发表实际意见的书面文件。

注：注册会计师应当将已审计的财务报表附于审计报告之后，以便于财务报表使用者正确理解和使用审计报告，并防止被审计单位替换、更改已审计的财务报表。

会计师事务所→审计→审计项目→业务操作，编写审计报告（纸质版和电子版），如图8-20所示，并提交给被审计企业。

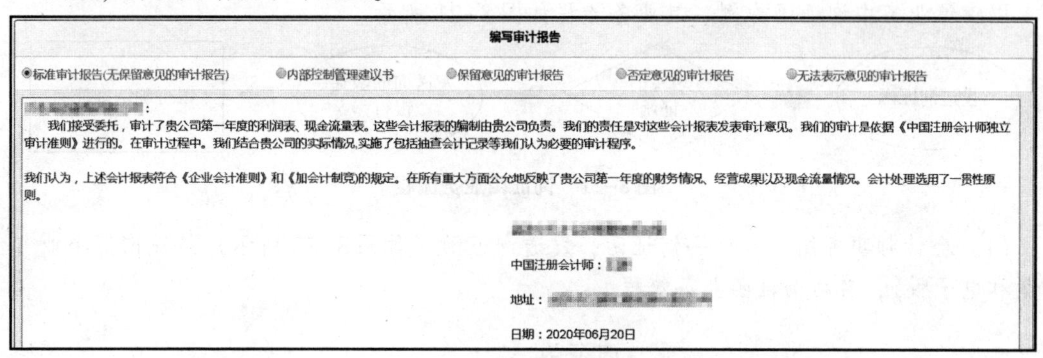

图8-20　编写审计报告

9. 询证函

审计过程中需要询证的，启动询证函流程。

询证作为审计中一种常用的程序和方法，包括查询和函证。查询是审计人员对有关人员进行书面或口头询问以获取审计证据的方法；函证是审计人员为印证被审计单位会计记录所载事项而向第三者发函询证的一种方法。

扩展阅读

一、按被询证人的不同分类

根据被询证人的不同，企业询证函可以分为以下四类：

(1) 银行询证函：向被审计者的存款银行及借款银行发出的询证函，用以检查被审计者在特定日期（一般为资产负债表日，下同）银行存款的余额、存在性和所有权，以及借款的余额、完整性和估价。完整的银行询证函一般包括：存款、借款、销户情况、委托存款、委托贷款、担保、承兑汇票、贴现票据、托收票据、信用证、外汇合约、存托证券及其他重大事项。

(2) 企业询证函：向被审计者的债权人和债务人发出的询证函，用以检查被审计者特定日期债权或债务的存在和权利或义务。企业询证函通常包括双方在截至特定日期的往来款项余额。

(3) 律师询证函：向为被审计者提供法律服务的律师及其所在的律师事务所发出的询证函，用以检查被审计者在特定日期是否存在任何未决诉讼及其可能产生的影响，以及律师费的结算。

(4) 其他询证函：向其他机构如保险公司、证券交易所或政府部门发出的询证函，用以检查被审计者的保险合同条款、所持有的可流通证券或注册资本等信息。

二、按回函要求的不同分类

根据回函要求的不同，企业询证函可以分为以下两类：

(1) 积极式询证函：无论询证函记录如何，都要求被询证人回函。

(2) 消极式询证函：当询证函记录与被询证人记录一致时不回函，仅当询证函记录与被询证人记录不一致时才回函。

消极式询证函应在下列情况同时满足时使用：①重大错报风险评估为低水平；②涉及大量余额较小的账户；③预期不存在大量的错报；④没有理由相信被询证人不认真对待函证。

以审计业务中询证函为例。其业务流程如图 8-21 所示。

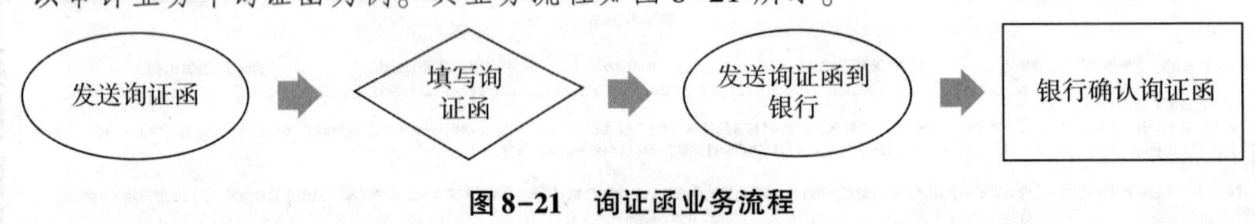

图 8-21　询证函业务流程

(1) 会计师事务所→审计→询证函，发送询证函（如图 8-22 所示）给被询证企业（纸质版和电子版），启动询证函业务流程。

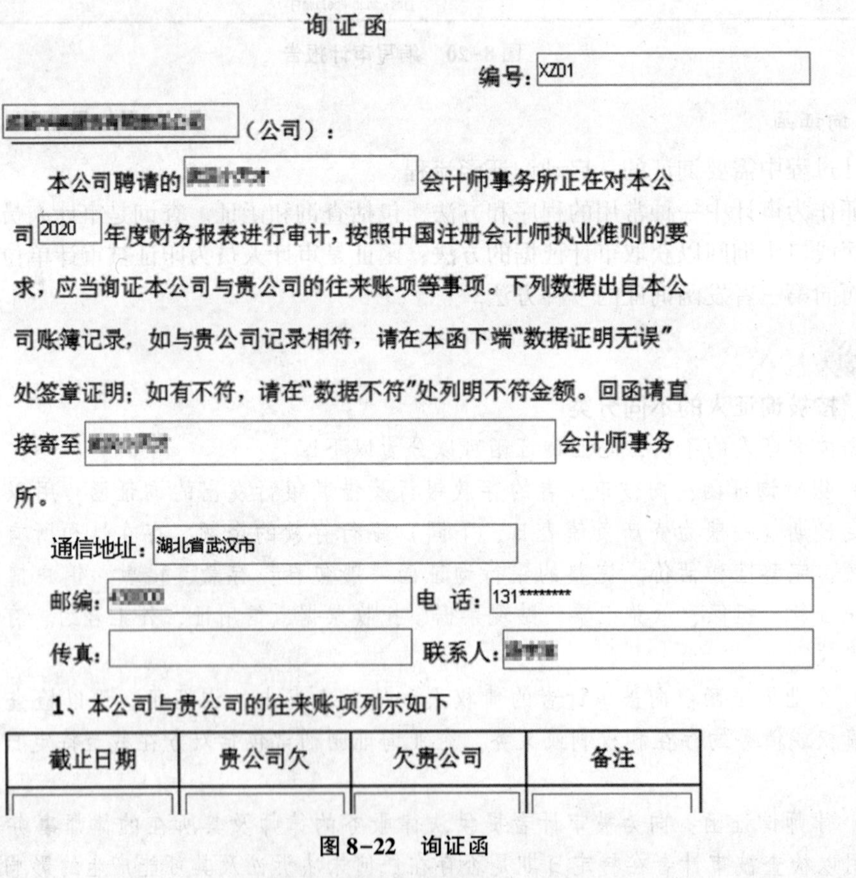

询证函

编号：XZ01

（公司）：

本公司聘请的　　会计师事务所正在对本公司 2020 年度财务报表进行审计，按照中国注册会计师执业准则的要求，应当询证本公司与贵公司的往来账项等事项。下列数据出自本公司账簿记录，如与贵公司记录相符，请在本函下端"数据证明无误"处签章证明；如有不符，请在"数据不符"处列明不符金额。回函请直接寄至　　会计师事务所。

通信地址：湖北省武汉市

邮编：　　电 话：131********

传真：　　联系人：

1、本公司与贵公司的往来账项列示如下

截止日期	贵公司欠	欠贵公司	备注

图 8-22　询证函

(2) 被询证计企业进入会计师事务所→审计→审计询证函，或者通过企业主界面操作提示，领取填写询证函任务，如图 8-23 所示，同时填写纸质版并签字盖章。

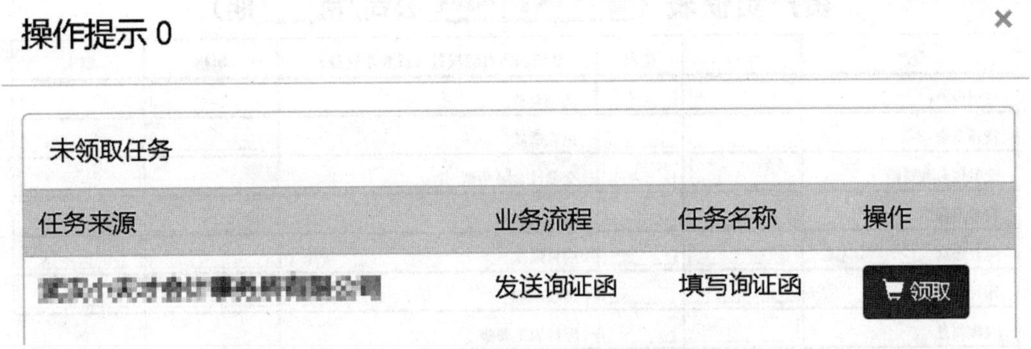

操作提示 0 ×

未领取任务

任务来源	业务流程	任务名称	操作
[illegible]	发送询证函	填写询证函	领取

图 8–23 被询证企业领取并填写询证函

(3) 会计师事务所→审计→询证函，对被询证企业填写的询证函确认后，发送询证函给商业银行（纸质版和电子版）。

(4) 商业银行→询证函→银行询证函，领取确认询证函任务。确认数据无误的，在数据无误处签字盖章；数据不符的，写清不符内容，并签字盖章（纸质版和电子版），发送给会计师事务所。

经过以上操作，完成询证函业务。

五、财报（财务报表）

财报业务是各企业（制造企业、贸易企业）编制手工报表后，报会计师事务所审核，然后提交工商、税务、银行查询的业务，主要包括总账科目汇总表编制、资产负债表编制、损益表编制。

此处以资产负债表编制为例。其业务流程如图 8–24 所示。

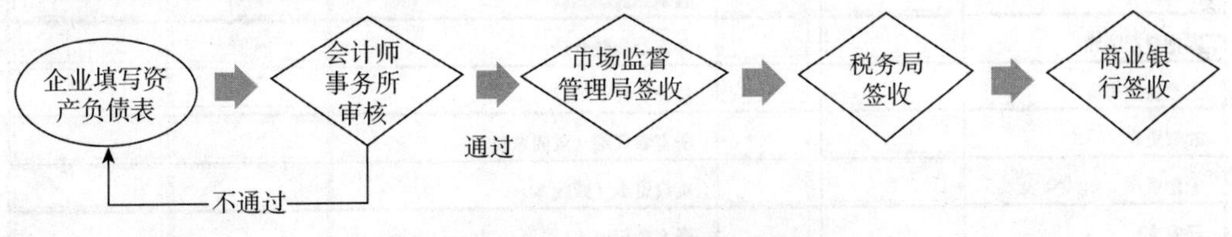

图 8–24 资产负债表编制和上报流程

进入企业主界面→“我的办公室”→“企业经营管理”→“企业财务管理”→“资产负债表编制”，启动资产负债表编制任务（纸质版和电子版）。编制完成，纸质版签字盖章后提交，等待会计师事务所审核。其中，资产负债表样表如图 8–25 所示。

资产负债表（[illegible]公司/第1期）

资产	年初	期末	负债和所有者权益（或股东权益）	年初	期末
流动资产：			流动负债：		
货币资金			短期借款		
交易性金融资产			交易性金融负债		
应收票据			应付票据		
应收账款			应付账款		
预付款项			预收款项		
应收利息			应付职工薪酬		
应收股利			应交税费		
其他应收款			应付利息		
存货			应付股利		
一年内到期的非流动资产			其他应付款		
其他流动资产			一年内到期的非流动负债		
流动资产合计			其他流动负债		
非流动资产：			流动负债合计		
可供出售金融资产			非流动负债：		
持有至到期投资			长期借款		
长期应收款			应付债券		
长期股权投资			长期应付款		
投资性房地产			专项应付款		
固定资产			预计负债		
在建工程			递延所得税负债		
工程物资			其他非流动负债		
固定资产清理			非流动负债合计		
生产性生物资产			负债合计		
油气资产			所有者权益（或股东权益）：		
无形资产			实收资本（或股本）		
开发支出			资本公积		
商誉			减：库存股		
长期待摊费用			盈余公积		
递延所得税资产			未分配利润		
其他非流动资产			所有者权益（或股东权益）合计		
非流动资产合计					
资产总计			负债和所有者权益（或股东权益）总计		

制表人：　　审核：　　CEO：　　核心企业教师：

图 8-25　资产负债表（样表）

会计师事务所通过“财报”→“手工资产负债表”，领取并处理任务，如图 8-26 所示，审核资产负债表。审核无误后“通过”，审核有问题的“驳回”。审核通过后在纸质版资产负债表签字盖章，并提交市场监督管理局、税务局、商业银行签收。

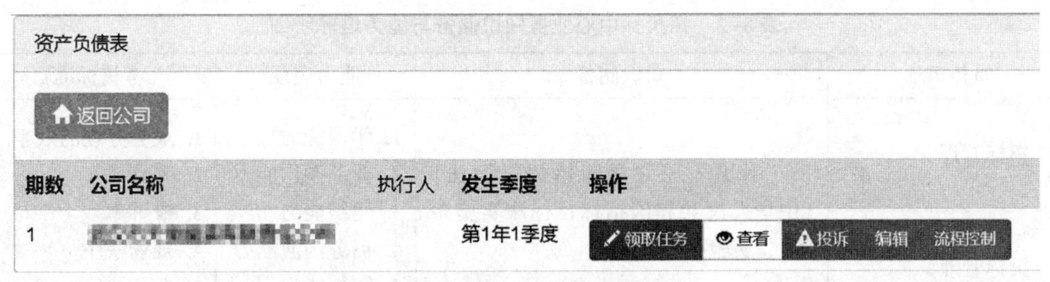

图 8-26　会计师事务所领取任务

市场监督管理局通过“查看企业”→“财务报表查看”，领取签收任务，签收资产负债表（纸质版和电子版）。

税务局通过“纳税申报”→“财务报表签收”，领取签收任务，签收资产负债表（纸质版和电子版）。

商业银行通过“企业经营”→“财务报表签收”，领取签收任务，签收资产负债表（纸质版和电子版）。

六、其他业务

（一）工作日志

（1）虚拟商业银行工作人员撰写工作日志。

（2）虚拟商业银行工作人员撰写会议纪要。

（3）虚拟商业银行工作人员撰写学习报告。

（二）财务系统

（1）查看各企业科目数据报告。

（2）查看财务报表报告。

（3）查看数据分析报告。

（4）查看企业排名。

第二节　招投标中心业务规则与流程

虚拟招投标中心的主要业务是帮助委托单位办理招投标管理，其在仿真实习环境中的主要作用是进行招投标的管理。

招投标是在市场经济条件下进行大宗货物的买卖、工程建设项目的开发与承包，以及服务项目的采购与提供时，所采取的一种交易方式。

> 注：招投标中心实验以任务驱动为引线，各种业务流程除启动任务外，均可以通过“我的任务”领取和处理。

招投标中心业务知识储备与能力培养明细如表 8-2 所示。

表 8-2　招投标中心业务知识储备与能力培养明细

具体事项	知识储备	能力表现	考核标准
招标管理	《中华人民共和国招标投标法》《中华人民共和国招标投标法实施条例》、实验指导书等	1. 学习能力 2. 业务操作能力 3. 组织能力 4. 商务沟通能力 5. 写作能力	1. 业务办理的效率 2. 差错率 3. 投诉率 4. 现场秩序 5. 业务评价
投标管理			

一、招投标中心设立

招投标中心设立流程与第四章“公司注册”相同，这里不再赘述。

二、组织机构管理

招投标中心根据课程需要安排 1 ~ 3 名学生（组织机构设置可以使用直线职能制），并设置若干岗位，具体职责如下。

（1）按照招投标有关规定，负责组织各种形式的招投标活动，并负责审查招投标文件，搜集潜在招投标人信息。

（2）在相关部门的配合下，负责编制招标程序文件及招投标书。

（3）负责到有关部门办理招投标登记手续，发布招投标通告。

（4）受理投标单位的报名工作，负责对拟投标单位进行资质审查，按照相关办法和程序确定邀标单位。

（5）参与商务谈判，负责会议记录，形成会议纪要，并负责内部归档。

（6）负责全部招投标资料及过程文件的整理、归档及招标信息的统计、公示。

（7）参与部门工作计划、总结、请示、报告和综合性规章制度等文稿的起草工作。

（8）完成领导交办的其他工作。

招投标中心在仿真实习环境中的主要功能是为生产企业提供招投标管理服务。

三、招投标管理

（一）业务规则

（1）招标投标活动应当遵循公开、公平、公正和诚实信用的原则。

（2）招标投标活动及其当事人应当接受依法实施的监督。虚拟市场监督管理局依法对招标投标活动实施监督，依法查处招标投标活动中的违法行为。

（3）制造企业和贸易企业须根据要求参加招投标活动。

（4）招标活动采用公开招标方式。

（5）经营单位进行投标时，可以组成联盟进行联合投标。

（6）评标委员会由虚拟市场监督管理局、税务局、商业银行、会计师事务所相关人员组成。评标委员会成员应当客观、公正地履行职务，遵守职业道德。

（7）中标单位需在要求时间内完成标的交付。

具体规则还应参考《中华人民共和国招标投标法》《中华人民共和国招标投标法实施条

例》《中华人民共和国政府采购法》等。

（二）业务流程

虚拟招投标中心业务由三部分构成：一是招标委托；二是招标事务准备；三是投标事务管理。采用线上流程业务和现场处理业务相结合的方式进行业务处理。

1. 招标委托

招标委托业务流程如图 8-27 所示。

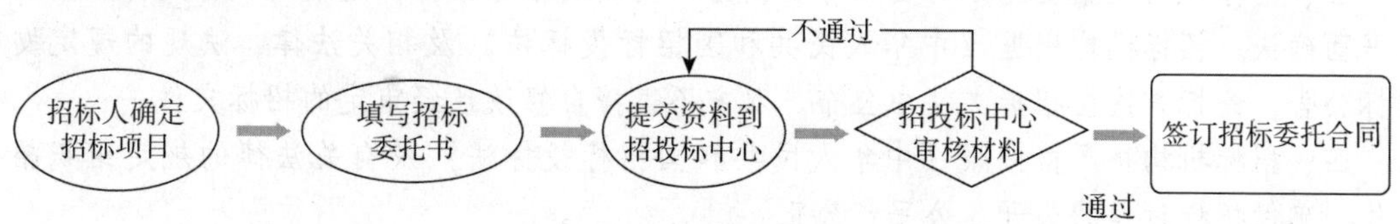

图 8-27 招标委托业务流程

（1）招标采购申请：委托方→“招投标中心”→“招标管理”→“采购招标申请”，填制采购招标申请书（如图 8-28 所示），确认无误后提交。

采购招标申请书

________________采购招标申请书

申请使用单位： 委托单位： 采购编号：

序号	货物名称	主要性能要求	参考品牌	规格型号与配置	参考单价	数量	交货周期（工作日）	交货时间	交货地点
1	H型				6500	6000	60天	第七季	北京

审批领导签字： 申请单位负责人签字： 经办人：

图 8-28 采购招标申请书

采购招标申请书为单位内部采购申请，制订采购计划后具体落实货物名称、主要性能、参考品牌、规格型号与配置、参考单价、交货时间、交货地点等，需审批领导、申请单位负责人，以及经办人的审核签字。

（2）招标委托书：委托方→“招投标中心”→“招标管理”→“委托书管理”，填制招标委托书。将填写无误的招标委托书全部提交到招标公司以后，等待招标公司发布招标文件，企业参与投标。

招标委托书包括以下六方面内容：

①封面：封面上写清楚委托单位名称（招标方）、地址、电话、传真与委托的日期。

②委托招标须知。

委托招标须知

一、招标委托方须按规定格式填写招标委托书，提交必要的文件资料（包括技术、商务、售后服务以及对投标人或制造商的资格等要求），办理委托招标有关手续。招标公司正式接受委托后，在委托服务范围内维护委托方的合法权益，并承担相应的经济和法律责任。

二、委托方须遵守《中华人民共和国招标投标法》以及相关的法律、法规，保证招标工作顺利进行。从委托之日起至评标结束，应避免单独与投标单位进行接触。委托方和招标机构双方均不得向他人透露已获取招标文件的潜在投标人的名称、数量以及可能影响公平竞争的有关招标投标的其他情况。

三、招标机构根据委托方的要求与委托方共同编制招标文件，定稿的招标文件须由委托方书面确认。招标机构根据《中华人民共和国招标投标法》及相关法律、法规的规定发布招标公告，评标方法在招标文件中公布。双方不得擅自修改已经审定的招标文件。

四、招标机构将严格按照《中华人民共和国招标投标法》及有关法律的规定组织招标工作，确保招标过程的公开、公平、公正。

五、委托方与招标机构根据《中华人民共和国招标投标法》的相关规定组建评标委员会。评标委员会由委托方代表和技术、经济及法律等方面的专家组成，成员人数为五人以上的单数，其中专家评委不得少于总数的三分之二。评标必须依据公平竞争的原则，按照招标文件的各项要求及评标方法的规定进行。中标人确定后，委托方须在规定时间内与中标人签订书面合同。

六、委托方如在开标前要求撤标或采取了撤标的实际步骤而导致招标不得不中止；或中标人确定后不按照招标文件规定的时间、地点、方式与中标人签订书面合同，应当依法承担法律责任，向招标机构交纳委托招标金额或中标金额2%的违约金。违约金由委托方在违约15天内向招标机构支付。

委托日期：________年____月____日

③委托书。

委托书

招投标服务中心：

我单位的________________________________（项目名称）项目已经（批准部门）以__________号文批准，现委托你单位就该项目所需货物（见招标采购清单）进行__________（国内/国际）招标采购。

我单位已获得一笔资金，并计划将一部分资金用于支付本次招标后所签订的合同项下的款项。

我们将按《委托招标须知》中的各项要求，提供必要的文件和资料，配合贵公司为此组织的招标采购工作。

特此委托。

委托单位（公章）：________________________

委托方法人代表（签字）：____________________

④法人授权委托证明书。

法人授权委托证明书

招投标服务中心：

兹授权________为我方全权代表，代表我方办理______项目招标事宜，其权限是：全权代表我方处理招标采购活动中的相关事宜。

有效期限：至________年____月____日

被授权人情况：

姓名：____________________

年龄：____________________

性别：____________________

职务：____________________

电话：____________________

传真：____________________

单位盖章：____________________

法定代表人签名：____________________

________年____月____日

⑤采购招标各项要求：此处招标方对采购物品的技术要求、企业资质要求等进行详细描述，是在招标和评标中的重要依据。

⑥采购招标清单：是招标采购货物的列表，包括货物名称、数量、交货日期、单价、总价等。

（3）接受招标委托：招投标中心→“招标管理”→“委托书管理”，领取并处理招标委托书业务。根据情况，综合分析是否接受委托。接受后，准备编制招标文件。

2. 招标事务准备

招标事务准备业务流程如图 8-29 所示。

图 8-29 招标事务准备业务流程

（1）编制招标文件。招投标中心→“招标管理”→“制作招标书”，对招标书进行制作，完成后提交。标书包括封面、投标人须知、投标邀请、货物需求一览及技术规格。

①封面：写清项目名称、采购人和日期。

②投标人须知：是对投标人的要求，投标人必须认真查看并严格遵守。

投标人须知

1 招标采购单位及合格的投标人

1.1 招标采购单位：____________________

1.2 满足以下条件的投标人是合格的投标人，可以参加本次投标。

1.2.1 在中华人民共和国内注册，能够独立承担民事责任，有生产或供应能力的本国供应商，包括法人、其他组织、自然人或其联合体。

1.2.2 遵守国家有关法律、法规、规章和其他市政府采购有关的规章，具有良好的商业信誉和健全的财务会计制度。

1.3 凡受托为采购本次招标的货物进行设计、编制规范和其他文件的咨询公司，以及相关的附属机构，不得参加投标。

1.4 投标人在投标过程中不得向招标采购单位提供、给予任何有价值的物品，影响招标活动的正常进行，一经发现，其投标人资格将被取消。

1.5 招标采购单位在任何时候发现投标人的投标文件内容有下列情形之一时，有权依法追究投标的责任。

1.5.1 提供虚假材料。

1.5.2 在实质性方面失实。

1.5.3 政府采购当事人之间不得相互串通投标。

2. 资金来源

招标公告或投标邀请书中所述的采购人必须获得足以支付本次招标后所签订的合同项下的款项（包括财政性资金和自筹资金）。

3. 招标费用

投标人应承担所有与准备和参加投标有关的费用，不论投标的结果如何，招标采购单位均无承担的义务和责任。

③投标邀请：是对招标项目的明细进行阐述，包括投标方、采购物品、询标、投标、开标的要求和详细情况。

投标邀请

________________________项目进行国内内部招标，现欢迎国内具备资质的生产企业以密封标书的方式前来投标。

1. 招标编号：____________

2. 采购方式：公开招标。

3. 招标项目、数量：（详见第二章采购项目内容及要求）。

4. 资金性质：____________

5. 投标人资质要求。

5.1 具有独立承担民事责任的能力。

5.2 具有良好的商业信誉和健全的财务会计制度。

5.3 具有履行合同所必需的设备和专业技术能力。

5.4 有依法缴纳税收和社会保障资金的良好记录。

5.5 参加政府采购活动前三年内，在经营活动中没有重大违法记录。

5.6 具有良好的履约和售后服务能力，并配有较强的技术队伍，提供快速的售后服务。

6. 投标截止时间：　　　年　　月　　日　　时　　分，逾期收到的或不符合规定的投标文件将被拒绝。

7. 评标时间：　　年　　月　　日（具体时间另行通知）。

8. 投标文件递交地点：____________

9. 投标人对本次招标活动事项提出疑问的，请在投标截止时间1日之前，以信函或传真的形式与招投标中心联系。

10. 采购单位联系人：____________________

地　址：____________________

__________企业

________年____月

④货物需求一览及技术规格（图8-30）：包括采购物品的技术要求、售后服务、交货验收、付款和资质要求的详细情况，并对评分项目及细则进行说明。

一、技术要求

序号	名称	数量	技术指标	备注

二、相关要求

1. 售后服务

2. 交货及验收

（1）交货期：______________________________

（2）交货及验收地点：______________________

（3）验收：________________________________

3. 付款方式

（1）______________________________________

（2）______________________________________

4. 特殊资质要求

三、评分方法

评分细则如下：

序号	评审条款	分值	评审细则	分值	备注
1	价格				
2	设备性能				
3	环保				
4	企业业绩及资质				

图8-30　货物需求一览及技术规格

续表

序号	评审条款	分值	评审细则	分值	备注
5	售后服务				
6	对招标文件响应程度				
合计					

图 8-30 货物需求一览及技术规格（续）

（2）发布招标公告（图 8-31）。招投标中心→“招标管理”→“委托书管理”，领取并处理招标公告业务，撰写项目招标公告。

采购编号：________________

项目名称：________________

招标范围及形式：________________

委托单位：________________

预算资金：人民币________________（元）

采购机构全称：________________

招标货物名称及数量：________________

简要技术要求/招标项目的性质：________________

对投标人的资格要求：________________

评标方法和标准：________________

获取招标文件方式：________________

招标文件售价：人民币__________（元）

询标时间：________年____月____日____时____分

询标地点：________________

询标内容：________________

联系人：________________ 联系电话：________________

投标截止时间、开标时间：________年____月____日____时____分

投标、开标地点：________________

注意事项：________________

项目负责人：________________ 联系电话：________________

传真电话：________________ E-mail：________________

联系地址：________________ 邮政编码：________________

图 8-31 项目招标公告

（3）组织评标委员会。根据此次招标项目的特点，组织评标委员会，确定评标人员的资质和技术各方面要求，根据组织评标委员会的人员数量限制和资质要求，确定招投标中心专家人员和具体人数。

联系采购单位的采购负责人。请负责人挑选出采购单位代表作为评标委员会成员。在评标的前一天，应按招标文件上载明的评标委员会组成结构组建评标委员会，并填写表 8-3 所示的评标委员会名单。

表 8-3　评标委员会名单

参与项目编号________　　　　　　　　　　　　　　________年___月___日

序号	姓名	性别	年龄	优势领域

3. 投标事务管理

投标事务管理业务流程如图 8-32 所示。

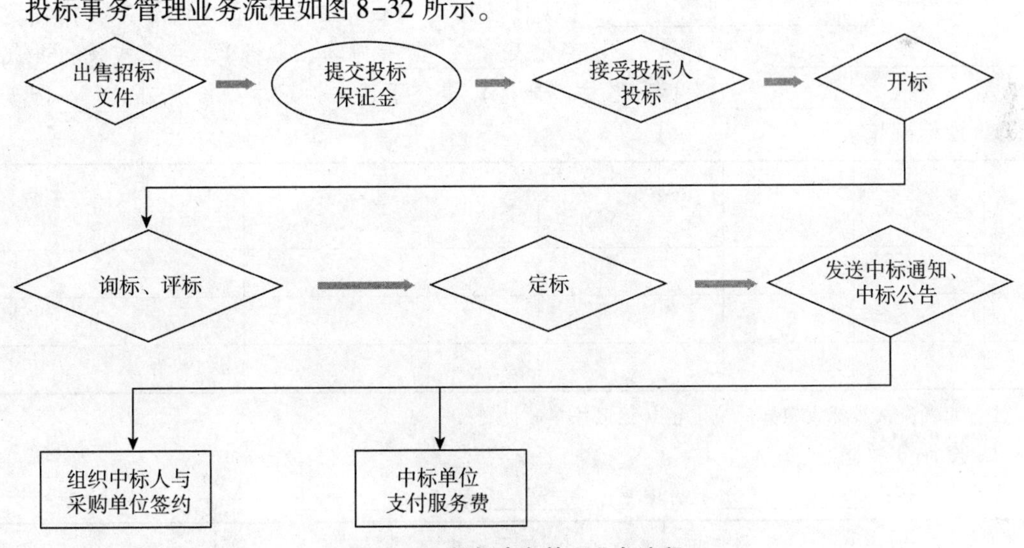

图 8-32　投标事务管理业务流程

（1）出售招标文件。招投标中心确认招标文件售价，受邀请的投标企业到招投标中心购买招标书，填写招标文件登记表（如表 8-4 所示），获取投标资格。

表 8-4 招标文件登记表

序号	招标编号	项目名称	投标单位名称	联系人	联系电话	购买价格

注：本表用来登记招标文件销售情况。

（2）企业制作投标书（图 8-33）。投标方进入招投标中心→“投标管理”→“投标书管理”，制作投标书，完成后提交，等待招投标中心审核。

致：招投标服务中心

根据贵方为＿＿＿＿＿＿＿＿（项目名称）项目招标采购货物及服务的投标邀请＿＿＿＿＿＿＿＿（招标编号），签字代表＿＿＿＿（姓名、职务），经正式授权并代表投标人＿＿＿＿＿＿＿（投标人名称、地址）提交下述文件正本一份及副本＿＿份。

1. 投标一览表

包号	设备名称	投标总价（元）	投标保证金（元）	交货期	交货地点	备注

注：此表应按投标人须知的规定密封标记并单独提交。

2. 投标分项报价表

投标人名称：＿＿＿＿＿＿投标编号：＿＿＿＿＿包号：＿＿＿＿＿

包号	名称	型号和规格	数量	原产地和制造商名称	单价	总价	备注
1	主机和标准附件						
2	备品备件						

图 8-33 投标书

续表

包号	名称	型号和规格	数量	原产地和制造商名称	单价	总价	备注
3	专用工具						
4	安装、调试、检验						
5	培训						
6	技术服务						
7	至最终目的地保费						
合计							

注：如果按单价计算的结果与总价不一致，以单价为准修正总价；如果不提供详细分项报价将视为没有实质性响应应招文件。上述各项的详细分项报价，应另页描述。

3. 货物说明一览表

包号	货物名称	主要规格	数量	交货期	交货地点	其他

注：各项货物详细技术性能应另页描述。

4. 技术规格偏离表

包号	货物名称	招标文件款号	招标规格	投标规格	偏离	说明

5. 商务条款偏离表

包号	招标文件款号	招标文件的商务条款	招标文件的商务条款	说明

6. 资格证明文件

7. 技术详细说明书

图 8-33 投标书（续）

（3）提交投标保证金。招投标中心接受投标公司提交投标保证金，记录投标方的投标保证金缴纳情况登记表（如表 8-5 所示），并且给投标方提供投标保证金收据。

表 8-5 投标保证金缴纳情况登记表

项目编号：________ ____年___月___日

序号	投标单位名称	联系人	联系电话	金额	方式

注：本表用来登记各投标企业投标保证金缴纳情况。

（4）接受投标人投标。招投标中心→“投标管理”→“投标书管理”，领取并处理投标书审核任务。判断是否符合招标要求，并对资质、格式、要求等一系列标准进行预审。如果合格，单击“接受”，不合乎要求的可予以驳回。

（5）开标。招投标中心→“公告通知”→“招标公告”，在“公告信息”选项中选择“查看”，操作发布相关消息，以便相关企业得到信息。相关投标企业得到开标相关信息之后按照规定的时间地点到投标现场进行投标，并填写表 8-6 所示的开标记录表。

表 8-6 开标记录表

时间： 地点： 投标编号：

序号	投标人名称	投标报价/元（人民币）	工期	质量标准	投标保证金	资质证明	投标人代表签字	备注
1								
2								
3								
4								
5								
6								

续表

序号	投标人名称	投标报价/元（人民币）	工期	质量标准	投标保证金	资质证明	投标人代表签字	备注
7								
8								

开标人：　　　　　　　　　　记录人：　　　　　　　　　　监督人：

（6）询标、评标。评委会在审阅投标文件过程中，对投标人在投标文件中没有表述清楚的内容以及对所附的其他相关资料不能明确得出审查结论的，需向投标人进行询问，要求投标人对其投标文件及其投标资料做出澄清和解释，以核实相关投标内容；投标人基于投标文件的相关内容认真、负责地向评委会进行解释和答疑。评标委员会根据招标文件的规定，就投标人递交的投标文件进行审查及综合评审，并根据相应的评分标准，对多家投标人进行打分。

（7）定标。评标委员会按招标文件确定的评标标准和方法，对投标文件进行评审，提出书面评标报告，按顺序推荐合格的中标候选供应商名单。代理机构采购人书面推荐中标候选供应商。采购人应在收到推荐名单后按排名顺序确定中标供应商。

（8）发送中标公告、中标通知书。

①招投标中心→“招标管理”→“中标公告”，领取任务并编辑中标公告。

中标公告

采购人（公章）：________________

地址：________________　联系方式：________

采购代理机构（公章）：________________

地址：________________　联系方式：________

招标项目名称、用途、数量、简要技术要求及合同履行日期：

定标日期：______年____月____日

招标文件编号：________________

本项目招标公告日期：______年____月____日

中标供应商名称：________________

中标供应商地址：________________

中　标　金　额：________________

本项目联系人：__________　联系电话：__________

②招投标中心→“招标管理”→“中标通知书”，领取任务并编辑中标通知书。

中标通知书

项目编号：__________

__________公司：

__________的__________项目评标工作已结束，根据有关规定，确定你单位为中标人。请你方派代表于____年____月____日前至__________与我方洽谈合同。

你方中标条件如下：

中标范围和内容：__________

中标价：__________

中标工期：__________

中标质量：__________

中标项目经理姓名：__________

资质等级：__________

证书编号：__________

招标人：（公章）

法定代表人：（签名或盖章）

年____月____日

（9）支付服务费。通知中标人按约定支付中标服务费用，并出具相应的票据，盖章。如图 8-34 所示。

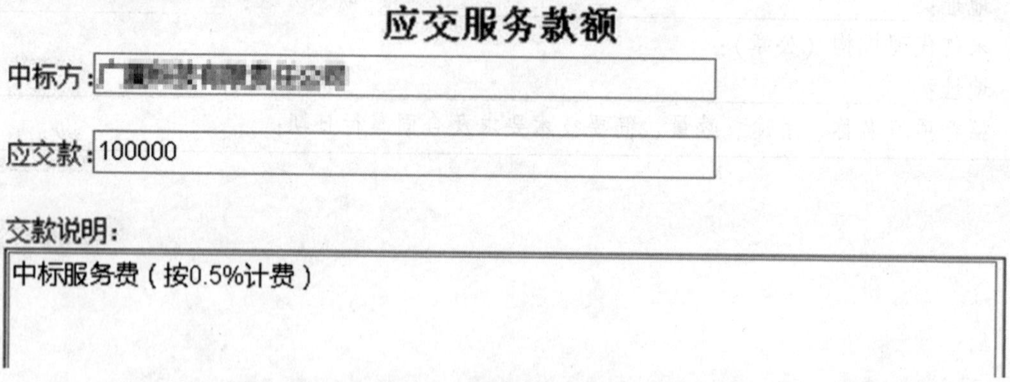

应交服务款额

中标方：广■■■■■■■■公司

应交款：100000

交款说明：

中标服务费（按0.5%计费）

图 8-34 支付中标服务费用

（10）签订合同。定标结果在第一时间书面通知所有投标人。组织采购单位与中标人按招标文件的规定和中标结果，准备签署合同。约定投标人代表和采购方代表到指定的地点参加签约仪式。组织签约仪式，双方进行签约。合同一式五份，买卖双方各执一份，市场监督管理局、商业银行、招投标中心各执一份（根据要求不同，合同数量可做调整）。合同书的格式如图 8-35 所示。

合同书

[illegible]（卖方）6000HB（项目名称）中所需
HB（货物名称）
经　（招标采购单位）以 WHXYZB20110020 号招标文件
在国内　（公开/邀请）招标。经评标委员会评定
[illegible]（买方）为中标人。

买、卖双方同意按照下面的条款和条件，签署本合同。

1、合同文件
下列文件构成本合同的组成部分，应该认为是一个整体，彼此相互理解，相互补充。为便于解释。组成合同的多个文件的优先支配地位的次序如下：
a、本合同书
b、中标通知书
c、协议
d、投标文件（含澄清文件）
e、招标文件（含招标文件补充通知）

图 8-35　合同书

专题活动四　新品发布会

一、活动主题

展示产品，宣传品牌（例）。

二、活动原则

使参加实训小组设计出一款产品（虚拟类型），让学生了解第一款产品对企业运营的影响，培养创造力。

三、活动参与对象

制造企业、贸易企业、媒体公司及其他相关邀请人员。

四、活动地点

实验室。

五、活动组织形式

1. 电脑设计产品。
2. 完成后由各机构安排人员进行宣讲。
3. 组织虚拟企业进行签约仪式。(制造企业和贸易企业签约)

六、活动时间安排

1. 根据课程时间安排，在第一季经营开始组织。

2. 提前安排学生在课下制作宣讲方案。

3. 由各机构自行选出一名学员进行方案讲解，讲解时间不超过3分钟。

4. 贸易企业根据宣讲情况，选择准备联盟的制造企业进行签约。

5. 记录活动结果。

七、具体要求

1. 各参赛单位必须撰写一份详细的新品发布会策划案。

2. 策划案（虚拟策划）的内容包括：

(1) 活动目的；

(2) 活动时间；

(3) 活动地点；

(4) 参与者；

(5) 活动主要内容；

(6) 活动流程；

(7) 场地布置；

(8) 节目推荐；

(9) 前期准备；

(10) 费用测算。

3. 策划案评比在活动后进行，作为平时考核项目之一。

专题活动五　招投标活动

因招投标在虚拟经营过程中只安排一次，一般以活动形式展开。活动可以由市场监督管理局负责组织，其他相关单位辅助。

中标单位可以允许根据项目情况到商业银行办理项目贷款（根据情况限定贷款金额），以提高各小组参与的积极性。

一、活动主题

“实力为尊”（例），提升商务文件制作能力。

二、活动原则

公平、公正、公开，培养学生理论与实践相结合的能力。

三、活动参与对象

制造企业、贸易企业，以及相关邀请人员。

四、活动地点

实验室。

五、活动组织形式

1. 市场监督管理局制作招标书。

2. 各企业制作投标书。

3. 其他机构参与评标。

六、活动时间安排

1. 根据课程时间安排，在第四季经营开始组织。
2. 提前安排学生在课下制作相关商务文件。
3. 开标时，由投标企业选出一名学员进行答疑。
4. 评标并确定中标企业，办理相关手续。
5. 记录活动结果。

七、具体要求

1. 各参与单位，尽职尽责，掌握活动过程中所需知识。
2. 标书的制作必须按规范执行。
3. 全员参与，不得以经营情况较差、无法满足招标要求为由拒绝参加活动。
4. 参与活动的情况作为平时的考核项目之一。

第四篇　经营总结

第九章

企业（机构）总结

伟大的领袖毛泽东曾经说过：“人类总得不断地总结经验，有所发现，有所发明，有所创造，有所前进。”这句话明确指出了总结的目的，即通过总结，做到“有所发现，有所发明，有所创造，有所前进”，不是形式主义，不是简单地堆砌，不是报流水账，而是要找出事物的规律性。总结既包括总结成绩，也包括总结问题；既包括总结经验，也包括总结教训；既包括感性的认知，也包括理性的升华。

第一节　总结概述

一、总结的概念、分类

（一）总结的概念

总结是指社会团体、企事业单位在某一时期结束或者某一项目告一段落或者全部完成后进行回顾检查、分析评价，从中找出经验和教训，明晰差距，引出一些规律性认识的一种应用书面材料。

（二）总结的分类

（1）根据总结的范围，总结可以分为单位总结、部门总结和个人总结等。

（2）根据总结的时间，总结可以分为月结、季结、年结等。

（3）根据总结的内容和性质，总结可以分为全面总结和专题总结两类。全面总结是对某一时期各项工作的全面回顾和检查，进而总结经验与教训；专题总结是对某项工作或某方面问题进行专项的总结，尤以总结推广成功经验为多见。

二、总结的写法与结构形态

（一）总结的写法

总结包括标题、正文、落款。标题又分公文式的、文章标题式的、双标题。其中，公文式标题一般由单位名称、时限、内容、文种组成。正文由前言、主体、结尾组成，结尾又分自然收尾和总结全文。落款由单位名称和时间组成。

（二）总结的结构形态

1. 主体部分

主体部分常见的结构形态有三种。

（1）纵式结构：就是按照事物或实践活动的过程安排内容。写作时，把总结所包括的时间划分为几个阶段，按时间顺序分别叙述每个阶段的成绩、做法、经验、体会。这种写法的好处是事物发展或社会活动的全过程清楚明白。

（2）横式结构：按事实性质和规律的不同分门别类地依次展开内容，使各层之间呈现相互并列的态势。这种写法的优点是各层次的内容鲜明集中。

（3）纵横式结构：安排内容时，既考虑到时间的先后顺序，体现事物的发展过程，又注意内容的逻辑联系，从几个方面总结出经验教训。这种写法多数是先采用纵式结构，写事物发展各个阶段的情况或问题，然后用横式结构总结经验或教训。

2. 其他部分

主体部分的外部形式有贯通式、小标题式、序数式三种。

（1）贯通式适用于篇幅短小、内容单纯的总结。它像一篇短文，全文之中不用外部标志来显示层次。

（2）小标题式将主体部分分为若干层次，每层加一个概括核心内容的小标题，重心突出，条理清楚。

（3）序数式也将主体分为若干层次，各层用“一、二、三、……”的序号排列，层次一目了然。

三、总结的目的和意义

（一）总结是推动工作前进的重要依据

任何一项工作，无论是个人还是团队去执行，在具体实践中，总会有成绩与错误、经验与教训，及时总结就会及时认识事物的客观规律，以便用正确的方式方法进行实践，进而获得成功。不断实践，不断总结，我们对客观事物的认识才会越来越深刻；不断总结，不断提高，我们所进行的事业才会持续发展、前进。

（二）总结是寻找事物规律的重要途径

任何一件工作或事物，都有内在联系、外部制约，都有它自身的发展、运动规律。遵循这些客观规律办事就能顺利达到预期的目的，否则就会受到违背规律的惩罚而招致失败。而找寻、发现客观规律的重要途径之一就是总结。通过总结，使零星的、肤浅的、表面的感性认识上升到全面的、系统的、本质的理性认识，找出工作和事物发展的规律，从而掌握并运用这些规律。

（三）总结是培养、提高工作能力的重要手段

一个人的工作能力是指他承担某项工作、执行某项业务或任务的能力。具体表现在专业知识水平和解决、处理实际工作问题的能力两个方面。在实践中，二者常常结合在一起，相辅相成。而运用所学知识处理实际工作问题的能力主要是在实践中总结出来的，因此，总结是提高能力的重要手段。

（四）总结是做好各项工作的重要环节

通过总结，可以全面地、系统地了解以往的工作情况，可以正确认识以往工作中的优缺点，可以明确下一步工作的方向，少走弯路，少犯错误，提高工作效益。

（五）总结是增强向心力的重要渠道

一件工作、一项任务完成之后必须进行总结，在总结中全面、深入地回顾检查，找出成绩与缺点、经验与教训，实事求是地评价，使大家认识统一，最大限度地团结起来，增强企业向心力。

四、经营总结

这里所说的经营总结，是虚拟实验环境下各机构在模拟经营结束后，回顾分析、检查评价、诊断研究，从中找出经验和教训，探索企业成长和发展的规律性的一种书面材料，以提高学生的总结能力，为未来的实践打下坚实基础。

第二节 团队（机构）总结

团队总结主要包括制造企业总结、贸易企业总结、市场监督管理局总结、税务局总结、商业银行总结、会计师事务所总结、物流公司总结和媒体公司总结。不同类型的机构，总结的重点不同。

一、经营总结的主体内容

（一）经营过程回顾

对机构经营情况进行全面总结，包括：各项计划完成情况，销售指标（销量、销售额、回款、利润）完成情况，与同期相比各项任务是否有增长，产品结构是否得到了优化，渠道建设和客户关系是否得到加强，消费者对品牌的满意度和忠诚度是否得到了提升，竞争对手的萎缩与衰退情况。

（二）分析取得成绩的原因

模拟经营过程中取得成绩的原因可以从两个方面进行分析：一是成绩取得的客观因素分析，如行业宏观环境的势利性、竞争对手失误所造成的机会、企业资源支持程度、指导老师在某些方面的指导调控等；二是成绩取得的主观因素分析，如企业对年度目标任务的认识和分解、对市场的前瞻性认识、面对困难的挑战意识、对市场变化的反应能力。

（三）分析导致工作目标没有达成的失误和问题

一般来说模拟经营过程中往往会存在以下失误和问题。

（1）主观认识不足，重视程度不够。

（2）计划制订得不合理。

（3）对计划的分解不到位，执行和过程监控不到位。

（4）对竞争对手的跟踪分析不深入，市场反应滞后。

（5）产品结构、价格策略、促销组合、渠道建设、品牌传播计划不合理、执行不到位。

(6) 来自竞争对手的强大压力，使自身的优势不能突显。

(四) 对当前形势的展望与分析

(1) 外界宏观与微观环境分析：行业发展现状与发展、竞争对手现状与动向预测、区域市场现状与发展、渠道组织与关系现状、消费者的满意度和忠诚度总体评价。

(2) 内部环境分析：企业的战略正确性和明晰性，企业在产品、价格、促销、品牌等资源方面的匹配程度。

通过对现状与未来的客观分析，能够更加清楚企业所面临的困难和机遇，从而对困难有清醒的认识和深刻的分析，找到克服困难的方法，对机遇有较强的洞察力，及早做好抢抓机遇的各项准备。

(五) 下一年度工作计划与安排

发展是经营总结的目的，所以下一阶段的经营计划和安排同等重要。

(1) 明确经营主体方向。正确的方向决定企业经营发展的命运，否则企业就变成了无头苍蝇，偏离了方向和轨道，就会越走越远。

(2) 制定新阶段经营具体目标包括：销量目标、回款目标、利润目标、渠道建设目标、区域市场发展目标、团队建设目标、学习培训目标。

(3) 确定完成计划的具体方法，如团队整体素质与协作能力的提升、资源需要和保障措施、目标任务的分解、渠道的开发与管理、产品结构的调整与优化、市场秩序的规范管理、客户关系的管理与加强、品牌策略创新与高效传播。

二、制造企业总结 (例)

封面：

公司 Logo、标题（经营的最高境界是“让”——×××有限责任公司总结报告）、公司（×××有限责任公司）、专业（学生专业）、姓名（团队成员姓名）、日期。

正文：

我司自虚拟创建以来，根据安排，历经 14 天，32 学时，完成了两年 8 个季度的经营模拟，围绕公司成长发展的主题，有效研发、积极开展经营活动，努力拓展销售渠道，取得了较好的成绩。至第 8 个季度末，公司总资产____万元，增长____%；利润____万元，增长____%；所有者权益____万元，增长____%。现将具体经营过程汇报如下（图 9-1）。

一、职责分工

序号	学号	姓名	岗位/部门	职责分工	备注
1			总经理	战略目标制定、计划制订、任务分配、重大决策、人员招聘、人员调度、结束小组季度、认证管理、仓库租赁、生产线维修、人员解雇等	总经理负责企管部事务
2			财务部	资金审批、申请贷款、收取贷款、研发资金管理	

图 9-1 制造企业经营情况

续表

序号	学号	姓名	岗位/部门	职责分工	备注
3			生产部	确认研发成果、厂区扩建、开始生产、生产线人员调度、生产线完工入库、研发人员调度、生产线技术升级、取消领料申请、物料移库	
4			采购部	购买厂区、购买仓库、购买物料、购买厂房、购买生产线、确认租赁合同、归还贷款	
5			市场部	合同交付、投入广告、申请市场订单、签订竞单合同、竞单出价、取消合同、合同验收、企业采购申请、交易确认、取消竞单合同	市场部负责销售部业务

二、公司设立

公司设立计划：公司设立需要三大步骤，25 项流程，其中需要企业完成的流程共 9 项，其他分别由市场监督管理局（8 项）、税务局（2 项）、商业银行（人民银行）（6 项）完成。

在设立过程中，需要将企业设立的相关资料电子版和纸质版同时提交给有关政务机构，线上线下同时进行。因而，安排了甲、乙两名同学负责，甲负责电子版资料提交，乙负责纸质版资料填写并提交政务部门当面审核。

在设立过程中，认真研究政策、法规规定和工作流程，未出现填制和操作失误，顺利完成了任务，成功设立企业。前后共用时间 2 小时，其中公司内部完成各种材料的填制和准备仅 30 分钟，效率较高。同时，得到了政务部门的大力支持，审核过程迅速，服务态度令人满意，任务评价给予肯定。（充分的准备可以大大提高工作效率）

三、运营过程

运用数据手段，按时间顺序展示运营过程，并进行分析。

1. 战略规划（公司愿景、使命，战略选择，计划制订，目标分解等）

2. 研发能力（产品研发投入根据公司战略发展进行，说明为什么投入、什么时间投入、投入多少、预期什么时间能成功，画出研发投入曲线图和回报率曲线图）

产品	时间/季度										研发成本/元	是否成功
	1		2		3		…		N			
	资金/元	人员	资金/元	人员	资金/元	人员	资金/元	人员	资金/元	人员		
LA												
LB												
HA												
HB												
OA												
OB												
SA												
SB												
合计												

图 9-1 制造企业经营情况（续）

产品研发以市场需求为前提，其中L型产品属于半产品，只具备基本功能；H型产品是高端产品；O型产品为低端产品；S型产品是商务奢侈产品。

3. 生产能力（根据数据画出生产能力曲线图，计算增长率等）

产品	时间/季度														
	1			2			3			…			N		
	生产线	产量	增长率/%	生产线	产量	增长率/%	生产线	产量	增长率/%	生产线	产量	增长率/%	生产线	产量	增长率/%
L型															
H型															
O型															
S型															
合计															

4. 人力投入（投入各类人员数量、成本）

人员	时间/季度									
	1		2		3		…		N	
	数量	费用/元	数量	费用/元	数量	费用/元	数量	费用/元	数量	费用/元
管理人员										
初级工人										
高级工人										
合计										

5. 市场投入（投入的市场、使用的方式、投入资金多少、影响力情况）

市场	时间/季度														
	1			2			3			…			N		
	投入方式	资金/元	影响力	投入方式	资金/元	影响力	投入方式	资金/元	影响力	投入方式	资金/元	影响力	投入方式	资金/元	影响力
大连															
沈阳															
北京															
武汉															
成都															
深圳															
新加坡															
合计															

图9-1　制造企业经营情况（续）

6. 与贸易公司的合作与竞争（与几家贸易公司签订长期战略合作协议、执行情况）

合作公司	时间/季度														
	1			2			3			…			N		
	交易数量	交易金额/元	增长率/%	交易数量	交易金额/元	增长率/%	交易数量	交易金额/元	增长率/%	交易数量	交易金额/元	增长率/%	交易数量	交易金额/元	增长率/%
贸易 1															
贸易 2															
贸易 3															
…															
贸易 N															

四、经营数据分析

1. 原材料库存状态分析

模拟经营过程中，企业生产采用 JIT 模式，追求零库存管理，探索生产需求和库存之间的关系。

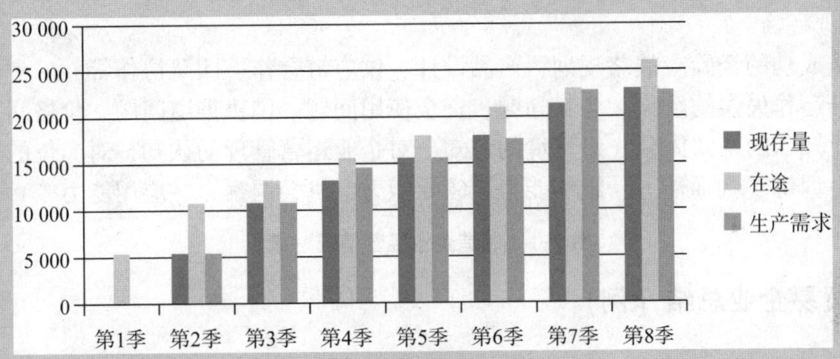

2. 原材料库存预警分析（探索原材料库存容量和吞吐能力之间的关系）

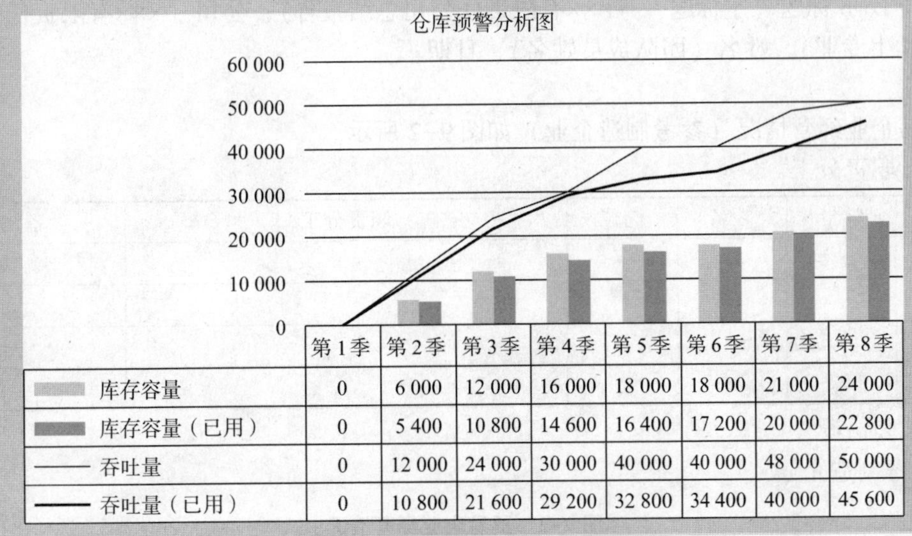

	第 1 季	第 2 季	第 3 季	第 4 季	第 5 季	第 6 季	第 7 季	第 8 季
库存容量	0	6 000	12 000	16 000	18 000	18 000	21 000	24 000
库存容量（已用）	0	5 400	10 800	14 600	16 400	17 200	20 000	22 800
吞吐量	0	12 000	24 000	30 000	40 000	40 000	48 000	50 000
吞吐量（已用）	0	10 800	21 600	29 200	32 800	34 400	40 000	45 600

图 9-1　制造企业经营情况（续）

3. 固定资产增速（反映固定资产增长程度，分析固定资产利用效果，探索企业规模扩展速度）

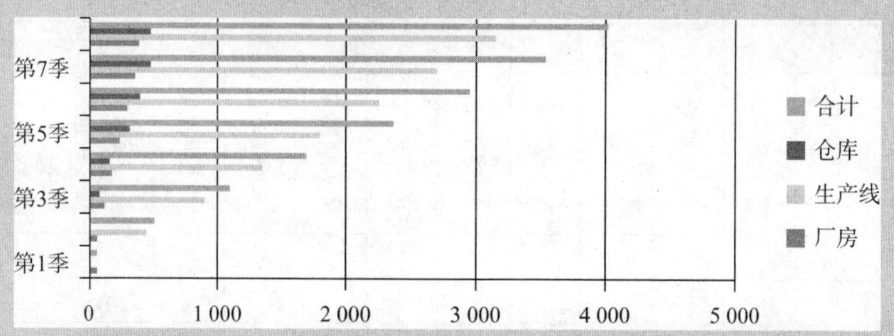

4. 生产产能实时负荷分析（着力于设备能力分析和人力负荷分析，探索生产线利用率、生产线闲置情况，以便更好地制订生产计划）

5. 产品销售价格波动

6. 销售成本分析

7. 订单完成动态分析

8. 利润增长分析

9. 其他分析（对对企业经营影响较大的因素进行分析）

五、经验总结

1. 总结成功的经验（战略规划、产品设计、供应链合作、团队协作等）

2. 总结运作失误的经验（备料问题、资金使用问题、销售渠道问题、价格问题等）

3. 专业知识的认知体会（对环境的认知、对企业运营管理的认知、对岗位的认知等）

4. 能力训练（沟通能力、组织能力、领导能力、机会洞察力、应用能力等）

图 9-1　制造企业经营情况（续）

三、贸易企业总结（例）

封面：

公司 Logo 标题（主标题——×××有限责任公司总结报告）、公司（×××有限责任公司）、专业（学生专业）、姓名（团队成员姓名）、日期。

正文：

贸易企业经营情况（参考制造企业）如图 9-2 所示。

一、职责分工

序号	学号	姓名	岗位	职责分工	备注
1					
2					
3					
4					

二、公司设立

（参考制造企业）

图 9-2　贸易企业经营情况

三、运营过程

运用数据手段按时间顺序展示运营过程。

1. 战略规划（公司愿景、使命，战略选择，计划制订，目标分解等）

2. 市场投入（投入的市场、使用的方式、投入资金多少、影响力情况）

市场	时间/季度														
	1			2			3			…			N		
	投入方式	资金/元	影响力	投入方式	资金/元	影响力	投入方式	资金/元	影响力	投入方式	资金/元	影响力	投入方式	资金/元	影响力
大连															
沈阳															
北京															
武汉															
成都															
深圳															
新加坡															
合计															

3. 与制造公司的合作与竞争（与几家制造公司签订长期战略合作协议、执行情况）

合作公司	时间/季度														
	1			2			3			…			N		
	交易数量	交易金额/元	增长率/%	交易数量	交易金额/元	增长率/%	交易数量	交易金额/元	增长率/%	交易数量	交易金额/元	增长率/%	交易数量	交易金额/元	增长率/%
制造 1															
制造 2															
制造 3															
…															
制造 N															

4. 销售竞单（每季在哪些市场竞单、抢单数量、定价等）

5. 资质认证情况

四、经营数据分析

1. 成品库存状态分析

模拟经营过程中，企业销售采用 JIT 模式，追求零库存管理，探索市场需求和库存之间的关系。

2. 固定资产增速（反映固定资产增长程度，分析固定资产利用效果，探索企业规模扩展速度）

3. 产品销售价格波动

4. 订单完成动态分析

图 9–2 贸易企业经营情况（续）

5. 利润增长分析
6. 其他分析（对对企业经营影响较大的因素进行分析）
五、经验总结
1. 总结成功的经验（战略规划、市场开发、供应链合作、团队协作等）
2. 总结运作失误的经验（仓库吞吐量问题、资金使用问题、销售渠道问题、价格问题等）
3. 专业知识的认知体会（对环境的认知、对企业运营管理的认知、对岗位的认知等）
4. 能力训练（沟通能力、组织能力、领导能力、机会洞察力、应用能力等）

图 9-2　贸易企业经营情况（续）

四、市场监督管理局报告（例）

封面：

机构标志；标题（主标题——×××市场监督管理局总结报告）；机构（市场监督管理局）；专业（学生专业）；姓名（团队成员姓名）；日期。

正文：

市场监督管理局运行情况如图 9-3 所示。

一、职责分工

序号	学号	姓名	岗位	职责分工	备注
1					
2					
3					

二、运营过程
运用数据手段按时间顺序展示运营过程：
1. 服务宗旨：
2. 企业登记：（登记过程，任务分配，完成状态，服务评价等）——例

序号	公司类型	公司名称	社会信用代码	注册资金	注册地址	经营范围	营业期限	法定代表	联系电话
1	制造 1								
2	制造 2								
3	制造 3								
…	……								
N	制造 *N*								
	贸易 1								
	贸易 2								
	……								
	贸易 *N*								
	事务所								
	物流公司								

图 9-3　市场监督管理局运行情况

序号	公司类型	公司名称	登记人	完成状态	任务评价
1	制造 1				
2	制造 2				
3	制造 3				
…	……				
N	制造 *N*				
	贸易 1				
	贸易 2				
	……				
	贸易 *N*				
	事务所				
	物流公司				

3. 企业年检：（年检过程，完成情况）

序号	公司类型	公司名称	登记事项					备案情况		对外投资情况	经营情况				
			名称	住所	法定代表	注册资金	经营期限	章程	主管部门	投资额	年销售收入	年税收总额	年末资产总额	年末负债总额	利润总额
1	制造 1														
2	制造 2														
3	制造 3														
…	……														
N	制造 *N*														
	贸易 1														
	贸易 2														
	……														
	贸易 *N*														
	事务所														
	物流公司														

4. 投诉监督：

序号	投诉单位	被投诉机构	投诉理由	处理结果	负责人
1					
2					
3					
……					
N					

图 9-3　市场监督管理局运行情况（续）

5. 其他工作情况

三、经验总结

1. 总结工作的经验：任务分配，知识储备，组织协调，工作指导，团队协作等。
2. 总结工作失误的经验：业务不熟练，思想懈怠，管理混乱等。
3. 专业知识的认知体会：对环境的认知，对企业运营管理的认知，对岗位的认知等。
4. 能力训练：沟通能力、组织能力、领导能力、洞察判断力、应用能力等。

图 9-3 市场监督管理局运行情况（续）

五、税务局报告（例）

封面：

机构标志。标题（主标题——×××税务局总结报告）、机构（税务局）、专业（学生专业）、姓名（团队成员姓名）、日期。

正文：

税务局运行情况如图 9-4 所示。

一、职责分工

序号	学号	姓名	岗位	职责分工	备注
1					
2					
3					

二、运营过程

运用数据手段按时间顺序展示运营过程。

1. 服务宗旨
2. 税务登记（登记过程、任务分配、完成状态、服务评价等）

序号	公司类型	公司名称	社会信用代码证	纳税申报人	联系电话	登记人	完成状态	任务评价
1	制造 1							
2	制造 2							
3	制造 3							
…	……							
N	制造 *N*							
	贸易 1							
	贸易 2							
	……							
	贸易 *N*							
	事务所							
	物流公司							

图 9-4 税务局运行情况

3. 税务检查（被检查单位、检查情况、处理决定等）

序号	被检查单位	检查时间	问题性质	处理方式	补交税额/元	负责人	完成状态	任务评价
1								
2								
3								
…								
N								

4. 纳税申报

序号	公司类型	公司名称	社会信用代码	纳税申报人	联系电话	增值税/元	所得税/元	其他	任务评价
1	制造 1								
2	制造 2								
3	制造 3								
…	…								
N	制造 *N*								
	贸易 1								
	贸易 2								
	…								
	贸易 *N*								
	事务所								
	物流公司								

5. 征税情况

序号	公司类型	公司名称	社会信用代码	第 1 年			第 2 年			合计/元
				增值税/元	所得税/元	其他	增值税/元	所得税/元	其他	
1	制造 1									
2	制造 2									
3	制造 3									
…	…									
N	制造 *N*									
	贸易 1									
	贸易 2									
	…									
	贸易 *N*									
	事务所									
	物流公司									
总计										

图 9-4　税务局运行情况（续）

6. 其他工作情况

三、经验总结

1. 总结工作的经验（任务分配、知识储备、组织协调、工作指导、团队协作等）

2. 总结工作失误的经验（业务不熟练、思想懈怠、管理混乱等）

3. 专业知识的认知体会（对环境的认知、对企业运营管理的认知、对岗位的认知等）

4. 能力训练（沟通能力、组织能力、领导能力、洞察判断力、应用能力等）

图 9-4 税务局运行情况（续）

六、商业银行总结（例）

封面：

公司 Logo、标题（主标题——×××商业银行总结报告）、机构（商业银行）、专业（学生专业）、姓名（团队成员姓名）、日期。

正文：

商业银行运行情况如图 9-5 所示。

一、职责分工

序号	学号	姓名	岗位	职责分工	备注
1					
2					
3					

二、运营过程

运用数据手段按时间顺序展示运营过程。

1. 服务宗旨

2. 银行开户（开户过程、任务分配、完成状态、服务评价等）

序号	公司类型	公司名称	社会信用代码	基本户账号	负责人	完成状态	任务评价
1	制造 1						
2	制造 2						
3	制造 3						
…	…						
N	制造 *N*						
	贸易 1						
	贸易 2						
	…						
	贸易 *N*						
	事务所						
	物流公司						

图 9-5 商业银行运行情况

3. 贷款情况（贷款利率的制订、签订贷款合同、企业调查、发放贷款过程）

序号	公司类型	公司名称	贷款方式	贷款金额/元	贷款时间	贷款期限	负责人	完成状态	任务评价
1	制造 1								
2	制造 2								
3	制造 3								
…	…								
N	制造 *N*								
	贸易 1								
	贸易 2								
	…								
	贸易 *N*								
	事务所								
	物流公司								

4. 利息收入情况（利息收入增长情况、有无坏账等）

序号	公司类型	公司名称	贷款时间	贷款期限	贷款金额/元	利息收入			合计
						第 1 年	第 2 年	第 *N* 年	
1	制造 1								
2	制造 2								
3	制造 3								
…	…								
N	制造 *N*								
	贸易 1								
	贸易 2								
	…								
	贸易 *N*								
	事务所								
	物流公司								
总计									

5. 转账情况、询证函情况等

6. 其他工作情况

三、经验总结

1. 总结工作的经验（任务分配、知识储备、组织协调、工作指导、团队协作等）
2. 总结工作失误的经验（业务不熟练、思想懈怠、管理混乱等）
3. 专业知识的认知体会（对环境的认知、对企业运营管理的认知、对岗位的认知等）
4. 能力训练（沟通能力、组织能力、领导能力、洞察判断力、应用能力等）

图 9–5 商业银行运行情况（续）

七、会计师事务所总结（例）

封面：

公司 Logo、标题（主标题——×××会计师事务所总结报告）、机构（会计师事务所）、专业（学生专业）、姓名（团队成员姓名）、日期。

正文：

会计师事务所运行情况如图 9-6 所示。

一、职责分工

序号	学号	姓名	岗位	职责分工	备注
1					
2					
3					

二、公司设立

(参考制造企业)

三、运营过程

运用数据手段按时间顺序展示运营过程。

1. 服务宗旨

2. 验资审计（验资过程、任务分配、完成状态、服务评价等）

序号	被审计单位	注册资金/元	资金投入方式	到账金额/元	责任人	完成状态	任务评价
1							
2							
3							
…							
N							

在企业登记期间，完成企业验资审计，共出具验资报告 16 份。全面掌握了验资的业务流程、审计计划的制订方案、工作底稿的制作内容、验资报告的撰写技巧等。

3. 财务报表审计（审计业务流程、审计合同、审计工作底稿、审计报告等）

序号	被审计单位	审计范围	审计时间	工作底稿	审计报告	责任人	完成状态	任务评价
1								
2								
3								
…								
N								

在企业经营过程中，共完成企业财务报表审计项目 7 项、审计工作底稿 51 张，出具无保留审计报告 7 份。

审计过程中发现的问题及处理方案。

图 9-6　会计师事务所运行情况

4. 审计收入情况

序号	被审计单位	验资/元	财务报表审计			小计
			第 1 年	第 2 年	第 N 年	
1						
2						
3						
…						
N						
合计						

5. 其他工作（如企业代账）

四、经验总结

1. 总结工作的经验（任务分配、知识储备、组织协调、工作指导、团队协作等）
2. 总结工作失误的经验（业务不熟练、思想懈怠、管理混乱等）
3. 专业知识的认知体会（对环境的认知、对企业运营管理的认知、对岗位的认知等）
4. 能力训练（沟通能力、组织能力、领导能力、洞察判断力、应用能力等）

图 9-6　会计师事务所运行情况（续）

八、物流公司总结（例）

封面：

公司 Logo、标题（主标题——×××物流公司总结报告）、机构（物流公司）、专业（学生专业）、姓名（团队成员姓名）、日期。

正文：

物流公司运行情况如图 9-7 所示。

一、职责分工

序号	学号	姓名	岗位	职责分工	备注
1					
2					
3					

二、设立情况

（参考制造企业）

三、运营过程

运用数据手段按时间顺序展示运营过程。

1. 服务宗旨
2. 运费价格

图 9-7　物流公司运行情况

序号	线路名称	线路距离/千米	物流费用/元	序号	线路名称	线路距离/千米	物流费用/元
1	本地			12	大连—新加坡		
2	武汉—大连			13	沈阳—北京		
3	武汉—沈阳			14	沈阳—成都		
4	武汉—北京			15	沈阳—深圳		
5	武汉—成都			16	沈阳—新加坡		
6	武汉—深圳			17	北京—成都		
7	武汉—新加坡			18	北京—深圳		
8	大连—沈阳			19	北京—新加坡		
9	大连—北京			20	成都—深圳		
10	大连—成都			21	成都—新加坡		
11	大连—深圳			22	深圳—新加坡		

3. 物流合同（合同签订过程、任务分配、完成状态、服务评价等）

序号	单位	时间/季度											
		1				…				N			
		线路	货物	数量	物流费用/元	线路	货物	数量	物流费用/元	线路	货物	数量	物流费用/元
1													
2													
3													
…													
N													
合计													

每季度订单增长情况；为保证合同顺利执行采取的手段、每笔订单平均完成速度等。

4. 仓储业务（出入库情况、盘点情况）

序号	仓库名称	货物名称	期初	本期入库	本期出库	结存
1						
2						
3						
…						
N						

5. 运输业务（线路、车辆调度安排，运输能力的合理配置，业务效率等）

图 9-7　物流公司运行情况（续）

序号	线路	时间	货物	数量	签收单位	签收人	车辆	司机
1								
2								
3								
…								
N								
合计								

注：按季度统计。

6. 其他业务

四、经验总结

1. 总结工作的经验（任务分配、知识储备、组织协调、工作指导、团队协作等）
2. 总结工作失误的经验（业务不熟练、思想懈怠、管理混乱等）
3. 专业知识的认知体会（对环境的认知、对企业运营管理的认知、对岗位的认知等）
4. 能力训练（沟通能力、组织能力、领导能力、洞察判断力、应用能力等）

图 9-7　物流公司运行情况（续）

九、媒体公司总结（例）

封面：

公司 Logo、标题（主标题——×××媒体公司总结报告）、机构（媒体公司）、专业（学生专业）、姓名（团队成员姓名）、日期。

正文：

媒体公司运行情况如图 9-8 所示。

一、职责分工

序号	学号	姓名	岗位	职责分工	备注
1					
2					
3					
4					
5					

二、运营过程

运用数据手段按时间顺序展示运营过程。

1. 服务宗旨
2. 日常工作（宣传、报道）

（1）微信公众号推文。

（2）采访。

（3）拍照。

图 9-8　媒体公司运行情况

(4) 视频录制、剪辑、制作。
(5) 报纸出版。
3. 海报评比工作
(1) 活动方案。
(2) 活动过程。
(3) 活动结果。
4. 新品发布会活动
(1) 活动方案。
(2) 活动过程。
(3) 活动结果。
5. 点钞大赛活动
(1) 活动方案。
(2) 活动过程。
(3) 活动结果。
6. 其他活动
四、经验总结
1. 总结工作的经验（任务分配、知识储备、组织协调、工作指导、团队协作等）
2. 总结工作失误的经验（业务不熟练、思想懈怠、管理混乱等）
3. 专业知识的认知体会（对环境的认知、对企业运营管理的认知、对岗位的认知等）
4. 能力训练（沟通能力、组织能力、领导能力、洞察判断力、应用能力等）

图 9-8　媒体公司运行情况（续）

第十章 实验报告

第一节 实验报告撰写的目的和要求

现代企业运营虚拟仿真实验报告是通过实验中的观察、分析、综合、判断，如实地把实验的全过程和实验结果用文字、图表形式记录下来的书面材料。

一、实验报告撰写的目的

(1) 表明实验结论和价值。

(2) 理清思路，发现新问题。

(3) 进行信息交流和共享，保留资料。

(4) 锻炼思维能力和表达能力。

(5) 不断积累资料，总结实验成果，提高实验者的观察能力、分析问题和解决问题的能力。

(6) 培养理论联系实际的作风和实事求是的科学态度。

二、实验报告撰写的要求

(1) 实验报告的写作应保持客观立场，内容科学，表述真实、质朴，判断恰当。

(2) 实验报告是对实验的过程和结果的真实记录，虽然也要表明对某些问题的观点和意见，但这些观点和意见需在客观事实的基础上提出。

(3) 实验报告写作在文字叙述和说明以外，需借助图、表等方式说明实验的基本原理和各步骤之间的关系，解释实验结果等。

三、实验报告的内容

(一) 数据处理和结果

文字叙述：根据实验目的将原始资料系统化、条理化，用准确的专业术语客观地描述实验现象和结果，要有时间顺序以及各项指标在时间上的关系。

图表和计算公式：用表格或坐标图或计算公式的方式使实验结果突出、清晰，便于相互比较。每张图表应能说明一定的中心问题。

曲线图：绘制曲线图，使变化趋势形象生动、直观明了。

（二）问题和讨论

根据相关的实验结果及理论知识对所得到的实验结果进行解释和分析。如果所得到的实验结果和预期的结果一致，分析它可以验证什么理论、实验结果有什么意义、说明了什么问题。另外，也可以写一些本次实验的心得，提出一些问题或建议等。

（三）结论

结论是针对这一实验所能验证的概念、原则或理论的简明总结，是从实验结果中归纳出的一般性、概括性的判断，要简练、准确、严谨、客观。

第二节　实验报告的格式及内容

一、封面

×××学校（Logo）

实　验　报　告

实验课名称：__________

公 司 名 称：__________

公 司 类 型：__________

专 业 班 级：__________

开 课 时 间：__________

二、实验目录及成绩登记表

实验目录及成绩登记表如图 10-1 所示。

实验目录及成绩登记表

实验序号	实验日期	实验项目名称	比重/%	实验成绩
1		企业筹备	10	
2		企业设立	10	
3		企业经营	70	
4		公司总结	10	
最终成绩				

图 10-1　实验目录及成绩登记表

三、内容

（一）制造（贸易）企业实验报告（例）

制造（贸易）企业实验报告如图 10-2 所示。

实 验 报 告

实验项目名称	企业筹备、企业设立、企业经营、公司总结		
实验项目类型	☑验证性 ☐演示性 ☑综合性 ☐设计创新性		
实验指导教师		实验地点	
专业、班级		公司名称	
实验日期		团队负责人	

小组成员及贡献分配情况

序号	学号	姓名	岗位	小组人数	小组成绩	贡献度	折合成绩	备注
1								
2								
3								
4								
5								

注：1. 个人折合成绩=小组成绩×人数×贡献度（个人成绩最高不超过 100）。

2. 小组贡献度之和等于 100%。

一、实验目的及要求

1. 实验目的

（1）建立一个高度仿真的经济环境，引导实训学生进行多角色的虚拟企业实际经营活动。

（2）体验从团队组建、企业机构设立到经营、管理、参与竞争的全周期实践训练活动。

（3）通过模拟企业间的竞争与协作，加深学生对经济环境和行业领域专业知识的理解。

（4）综合考察训练学生的业务处理能力，增强学生的经营管理意识、商业沟通技能。

2. 实验要求

（1）亲身体验现代企业运用管理的完整流程，包括企业设立、团队组建，理解企业实际运作中各个部门和管理人员的相互配合。

（2）理解企业的销售定单、原材料采购、产品销售、生产、库存等物流管理的相互协调，以及产销排程、成本控制、合理开支、JIT 生产等概念。

（3）理解市场战略，分析与预测企业营销环境，找准市场的切入点，合理进行市场投入，深刻剖析竞争对手。

（4）理解企业各种基础数据信息的获得流程，信息流对企业决策的关键作用，以及企业进行信息化建设的必要性和急迫性。

（5）每轮模拟之后，教师进行综述与分析，同时讲解在下一季度中应用的业务工具，所有的工具都对竞争的结果有直接的影响。

二、实验使用的主要设备（含软件系统）及要求

计算机、服务器、相关投影和音响设备等硬件，以及现代企业运营虚拟仿真实验平台（经营模拟系统）。

图 10-2 制造（贸易）企业实验报告

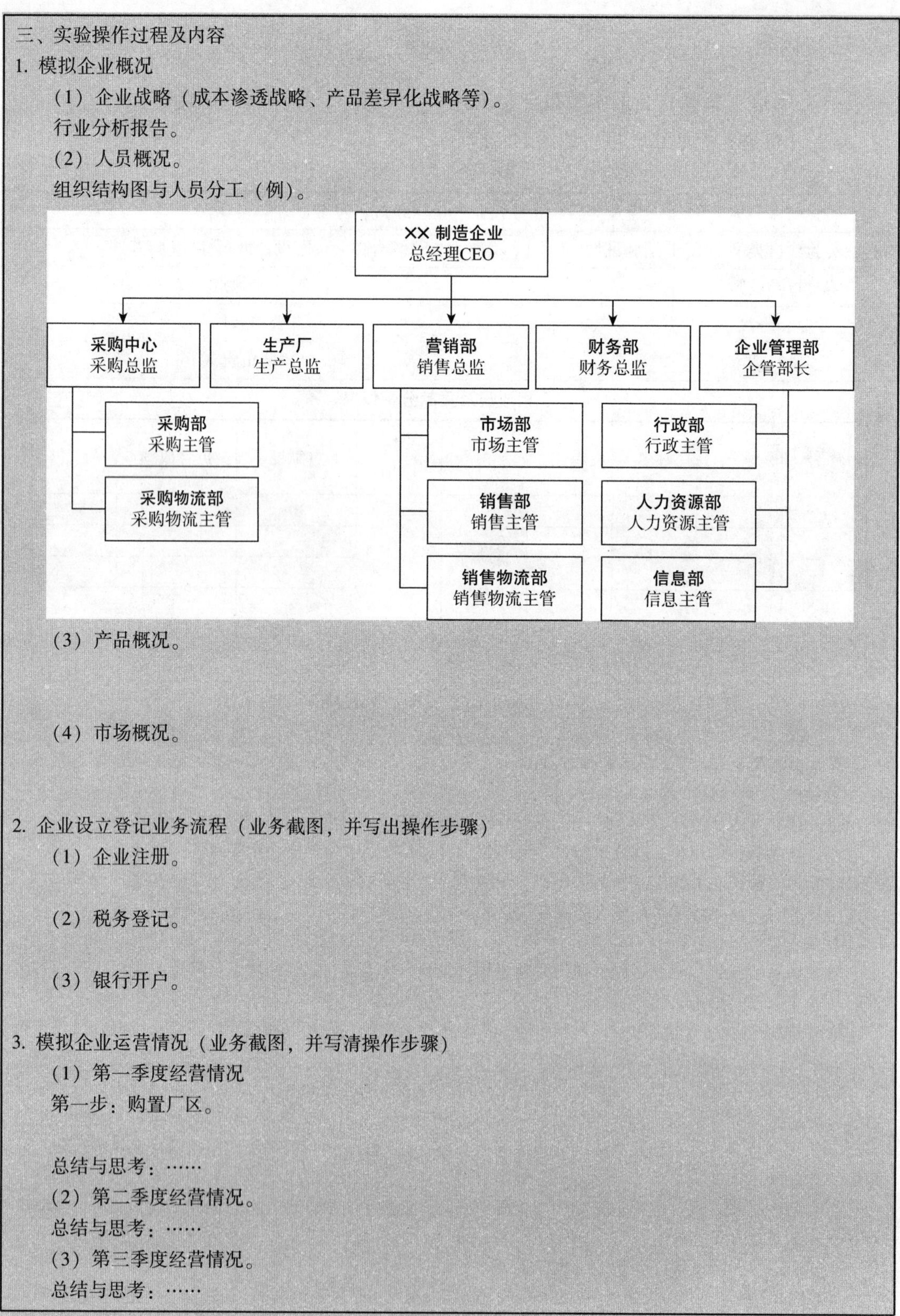

三、实验操作过程及内容

1. 模拟企业概况

(1) 企业战略（成本渗透战略、产品差异化战略等）。

行业分析报告。

(2) 人员概况。

组织结构图与人员分工（例）。

(3) 产品概况。

(4) 市场概况。

2. 企业设立登记业务流程（业务截图，并写出操作步骤）

(1) 企业注册。

(2) 税务登记。

(3) 银行开户。

3. 模拟企业运营情况（业务截图，并写清操作步骤）

(1) 第一季度经营情况

第一步：购置厂区。

总结与思考：……

(2) 第二季度经营情况。

总结与思考：……

(3) 第三季度经营情况。

总结与思考：……

图 10-2　制造（贸易）企业实验报告（续）

(4) 第 N 季度经营情况。

总结与思考：……

四、实验结论、问题与建议

1. 实验中存在的问题

2. 实验中存在问题的解决办法

3. 实训总结（500 字）

五、自我评价

六、指导教师评阅意见及评分

成绩：　　　　　签名：　　　　　年　月　日

图 10-2　制造（贸易）企业实验报告（续）

（二）市场监督管理局实验报告（例）

市场监督管理局实验报告如图 10-3 所示。

实 验 报 告

实验项目名称	机构筹备、企业设立、企业经营、公司总结		
实验项目类型	☑验证性 □演示性 ☑综合性 □设计创新性		
实验指导教师		实验地点	
专业、班级		机构名称	
实验日期		团队负责人	

小组成员及贡献分配情况

序号	学号	姓名	岗位	小组人数	小组成绩	贡献度	折合成绩	备注
1								
2								
3								
4								
5								

注：1. 个人折合成绩=小组成绩×人数×贡献度%（个人成绩最高不超过 100）。

2. 小组贡献度之和等于 100。

一、实验目的及要求

1. 实验目的

（1）建立一个高度仿真的经济环境，引导实训学生进行多角色的虚拟机构业务运作活动；

（2）体验从团队组建、机构设立到全面运作的全周期实践训练活动；

（3）通过模拟企业间的竞争与协作加深学生对服务环境和行业领域专业知识的理解；

（4）综合考察训练学生的业务处理能力，增强学生的专业管理意识、组织沟通技能能力。

2. 实验要求

（1）亲身体验现代服务业运作的完整流程，包括团队组建、机构设立前期阶段流程的掌握，理解机构在实际运作中各个部门的相互配合。

（2）理解机构在运作过程所依据的政策、法律法规，业务执行所需的各种支撑材料，明确理论依据和方法。

（3）掌握机构各种基础数据信息的获得流程，以及信息流在机构运作中的作用，了解信息化建设的必要性和急迫性。

（4）第一项业务执行完毕后，都要总结分析，进而改进工作效率，提高服务质量。

二、实验使用的主要设备（含软件系统）及要求

PC 计算机；服务器；相关投影和音响设备等硬件；

现代企业运营虚拟仿真实验平台（经营模拟系统）

图 10-3 市场监督管理局实验报告

三、实验操作过程及内容

1. 模拟机构概况

（1）人员概况

组织结构图与人员分工：

（2）主要业务内容

2. 企业设立登记业务流程（业务截图，并写出操作步骤）

3. 模拟企业运营情况（业务截图，并写清操作步骤）

（1）第一年度企业年检情况

监督投诉情况

其他工作情况（如商标注册）

总结与思考：

（2）第二年度经营情况

监督投诉情况

其他工作情况

总结与思考：

（3）第 *N* 年度经营情况

监督投诉情况

其他工作情况

总结与思考：

四、实验结论、问题与建议

1. 实验中存在的问题

2. 实验中存在问题的解决办法

3. 实训总结（500 字）

图 10-3　市场监督管理局实验报告（续）

五、自我评价
六、指导教师评阅意见及评分 成绩：　　　　　　签名：　　　　年　月　日

图 10-3　市场监督管理局实验报告（续）

（三）其他实验报告

税务局、商业银行、会计师事务所实验报告可以参考市场监督管理局实验报告，物流公司实验报告可以参考制造（贸易）企业实验报告。

附：某制造小组实验报告

实　验　报　告

实验课名称：现代企业运营虚拟仿真实验

公 司 名 称：大连市思铭智能 Life 有限公司

公 司 类 型：制造企业 8

专 业 班 级：×××专业×××班

开 课 时 间：2019 年 12 月 21 日—12 月 29 日

教务处制

实验目录及成绩登记表

实验序号	实验日期	实验项目名称	实验模式	比重/%	实验成绩
1	2019.12.21	企业筹备	相关实验	10	
2	2019.12.22	企业设立	相关实验	20	
3	2019.12.28—2019.12.29	企业经营	相关实验	60	
4	2019.12.29	经营总结	相关实验	10	
实验报告最终成绩：			指导教师签名：		

注：

1. 实验日期与实验项目名称须统一。
2. 实验成绩以百分制计，不可涂改，确有涂改的，应在涂改处说明原因。
3. 实验报告最终成绩为所有实验项目成绩的平均值，由实验指导教师红笔手写并签名。
4. 实验模式分为相关实验和独立实验。

（1）相关实验是指实验内容、数据、结果直接影响其他项目的运行、数据和结果的实验。实验成绩统一评定。

（2）独立实验是指实验项目之间互不影响，可以独立完成的实验。实验成绩分项评定。

实　验　报　告

实验项目名称	企业筹备、企业设立、企业经营、公司总结		
实验项目类型	☑验证性　□演示性　☑综合性　□设计创新性		
实验指导教师	×××	实验地点	×××
专业、班级	×××	公司名称	大连市思铭智能 Life 有限公司
实验日期	2019.12.21—2019.12.29	团队负责人	戴××

小组成员及贡献度分配表

序号	学号	姓名	角色	小组成绩	贡献度	折合成绩	备注
1	16203040114	邓××	采购经理				
2	16203040114	毛××	销售经理				
3	16203040103	代××	财务经理				
4	16203040131	戴××	CEO				
5	16203040124	薛××	生产经理				

注：个人折合成绩=小组成绩×人数×贡献度（个人成绩最高不超过100），小组贡献度之和等于100。

一、实验目的及要求

（一）实验目的

（1）建立一个高度仿真的经济环境，引导实训学生进行多角色的虚拟企业实际经营活动。

（2）体验从团队组建、企业机构设立到经营、管理、参与竞争的全周期实践训练活动。

（3）通过模拟企业间的竞争与协作，加深学生对经济环境和行业领域专业知识的理解。

（4）综合考察训练学生的业务处理能力，增强学生的经营管理意识、商业沟通技能。

(二) 实验要求

(1) 亲身体验现代企业运营管理的完整流程，包括企业设立、团队组建流程的掌握，理解企业实际运作中各个部门和管理人员的相互配合。

(2) 理解企业的销售定单、原材料采购、产品销售、生产、库存等物流管理的相互协调，以及产销排程、成本控制、合理开支、JIT 生产等概念。

(3) 理解市场战略，分析与预测企业营销环境，找准市场的切入点，合理进行市场投入，深刻剖析竞争对手。

(4) 理解企业各种基础数据信息的获得流程，信息流对企业决策的关键作用，以及企业进行信息化建设的必要性和急迫性。

(5) 每轮模拟之后，教师进行综述与分析，同时讲解在下一季度中应用的业务工具，所有的工具都对竞争的结果有直接的影响。

二、实验使用的主要设备（含软件系统）及要求

计算机、现代企业运营管理跨专业综合实训平台。

三、实验操作过程及内容

(一) 模拟企业概况

1. 企业战略

前提：SWOT 分析。

本公司具有独特的优势及潜力，同时也面对着一些隐形的危机，有些甚至影响公司的存亡。风险与机遇是双生体，我们现在要做的就是找出机遇，让公司持续发展。具体分析如下。

(1) 优势（Strength）。

纵向分析，公司有较充足的启动资金保证公司的前期运作，且在未来两年内有广阔的市场。而且这些市场不存在过高的贸易壁垒，可以较轻松地进入（包括已可以进入的本地市场、将要进入的区域及世界市场），且这些市场中都没有强力的竞争对手垄断。

横向分析，公司在后期有足够的研发能力，开发被预测为未来市场上的主流产品的 Lb、Hb，研发周期可知并比较短。而且我们拥有获得 ISO9000、ISO14000 资格的能力，在银行贷款资金充足的情况下，公司的规模扩大将不存在任何阻力。

(2) 威胁（Threat）。机遇往往是伴随着风险同时存在。我们对市场中的对手的了解仅仅存在于表面，所有的竞争对手几乎拥有与我们相同的优势且数量众多。

(3) 机遇（Opportunity）。企业贷款快且门槛低，企业生产规模容易扩张且速度快；企业应收款不存在坏账可能；市场初期对产品需求量大，供不应求。

(4) 弱势（Weakness）。公司缺乏足够的资金，所有策略没有成功的范例供参考，效果未知。

弱势应对应至少从发展战略与发展路线两方面入手。

①发展战略制定。单一市场战略（初期）：公司初期以占领本地市场达到产能快速增长的目的来提高公司对本地市场的影响并且有效利用原产品的所有潜力。公司应集中精力于本地市场，争取成为其中的市场老大。

适应性战略（后期）：以更灵活、更动态、更前瞻的适应型战略来应对新的竞争，并通过试错优势、触角优势、组织优势、系统优势来真正建立和执行适应型战略，核心是建立低成本试错创新的能力。

多市场战略：开拓其他市场，公司应集中精力于 2～3 个市场，争取成为其中的市场老大。

资金流战略：充足的资金可以使资金链不至于断裂，巨大的产能配合相应的订单为我们带来巨额的利润，甚至让我们有可能垄断市场。

②发展路线:综合以上 SWOT 分析和发展战略，公司发展总路线可以归纳为：准确掌握市场动向，及时调整产业布局，适时推出适销产品，以达到所有者权益增加 80% 的目标，确保最终资产突破 1 亿元的大关。

2. 人员概况

CEO：戴××，主要负责公司的日常经营管理工作，加强公司务管理，主持公司全面工作，管理行政、业务、财务、美工、质控、后期、数码等部门；及时足额地完成执行董事下达的战略规划步骤、年度任务和利润指标，保证经营目标的实现。

销售经理：毛××，主要负责制订销售计划、确定销售政策、设计销售模式，以及销售情况的及时汇总、汇报并提出合理建议。

采购经理：邓××，主要负责以尽可能低的价格和合适的量来购买高质量的商品，准备购货订单，征求出价建议并且审查货物和服务的要求。

生产经理：薛××，主要负责组织生产、设备、安全检查、环保、生产统计等管理制度的拟订、修改、检查、监督、控制、实施执行，以及控制生产成本。

财务经理：代××，主要负责合理筹划收入与应收款项、预收账款的管理，资金收入的合法及完整性，提高资金利用率；负责审核签署公司预算、财务收入计划、成本费用计划、会计决算报表；核算项目成本。

3. 产品概况

经过总共 10 个季度的运营，我们企业共开发了 La 型、Lb 型、Ha 型、Hb 型产品；购买了 12 条生产线。经过对生产线的升级改造和转型，总产量基本能达到 10 000 件每季度。经过 10 个季度的经营，企业资金总额达到 129 697 212. 47 元，减去注册资金 10 000 000 元，获利 119 697 212. 47 元，呈现了获利 1 亿元的最终目标。

La 型产品需要 2 个 M1 原材料生产，而改进后的 Lb 型产品只需 1 个 M1 原材料，大大节省了原材料成本投入。由于工艺改进需要周期才能投入生产，所以我们选择在第一季度就进行工艺改进研发。这可以为我们前期增加产量、更快占领市场创造良机。

Ha 型产品需要 2 个 M1 原材料和一个 Lb 半成品生产，而改进后的 Hb 型产品只需 1 个 M1 原材料和一个 Lb 半成品生产，大大节省了生产材料成本投入，我们企业决定在第三季度就研究开发改进工艺后的 La 型产品，在成功的情况下第四季度就能研发 Hb 型产品。这可以为我们后期适应市场需求转变、更快开拓新产品市场创造良机。

4. 市场概况

通过虚拟企业主界面→“驾驶仓”→“市场需求繁荣情况”可以看出，市场的需求在时刻改变，H 型产品市场需求趋于稳定且变化幅度不是很大；S 型产品变化幅度较大，在季度初的需求最低，但在季末需求增多；O 型产品一直趋于平稳；L 型产品的变化幅度与 S 型产品相反，在季度初需求最多，但随着时间的推移，需求会逐渐减少，到了第五季度左右，市场基本处于淘汰状态，后期更是呈现快速下滑趋势。

总结来看，企业在进入市场初期，发展 L 型产品以积累资金与开拓市场，到第五季度左右可以转型 H 型产品，但从长期发展的角度看，将 S 型产品作为最终生产目标出售给市场最符合企业利益最大化的经营目的。

（二）企业设立登记情况

1. 市场监督管理局业务

第一步，企业填写委托人申请表。

第二步，企业填写名称预先核准申请书。

第三步，企业填写投资人名录。

第四步，市场监督管理局发放名称预先核准通知书。

第五步，企业填写企业登记申请书。

第六步，市场监督管理局审核。

第七步，企业填写法人代表以及经理信息。

第八步，市场监督管理局审核通过后发放营业执照。

2. 税务局业务

第一步，企业填写纳税人登记表。

第二步，税务局审核。

第三步，填写纳税人税务补充信息表。

3. 银行业务

银行基本户开户业务。

（三）模拟企业运营情况

1. 第一季度经营情况

第一步：购置厂区。

第二步：购买厂房。购买了一个小型厂房。

第三步：购买生产线。

起步阶段，我们企业购买了两条全自动生产线（建造周期为 1 个季度，本季度不生产，不考虑人员购买），每条生产线的最大产量均为 1 800。

第四步：研发 Lb 型产品。

招聘 5 名研发人员，投入 35 万元的研发费用，保证研发成功率在 80% 以上，为下季度生产做准备。

第五步：采购原材料。

根据两条全自动生产线下一季度的最大生产量，采购 3 600 件 M1。

总体情况如下图所示。

您的银行账号为：[illegible]（商业银行），账户共计余额为￥2,990,000

序号	详情	操作账户	对方账户	金额
	期初资金			￥0
1	系统注资	[illegible]	[illegible]	￥10,000,000
2	支付小型厂区合同货款-￥850,000	[illegible]	[illegible]	-￥850,000
3	支付大型厂房合同货款-￥600,000	[illegible]	[illegible]	-￥600,000
4	支付全自动生产线合同货款-￥1,500,000	[illegible]	[illegible]	-￥1,500,000
5	支付全自动生产线合同货款-￥1,500,000	[illegible]	[illegible]	-￥1,500,000
6	支付研发人员合同货款-￥50,000	[illegible]	[illegible]	-￥50,000
7	投入L型产品工艺改进研发费用￥350,000	[illegible]	[illegible]	-￥350,000
8	支付M1合同货款-￥2,160,000	[illegible]	[illegible]	-￥2,160,000
	期末资金			￥2,990,000

1季度

总结：前期投入资金很大，但由于不用生产与销售，省去了人工、材料库、成品库等一系列费用支出，并合理考虑了 Lb 的研发费用的支出与成功率，节省了部分资金，使本季度最终还有 299 万元的结余。

2. 第二季度经营情况

将上一季度研发人员工资进行结转，并购买了两个大型原材料库以储存上一季度的原材料 M1。根据所验收的两条全自动生产线所需的人员，与 4 名高级工人和 2 名初级工人签订了合同并支付工资以确保生产线的正常运作。由于前期投入成本过大资金无法周转，下一步计划向银行短期贷款 500 万元，根据研发条件再次招聘 5 名研发人员，并将研发 Lb 的 5 名研发人员及时撤出，进行新一轮 Ha 产品的研发，并投入 60 万元的研发费用保证其成功率在 80% 左右。总共进行了 2 笔业务往来：一是向本地市场出售了 1 600 件 L 型产品，二是进行市场竞单出售了 2 000 件 L 型产品，并走物流流程支付物流费用。参与招投标，并为下一季度生产采购原材料 M13 600 件，最终结余 347.8 万元，如下图所示。

您的银行账号为：[illegible](商业银行)，账户共计余额为￥3,478,000

序号	详情	操作账户	对方账户	金额
	期初资金			￥2,990,000
1	支付研发人员工资费用-50000	[illegible]	[illegible]	-￥50,000
2	支付大型原材料库合同货款-￥800,000	[illegible]	[illegible]	-￥800,000
3	支付大型原材料库合同货款-￥800,000	[illegible]	[illegible]	-￥800,000
4	支付高级工人合同货款-￥40,000	[illegible]	[illegible]	-￥40,000
5	支付初级工人合同货款-￥12,000	[illegible]	[illegible]	-￥12,000
6	支付研发人员合同货款-￥50,000	[illegible]	[illegible]	-￥50,000
7	短期贷款	[illegible]	[illegible]	￥5,000,000
8	投入H型产品研发研发费用￥600,000	[illegible]	[illegible]	-￥600,000
9	支付M1合同货款-￥2,160,000	[illegible]	[illegible]	-￥2,160,000
	期末资金			￥3,478,000

总结：整体运营符合企业制订的经营步骤，但在实际操作时因提前进行了试运营并有着很好的初期规划，所以没有过于仔细对待实际操作流程，因此在资金紧缺的情况下多买了一个大型原材料库。对于发展初期的公司而言，这笔不合理的财务支出属于比较致命的失误，但另一方面又合理考虑了研发费用的支出与成功率，节省了部分资金。

3. 第三季度经营情况

收取上一季度货款总计 619.5 万元，支付生产人员及部分研发人员工资，保证本季度生产线的正常生产和 Ha 产品研发成功后 Hb 产品的继续研发，解雇了部分研发人员，对大型原材料库进行维护并还贷。总共进行了 3 笔业务往来：一是向本地市场出售了 1 100 件 L 型产品，二是向北京市场出售了 1 000 件 L 型产品，三是进行国内本地市场竞单出售了 1 500 件 L 型产品，并走物流流程支付物流费用。在招投标成功的情况下，公司为了后期产品的供应，需要扩大生产规模，因此进行了厂区的扩建，购买了大型厂房，并购进 4 条全自动生产线，还为下一季度市场竞单做了广告投放。但在公司迅速扩张的同时，资金链也出现了断裂，无法进行下一季度原材料的采购，于是选择了第二次向银行贷款 500 万元，支付原材料 M15 400 件的采购费用，最终结余 61.8 万元，如下图所示。

序号	详情	操作账户	对方账户	金额
	期初资金			**¥3,478,000**
1	支付生产工人工资费用-8000	[illegible]	[illegible]	-¥8,000
2	支付生产工人工资费用-24000	[illegible]	[illegible]	-¥24,000
3	支付研发人员工资费用-100000	[illegible]	[illegible]	-¥100,000
4	支付第1年2季度大型原材料库维护管理费¥2,000	[illegible]	[illegible]	-¥2,000
5	支付第1年2季度短期贷款¥5,000,000贷款利息-¥275,000	[illegible]	[illegible]	-¥275,000
6	办理[大连]-[北京]L型产品1000件销售合同运输手续支付物流费-20000	[illegible]	[illegible]	-¥20,000
7	收取L型合同货款¥2,950,000	[illegible]	[illegible]	¥2,950,000
8	办理[大连]-[大连]L型产品1100件销售合同运输手续支付物流费-11000	[illegible]	[illegible]	-¥11,000
9	办理国内大连国内市场L型产品1500件销售合同运输手续支付物流费-15000	[illegible]	[illegible]	-¥15,000
10	支付全自动生产线合同货款-¥1,500,000	[illegible]	[illegible]	-¥1,500,000
11	支付电视广告广告费	[illegible]	[illegible]	-¥300,000
12	投入H型产品工艺改进研发费用¥350,000	[illegible]	[illegible]	-¥350,000
13	收取L型合同货款¥3,245,000	[illegible]	[illegible]	¥3,245,000
14	解雇人员	[illegible]	[illegible]	-¥100,000
15	扩建小型厂区	[illegible]	[illegible]	-¥850,000
16	支付大型厂房合同货款-¥600,000	[illegible]	[illegible]	-¥600,000
17	支付全自动生产线合同货款-¥1,500,000	[illegible]	[illegible]	-¥1,500,000
18	支付全自动生产线合同货款-¥1,500,000	[illegible]	[illegible]	-¥1,500,000
19	支付全自动生产线合同货款-¥1,500,000	[illegible]	[illegible]	-¥1,500,000
20	短期贷款	[illegible]	[illegible]	¥5,000,000
21	支付M1合同货款-¥3,240,000	[illegible]	[illegible]	-¥3,240,000
22	支付M1合同货款-¥600,000	[illegible]	[illegible]	-¥600,000
23	支付M1合同货款-¥1,560,000	[illegible]	[illegible]	-¥1,560,000
	期末资金			**¥618,000**

总结：招投标的成功有利于企业利益的最大化，后期所赚取的利润更大，但这在前期也给公司带来了很大的经济压力，生产的扩大导致资金周转出现问题，需要从银行继续贷款维持公司的整体运作，但在人员安排上注意到了有效利用，并及时止损，及时解雇不必要的人员，避免了后期资金的浪费。

4. 第四季度经营情况

收取上一季度货款总计 1 148 万元，支付生产人员及研发人员工资，保证本季度生产线的正常生产，解雇了全部研发人员，对大型原材料库进行维护，并还给银行第一次短期贷款的本金 500 万元及第二次贷款的利息，租赁两个大型成品库用于存储加工好的产品。总共进行了 2 笔业务往来：一是向本地市场出售了 1 600 件 L 型产品，二是进行市场竞单向大连国内市场出售了 2 000 件 L 型产品，并走物流流程支付物流费用。签收 4 条全自动生产线后，增加了生产人员的招聘，签了 8 个高级工人和 4 个初级工人，还为下一季度的生产采购了原材料，支付原材料 M15 400 件的采购费用，最终结余 173. 4 万元，如下图所示。

您的银行账号为：[illegible]（商业银行），账户共计余额为￥9,570,000

序号	详情	操作账户	对方账户	金额
	期初资金			**￥618,000**
1	收取L型合同货款￥6,360,000	[illegible]	[illegible]	￥6,360,000
2	支付第1年3季度短期贷款￥5,000,000贷款利息-￥280,000	[illegible]	[illegible]	-￥280,000
3	偿还第1年2季度短期贷款	[illegible]	[illegible]	-￥5,000,000
4	第1年3季度大型产成品库租赁费用支付租金	[illegible]	[illegible]	-￥150,000
5	第1年3季度大型产成品库租赁费用支付租金	[illegible]	[illegible]	-￥150,000
6	支付生产工人工资费用-8000	[illegible]	[illegible]	-￥8,000
7	支付生产工人工资费用-24000	[illegible]	[illegible]	-￥24,000
8	支付研发人员工资费用-50000	[illegible]	[illegible]	-￥50,000
9	支付第1年3季度大型原材料库维护管理费￥2,000	[illegible]	[illegible]	-￥2,000
10	解雇人员	[illegible]	[illegible]	-￥100,000
11	支付初级工人合同货款-￥18,000	[illegible]	[illegible]	-￥18,000
12	支付高级工人合同货款-￥60,000	[illegible]	[illegible]	-￥60,000
13	制造企业8向会计师事务所转账￥200,000,用途:汇款	[illegible]	[illegible]	-￥200,000
14	办理[大连]-[大连]L型产品1600件销售合同运输手续支付物流费-16000	[illegible]	[illegible]	-￥16,000
15	办理国内大连国内市场L型产品2000件销售合同运输手续支付物流费-16000	[illegible]	[illegible]	-￥16,000
16	收取L型合同货款￥5,120,000	[illegible]	[illegible]	￥5,120,000
17	支付M1合同货款-￥4,290,000	[illegible]	[illegible]	-￥4,290,000
	期末资金			**￥1,734,000**

总结：依旧在人员安排上注意到了有效利用，并及时止损，及时解雇不必要的研发人员，避免了后期资金的浪费。合理安排了资金流转，及时还款并保证公司生产运作的正常进行。虽然最后资金结余不多，但在下一季度资金回流后仍可保证公司有充足资金，因此公司经营整体状况良好。

5. 第五季度经营情况

收取上一季度货款总计 850 万元，支付生产人员工资，保证本季度生产线的正常生产，支出对大型原材料库和磨损较为严重的 1 条生产线进行维护和管理的费用，并还给银行第二次贷款的利息，继续租赁两个大型成品库用于存储加工好的产品。总共进行了 4 笔业务往来：向本地市场 2 次分批出售了 1 600

件和 2 000 件 L 型产品，进行市场竞单向大连国内市场出售了 70 件 L 型产品，向深圳市场出售了 1 350 件 L 型产品，并走物流流程支付物流费用。还为下一季度市场竞单做了广告投放及原材料采购工作，支付原材料 M15 400 件的采购费用。最终结余 990. 491 6 万元，如下图所示。

序号	详情	操作账户	对方账户	金额
	期初资金			¥1,734,000
1	收取L型合同货款￥8,500,000	[illegible]	[illegible]	￥8,500,000
2	支付第1年3季度短期贷款￥5,000,000贷款利息-￥280,000	[illegible]	[illegible]	-￥280,000
3	支付生产工人工资费用-60000	[illegible]	[illegible]	-￥60,000
4	支付生产工人工资费用-20000	[illegible]	[illegible]	-￥20,000
5	支付第1年4季度大型原材料库维护管理费￥2,000	[illegible]	[illegible]	-￥2,000
6	支付第1年4季度大型原材料库维护管理费￥2,000	[illegible]	[illegible]	-￥2,000
7	第1年4季度大型产成品库租赁费用支付租金	[illegible]	[illegible]	-￥150,000
8	第1年4季度大型产成品库租赁费用支付租金	[illegible]	[illegible]	-￥150,000
9	全自动生产线支付维修费用￥459,684	[illegible]	[illegible]	-￥459,684
10	支付电视广告广告费	[illegible]	[illegible]	-￥300,000
11	办理国内大连国内市场L型产品70件销售合同运输手续支付物流费-1400	[illegible]	[illegible]	-￥1,400
12	短期贷款	[illegible]	[illegible]	￥5,000,000
13	支付M1合同货款-￥3,810,000	[illegible]	[illegible]	-￥3,810,000
14	办理[大连]-[深圳]L型产品1350件销售合同运输手续支付物流费-58000	[illegible]	[illegible]	-￥58,000
15	办理[大连]-[大连]L型产品2000件销售合同运输手续支付物流费-20000	[illegible]	[illegible]	-￥20,000
16	办理[大连]-[大连]L型产品1600件销售合同运输手续支付物流费-16000	[illegible]	[illegible]	-￥16,000
	期末资金			¥9,904,916

总结：进行了市场开拓，不再局限于本地市场，开始了多市场战略。在人员安排上注意到了有效利用，并及时止损，将停产生产线的工作人员及时安排到新线上，减少了人员开支，避免了后期资金的浪费。合理安排了资金流转，及时还款并保证公司生产运作的正常进行，最后资金结余充足，而且在下一季度资金回流后仍可保证公司有充足资金，因此公司经营整体状况良好。

6. 第六季度经营情况

收取上一季度货款总计 1 522 万元，其中合同金额出错，少交易 252 万元，而且上一季度公司交易订单出现错误导致合同违约，需向武汉贸易公司支付违约金 25. 2 万元。支付生产人员工资，保证本季度生产线的正常生产，支出对大型原材料库和磨损较为严重的 1 条生产线进行维护和管理的费用，并还给银行第二次贷款的利息，租赁 5 个大型成品库用于存储加工好的产品。总共进行了 1 笔业务往来，即进行市场竞单向大连国内市场出售了 1 730 件 L 型产品，并走物流流程支付物流费用。随着公司发展，需要进一步扩大生产规模，新增了小型厂房及 1 条全自动生产线，还为下一季度市场竞单做了广告投放及原材料采购工作，支付原材料 M1 7 150 件的采购费用，最终结余 1 594. 943 2 万元，如下图所示。

序号	详情	操作账户	对方账户	金额
	期初资金			¥9,904,916
1	支付违约金费用-252000	[illegible]	[illegible]	-¥252,000
2	收取L型合同货款¥6,200,000	[illegible]	[illegible]	¥6,200,000
3	收取L型合同货款¥280,000	[illegible]	[illegible]	¥280,000
4	收取L型合同货款¥3,780,000	[illegible]	[illegible]	¥3,780,000
5	收取L型合同货款¥4,960,000	[illegible]	[illegible]	¥4,960,000
6	支付第2年1季度大型原材料库维护管理费¥2,000	[illegible]	[illegible]	-¥2,000
7	支付第2年1季度大型原材料库维护管理费¥2,000	[illegible]	[illegible]	-¥2,000
8	支付生产工人工资费用-60000	[illegible]	[illegible]	-¥60,000
9	支付生产工人工资费用-20000	[illegible]	[illegible]	-¥20,000
10	支付第2年1季度短期贷款¥5,000,000贷款利息-¥275,000	[illegible]	[illegible]	-¥275,000
11	支付第1年3季度短期贷款¥5,000,000贷款利息-¥280,000	[illegible]	[illegible]	-¥280,000
12	支付第2年1季度大型原材料库内物料库存管理费用¥45,000	[illegible]	[illegible]	-¥45,000
13	支付第2年1季度大型原材料库内物料库存管理费用¥132,500	[illegible]	[illegible]	-¥132,500
14	第2年1季度大型产成品库租赁费用支付租金	[illegible]	[illegible]	-¥150,000
15	第2年1季度大型产成品库租赁费用支付租金	[illegible]	[illegible]	-¥150,000
16	第2年1季度大型产成品库租赁费用支付租金	[illegible]	[illegible]	-¥150,000
17	第2年1季度大型产成品库租赁费用支付租金	[illegible]	[illegible]	-¥150,000
18	第2年1季度大型产成品库租赁费用支付租金	[illegible]	[illegible]	-¥150,000
19	支付小型厂区国内市场H型产品2500件销售合同违约金	[illegible]	[illegible]	-¥2,700,000
20	教师发放奖励3000000	[illegible]	[illegible]	¥3,000,000
21	全自动生产线支付维修费用¥459,684	操作账户	对方账户	-¥459,684
22	支付小型厂房合同货款-¥250,000	[illegible]	[illegible]	-¥250,000
23	支付全自动生产线合同货款-¥1,500,000	[illegible]	[illegible]	-¥1,500,000
24	支付电视广告广告费	[illegible]	[illegible]	-¥300,000
25	办理国内大连国内市场L型产品1730件销售合同运输手续支付物流费-17300	[illegible]	[illegible]	-¥17,300
26	支付M1合同货款-¥5,130,000	[illegible]	[illegible]	-¥5,130,000
	期末资金			¥15,949,432

总结：在公司需要大量资金进行扩大生产、开拓市场的情况下，多笔业务出现了合同审核失误，导致公司无故损失 277.2 万元，财务方面存在极大漏洞，导致资金回流情况与实际不符，虽然最后资金结余充足，但也在一定程度上对公司的后期经营产生了不小影响，使公司经营整体状况不太良好。因此，财务审核及合同审阅方面应该十分注意！

7. 第七季度经营情况

收取上一季度货款总计 745.63 万元，支付生产人员工资，保证本季度生产线的正常生产，支出对大型原材料库维护和管理的费用，并还给银行第二次贷款的利息，租赁 5 个大型成品库用于存储加工好的产品。总共进行了 2 笔业务往来：一是进行市场竞单向大连国内市场出售了 1 550 件 H 型产品，二是向招投标公司交付中标合同中的 2 500 件 H 型产品，并走物流流程支付物流费用。随着公司持续发展，需要进一步扩大生产规模，资金出现严重短缺，于是选择第三次向银行贷款 1 000 万元。对小型厂区进行两次扩建，新增两个大型厂房及 4 条全自动生产线，还为下一季度市场竞单做了广告投放及原材料采购工作，支付原材料 M1 10 800 件的采购费用及半成品 Lb 型 1 400 件，最终结余 272. 188 2 万元，如下图所示。

序号	详情	操作账户	对方账户	金额
	期初资金			**¥15,949,432**
1	偿还第1年3季度短期贷款	[illegible]	[illegible]	-¥5,000,000
2	收取L型合同货款¥7,456,300	[illegible]	[illegible]	¥7,456,300
3	支付第1年3季度短期贷款¥5,000,000贷款利息-¥280,000	[illegible]	[illegible]	-¥280,000
4	支付第2年1季度短期贷款¥5,000,000贷款利息-¥275,000	[illegible]	[illegible]	-¥275,000
5	支付生产工人工资费用-60000	[illegible]	[illegible]	-¥60,000
6	支付生产工人工资费用-20000	[illegible]	[illegible]	-¥20,000
7	支付第2年2季度大型原材料库维护管理费¥2,000	[illegible]	[illegible]	-¥2,000
8	支付第2年2季度大型原材料库内物料库存管理费用¥112,500	[illegible]	[illegible]	-¥112,500
9	第2年2季度大型产成品库租赁费用支付租金	[illegible]	[illegible]	-¥150,000
10	第2年2季度大型产成品库租赁费用支付租金	[illegible]	[illegible]	-¥150,000
11	第2年2季度大型产成品库租赁费用支付租金	[illegible]	[illegible]	-¥150,000
12	第2年2季度大型产成品库租赁费用支付租金	[illegible]	[illegible]	-¥150,000
13	第2年2季度大型产成品库租赁费用支付租金	[illegible]	[illegible]	-¥150,000
14	支付高级工人合同货款-¥40,000	[illegible]	[illegible]	-¥40,000
15	支付初级工人合同货款-¥12,000	[illegible]	[illegible]	-¥12,000
16	短期贷款	[illegible]	[illegible]	¥10,000,000
17	扩建小型厂区	[illegible]	[illegible]	-¥850,000
18	支付大型厂房合同货款-¥600,000	[illegible]	[illegible]	-¥600,000
19	支付大型厂房合同货款-¥600,000	[illegible]	[illegible]	-¥600,000
20	扩建小型厂区	[illegible]	[illegible]	-¥708,050
21	支付全自动生产线合同货款-¥1,500,000	[illegible]	[illegible]	-¥1,500,000
22	支付全自动生产线合同货款-¥1,500,000	[illegible]	[illegible]	-¥1,500,000
23	支付全自动生产线合同货款-¥1,500,000	[illegible]	[illegible]	-¥1,500,000
24	办理国内大连国内市场H型产品1550件销售合同运输手续支付物流费-15500	[illegible]	[illegible]	-¥15,500
25	办理国内小型厂区国内市场H型产品2500件销售合同运输手续支付物流费-25000	[illegible]	[illegible]	-¥25,000
26	支付L型合同货款-¥4,205,000	[illegible]	[illegible]	-¥4,205,000
27	支付全自动生产线合同货款-¥1,500,000	[illegible]	[illegible]	-¥1,500,000
28	支付M1合同货款-¥10,528,800	[illegible]	[illegible]	-¥10,528,800
29	支付电影广告植入广告费	[illegible]	[illegible]	-¥600,000
	期末资金			**¥2,721,882**

总结：在公司需要大量资金进行扩大生产、开拓市场的情况下，由于上一季度多笔业务出现了合同审核失误，导致公司无故损失 277.2 万元，财务方面存在极大漏洞，导致资金回流情况与实际不符。本季度公司捉襟见肘，但最后通过银行大额贷款使得公司成功运转。公司经营整体属于积攒时期，只要本季度有效运作，下一季度便可以通过贸易往来实现资金回流，解决资金紧张的问题。

8. 第八季度经营情况

收取上一季度货款总计 3 064.5 万元，其中由于北京公司有一笔 1 000 件合同业务出现失误，导致 505 万元货款无法支付，获赔违约金 101 万元，支付生产人员工资，保证本季度生产线的正常生产，支出对大型原材料库维护和管理的费用，并还给银行第二次贷款的本金和第三次贷款的利息，租赁 7 个大型成品库用于存储加工好的产品。总共进行了 5 笔业务往来：进行市场竞单向大连国内市场出售了 2 000 件 H 型产品，向北京市场 3 次分批出售了 1 000 件、1 000 件和 1 400 件 H 型产品，向武汉市场出售了 1 件 L 型产品以收回由他们公司出错收取我公司的违约金，并走物流流程支付物流费用。还为下一季度市场竞单做了广告投放工作，最终结余 1 822.574 4 万元，如下图所示。

您的银行账号为：[illegible]（商业银行），账户共计余额为￥29,992,244

序号	详情	操作账户	对方账户	金额
	期初资金			**￥141,882**
1	收取H型合同货款￥13,500,000	[illegible]	[illegible]	￥13,500,000
2	收取H型合同货款￥10,075,000	[illegible]	[illegible]	￥10,075,000
3	支付第2年3季度短期贷款￥10,000,000贷款利息-￥580,000	[illegible]	[illegible]	-￥580,000
4	支付第2年1季度短期贷款￥5,000,000贷款利息-￥275,000	[illegible]	[illegible]	-￥275,000
5	偿还第2年1季度短期贷款	[illegible]	[illegible]	-￥5,000,000
6	偿还第2年3季度短期贷款	[illegible]	[illegible]	-￥10,000,000
7	支付生产工人工资费用-84000	[illegible]	[illegible]	-￥84,000
8	支付生产工人工资费用-28000	[illegible]	[illegible]	-￥28,000
9	支付第2年3季度大型原材料库内物料库存管理费用￥100	[illegible]	[illegible]	-￥100
10	支付第2年3季度大型原材料库维护管理费￥2,000	[illegible]	[illegible]	-￥2,000
11	第2年3季度大型产成品库租赁费用支付租金	[illegible]	[illegible]	-￥150,000
12	第2年3季度大型产成品库租赁费用支付租金	[illegible]	[illegible]	-￥150,000
13	第2年3季度大型产成品库租赁费用支付租金	[illegible]	[illegible]	-￥150,000
14	第2年3季度大型产成品库租赁费用支付租金	[illegible]	[illegible]	-￥150,000
15	第2年3季度大型产成品库租赁费用支付租金	[illegible]	[illegible]	-￥150,000
16	第2年3季度大型产成品库租赁费用支付租金	[illegible]	[illegible]	-￥150,000
17	第2年3季度大型产成品库租赁费用支付租金	[illegible]	[illegible]	-￥150,000
18	支付高级工人合同货款-￥80,000	[illegible]	[illegible]	-￥80,000
19	支付初级工人合同货款-￥24,000	[illegible]	[illegible]	-￥24,000

20	办理[大连]-[北京]H型产品1400件销售合同运输手续支付物流费-28000	[illegible]	[illegible]	-¥28,000
21	办理国内大连国内市场H型产品2000件销售合同运输手续支付物流费-20000	[illegible]	[illegible]	-¥20,000
22	办理[大连]-[北京]H型产品1000件销售合同运输手续支付物流费-20000	[illegible]	[illegible]	-¥20,000
23	办理[大连]-[北京]H型产品1000件销售合同运输手续支付物流费-20000	[illegible]	[illegible]	-¥20,000
24	收取H型合同货款¥7,070,000	[illegible]	[illegible]	¥7,070,000
25	收取H型合同货款¥5,050,000	[illegible]	[illegible]	¥5,050,000
26	办理[大连]-[武汉]L型产品1件销售合同运输手续支付物流费-38	[illegible]	[illegible]	-¥38
27	支付网络新媒体广告广告费	[illegible]	[illegible]	-¥400,000
	期末资金			**¥18,225,744**

总结：在公司扩大生产、开拓市场后，产品畅销，资金回流情况良好，除了其中一笔业务的对方公司出现违约情况无法支付货款外，其余货款均一次结清，因此本季度公司资金状况良好，而且经营日趋成熟，公司经营整体状况势态良好，处于企业发展的快速上升和资金积累的大好时期，但在后期也不能采取过于激进的市场策略。

9. 第九季度经营情况

收取上一季度货款总计 2 835. 45 万元，支付生产人员工资，保证本季度生产线的正常生产，支出对大型原材料库维护和管理的费用，并还给银行第三次贷款的本金，租赁 7 个大型成品库用于存储加工好的产品。总共进行了 9 笔业务往来：进行市场竞单向大连国内市场分 4 次出售了 7 750 件 H 型产品，其中一次 1 750 件的交易由于成品库无法出库导致交易无法进行，出现违约情况；向北京市场分 2 次出售了 410 件 H 型和 5 897 件 L 型产品；向武汉市场出售了 3 000 件 L 型产品；向大连本地市场出售了 2 000 件 L 型产品；本地市场直接收购我公司 700 件 H 型产品，并全部走物流流程支付物流费用。最终结余 4 359. 224 4 万元，如下图所示。

序号	详情	操作账户	对方账户	金额
	期初资金			**¥18,225,744**
1	收取L型合同货款¥254,500	[illegible]	[illegible]	¥254,500
2	收取H型合同货款¥12,900,000	[illegible]	[illegible]	¥12,900,000
3	第2年4季度大型原材料库租赁费用支付租金	[illegible]	[illegible]	-¥160,000
4	支付第2年4季度大型原材料库维护管理费¥2,000	[illegible]	[illegible]	-¥2,000
5	支付生产工人工资费用-44000	[illegible]	[illegible]	-¥44,000
6	支付生产工人工资费用-132000	[illegible]	[illegible]	-¥132,000
7	第2年4季度大型产成品库租赁费用支付租金	[illegible]	[illegible]	-¥150,000
8	第2年4季度大型产成品库租赁费用支付租金	[illegible]	[illegible]	-¥150,000
9	第2年4季度大型产成品库租赁费用支付租金	[illegible]	[illegible]	-¥150,000
10	第2年4季度大型产成品库租赁费用支付租金	[illegible]	[illegible]	-¥150,000

序号	详情	操作账户	对方账户	金额
11	第2年4季度大型产成品库租赁费用支付租金	[illegible]	[illegible]	-¥150,000
12	第2年4季度大型产成品库租赁费用支付租金	[illegible]	[illegible]	-¥150,000
13	第2年4季度大型产成品库租赁费用支付租金	[illegible]	[illegible]	-¥150,000
14	办理[大连]-[大连]L型产品2000件销售合同运输手续支付物流费-200000	[illegible]	[illegible]	-¥200,000
15	办理[大连]-[武汉]L型产品2000件销售合同运输手续支付物流费-200000	[illegible]	[illegible]	-¥200,000
16	收取L型合同货款¥6,200,000	[illegible]	[illegible]	¥6,200,000
17	收取L型合同货款¥6,000,000	[illegible]	[illegible]	¥6,000,000
18	办理[大连]-[武汉]L型产品1000件销售合同运输手续支付物流费-200000	[illegible]	[illegible]	-¥200,000
19	办理[大连]-[北京]L型产品5897件销售合同运输手续支付物流费-200000	[illegible]	[illegible]	-¥200,000
20	办理国内大连国内市场H型产品2000件销售合同运输手续支付物流费-200000	[illegible]	[illegible]	-¥200,000
21	收取L型合同货款¥3,000,000	[illegible]	[illegible]	¥3,000,000
22	办理国内大连国内市场H型产品2000件销售合同运输手续支付物流费-200000	[illegible]	[illegible]	-¥200,000
23	办理国内大连国内市场H型产品2000件销售合同运输手续支付物流费-200000	[illegible]	[illegible]	-¥200,000
24	办理[大连]-[北京]H型产品410件销售合同运输手续支付物流费-100000	[illegible]	[illegible]	-¥100,000
25	办理国内小型厂区国内市场H型产品700件销售合同运输手续支付物流费-100000	[illegible]	[illegible]	-¥100,000
	期末资金			**¥43,592,244**

总结：公司扩大生产、开拓市场的策略取得成功，产品畅销，基本没有压货，但出现了成品库吞吐量计算出错导致其中一份合同违约的情况，虽然后期将此笔订单出现的囤货分批卖掉部分，但只能有限弥补损失，最终没有达到公司经营利益最大化的目标。因此，虽然公司资金状况良好，经营日趋成熟，整体状况势态良好，处于企业发展的快速上升和资金积累的大好时期，但想要长久发展必须从细节抓起，因此在后期要注意生产、库存、产品吞吐量的问题。

10. 第十季度经营情况

最终季度收取上一季度货款总计 4 227 万元，其中同北京贸易公司的货款 1 798. 95 万元还没到账，最终结余 8 586. 224 4 万元，如下图所示。

序号	详情	操作账户	对方账户	金额
	期初资金			**¥43,592,244**
1	收取H型合同货款¥12,240,000	[illegible]	[illegible]	¥12,240,000
2	收取H型合同货款¥12,240,000	[illegible]	[illegible]	¥12,240,000
3	收取H型合同货款¥2,050,000	[illegible]	[illegible]	¥2,050,000
4	收取H型合同货款¥3,500,000	[illegible]	[illegible]	¥3,500,000
5	收取H型合同货款¥12,240,000	[illegible]	[illegible]	¥12,240,000
	期末资金			**¥85,862,244**

总结：经过10个季度的运营，我们企业共开发了La型、Lb型、Ha型、Hb型产品。购买了12条生产线，经过对生产线的升级、改造和转型，总产量基本能达到每季度10 000件。经过10个季度的经营，我们企业资金总额为129 697 212.47元，减去注册资金10 000 000元，获利119 697 212.47元，达到了获利1亿元的最终目标。但如果我们在交易时更加仔细，考虑得更加全面，不出错，就能获得更多订单，销售出更多产品，最终实现企业利益的最大化。

企业发展潜力：经过10个季度的经营，我们已经铺满购买的4个厂房所能最多容纳的12条生产线，且全部升级完成。目前我们一季度能生产出Lb型和Hb型产品总计近20 000件，生产规模较大，也具有一定的研究新型产品和开拓新市场的资金实力。总体而言，我们的企业未来的发展潜力较大，我们可以根据市场需求来选择主要生产哪种产品，我们要做的是如何和四家贸易企业进行沟通协作，保持良性的长期的合作伙伴关系，以确保我们每季度生产的产品能全部卖出去，不留库存，不增加不必要的经营成本。

四、实验结论、问题与建议

(一) 实训中存在的问题

(1) 我们没有详细咨询清楚规则，以致差点犯了致命的错误。在做其他决策时，由于对规则的理解错误，也给公司经营造成了一定的损失。

(2) 在实际计算机操作中容易紧张，步骤过多不够仔细和耐心，往往忙中出错，导致操作失误，一方面浪费了时间，另一方面有时会对公司经营产生影响，比如第二季度时就购买了两个原材料库。

(3) 在产品生产时，我们虽然考虑到了产品的研发周期及生产线的维护问题，但没有注意到生产线转产所需的周期，导致后期研发出新产品时无法及时进行生产，对公司的整体经营产生了极大影响。

(4) 在营销决策时，我们没有与其他公司进行有效沟通，制定出产品的合理价格，当贸易公司联合对产品进行压价时，由于我们对市场真实信息知之甚少，导致有些合同产品定价并不合理。

(5) 产品交付时，进入成品库前往往会在吞吐量的计算上出错，前期由于业务量小、成品库少，没有出错。但随着企业的扩张，在后期业务量激增、出售产品类别增加、成品库众多的情况下，我们在第八季度出现了由于计算失误导致的合同违约情况，给公司经营造成了不小损失。

(6) 合同签订时，前期由于业务量小不会出错，但到后期合同签订数量激增、金额巨大，非常容易出现审核不仔细导致价格与实际不符的情况，我们在第五季度时就由于这个问题少收了252万元货款，在第七季度与北京贸易公司签约时也出现了对方将505万元货款错打成5 050万元的情况，导致货款不能及时到账，合同最终被迫取消。

(7) 最初建设时，没有从长远发展的角度考虑，选择了小型厂区，导致后来在企业选择扩大生产、开拓市场的战略时，资金严重不足，必须去银行贷款买线买厂。

(二) 实训中存在问题的解决办法

(1) 重新详细地咨询清楚规则，在之后的每次决策时，都对规则进行仔细的研究，避免后续再次发生失误。

(2) 在实际计算机操作中，注意心态平和，不紧张，步骤过多时，强调仔细和耐心，停下来一步一步执行。对于第二季度时多购买的原材料库在企业扩张时进行了运用，但后期由于占地过大将其作为不良资产进行了拆除处理。

(3) 在产品生产时，提前考虑到产品的研发周期及生产线的维护问题，对生产线转产所需的周期问题也强调注意，对现有的L型产品进行生产销售，使资金回流，支撑下一季度公司运作，将H型产品延期生产。

(4) 在后期营销决策时，与其他公司进行有效沟通，制定出产品的合理价格，当贸易公司联合对产品进行压价时，充分了解市场真实信息，在合同产品定价的时候掌握主动权。

（5）产品交付时，进入成品库前往往会在吞吐量的计算上出错，在企业扩张、后期业务量激增、出售产品类别增加、成品库众多的情况下，分人分批进行计算，对库进行编号。对于第八季度出现的由于计算失误导致的合同违约情况，按时支付违约金，保障公司信誉，并及时在市场上同其他贸易公司进行交易，最终将处于违约合同中的 1 750 件产品成功卖出 1 110 件，挽回了部分损失。

（6）在后期，合同签订数量激增、金额巨大时，安排财务及销售经理多人认真审核数量及价格，出现与实际不符的情况及时驳回，我们在第五季度时就由于这个问题少收了 252 万元货款，这是做实训报告时仔细看账发现的问题，无法弥补。在第七季度与北京贸易公司签约时也出现了对方将 505 万元货款错打成 5 050 万元的情况，导致货款不能及时到账，合同最终被迫取消，由于是对方的失误，对方最终支付 101 万元给我公司，货物也通过物流在下一季度及时到库，可以重新在市场上售卖。

（7）最初建设时，就要从长远发展的角度考虑，选择好整个企业的建设规模，根据市场营销战略进行选择，对于场地不够和资金短缺的情况，我们选择了去银行大额借贷 1 000 万元用于场地扩建、买线、买厂，将多余的大型原材料库作为不良资产进行拆除处理，保证了企业的规模扩张及下一季度的正常运作。

（三）实训总结

1. 经营情况总结

（1）资金状况。可以看出前四个季度发展并不是很好，收益甚少，从第 2 年 1 季度开始回暖，但是到了第 2 年第 3 季度又变回了原点。在分析之后得知，是由于生产线在转厂，我们无法正常供货导致无法收益，公司临时调整了生产方案，在最后的第八季度开始，我们的资金实力变得越来越雄厚，未来预期会更好。

（2）收入情况。正如资金状况一样，由于吞吐量、生产线的原因，在运行的过程中状况频发，导致收益下降、停缓，收入并不是很理想。调整好策略之后，我们向银行申请贷款，扩大生产线，制造出更多的 H 型产品，使得我们最后在第八季度能收入 6 287 万元。

（3）吞吐量情况。前三个季度，我们的吞吐量并不是很理想，很大一部分原因是计算不清楚，厂地一开始就买小了，从第四个季度开始，我们开始变好，吞吐量也越来越大，在第八季度，我们的吞吐量达 78 255 箱。

（4）生产线产量状况。我们一开始只买了两条线，生产并不是很多，在生产线转场时，我们一度交不出货。第 2 年 2 季度公司大胆决定向银行贷款扩大生产线，最终我们一共拥有 12 条全自动的生产线，生产出了更多的产品进行交易，获得了更大的收益。

（5）仓库容量状况。可以看出，我们一开始的仓库容量状况不是很好，这跟体积、吞吐量有关，但从第三个季度开始，我们的仓库容量越来越大，到了第九季度，我们仓库的容量高达 50 000 件。

2. 实际操作总结

（1）团队协作在企业的发展中具有重要作用。

现代社会讲的是协作，更是一种团队精神，任何独立的个体都无法获得集体的力量而独自完成巨大的工程或者取得巨大的成功。在经营企业时，我们都必须学会团结协作，相信团结就是力量，以促进企业的长足发展。

（2）需要在实践中不断总结经验教训，在后续的实践中避免发生同样的问题。

总结经验教训是非常重要的，只有不断吸取经验、总结、反思，才能以更佳的姿态迎接未来的挑战，及时对问题进行有效的处理。

（3）耐心比用心更为重要，有时候着急就容易做出错误的决定。

在用心经营的时候，耐心能事半功倍。做事有条不紊，企业才能做大做强。

（4）公司之间存在竞争，也存在互利共赢。

在每季度争抢订单的时候，企业间是存在浓浓的火药味的，但是企业间也存在着互相买卖，保证产品有效生产或供应市场的情况，这时就是互利共赢了。所有的企业都是在竞争与合作中不断壮大起来的，正如19世纪英国政治家和作家本杰明·迪斯雷利说过的一样："世界上没有永远的朋友，也没有永远的敌人，只有永远的利益，在绝对利益面前，敌人也可以是朋友。"在市场上也是如此。

（5）部门之间存在利益协调问题，最终的决策权取决于CEO。

在经营时，各部门间经常会出现意见不一致的情况，这是因为所处部门不同，考虑问题的角度也各不相同，这时候就需要顾全大局，进行协调，最终CEO要从企业整体发展的角度做出决策并由各部门去执行。

（6）眼光的长远性决定了企业发展的长远性。

在企业每一季度的发展中，我们都需要考虑下一季度或之后几个季度的情况，做出一个长远发展的决策。有些决策可能在目前是十分有利的，但对未来形势的发展并不利，在这样的情况下就要慎重考虑，不能只顾当下，要以长远发展为重。

（7）沟通是一门艺术，能够及时化解很多棘手的问题。

及时与团队其他成员进行沟通能够化解误会，解决问题，特别是当意见有出入的时候，沟通变得尤为重要。多沟通，了解彼此真实的想法，可以促进企业更好地发展。

（8）经营公司是一门学问，不是谁都能随随便便成功的，靠的是整个团队。

这次实训区别于之前的实训最大的不同就是它的全面性，涉及从公司起家到经营的全过程，因而更具有实践性和检验性，锻炼了我们的综合实践能力，对于未来踏入真实的社会环境是非常有用的。

五、自我评价

团队总体：通过这次跨专业综合实训，了解了企业从注册到运转所经过的全部流程，认识到经营是一门很深的学问。虽然积累了3年的专业课知识，但到实践中依然感到有很多困难和疑问，要想真正将所学用于实践，还有一个漫长的过程，需要及时在发现的问题中找到所要衔接的知识点，通过回想、反思，才能真正适应实践中所面对的问题，找出合理的解决办法。通过这次实训，最大的心得体会是：冒号团队协作在企业的发展中具有重要的作用。

戴＊＊（CEO）：CEO是一个企业（团队）的灵魂，具有强大的感召力和领导力，很大程度上影响着企业的走向。我作为企业的CEO，始终引导着团队成员加强合作、制定企业战略、分析绩效、总结工作等，基本完成了CEO应履行的职责。这是我第一次接触沙盘模拟，在整个操作过程中仍不免会出现整体战略布局上的失误，这也让我认识到企业决策不是一个人的决策，只有群策群力才能制定出合理的战略决策。公司的整体经营也是一环扣一环的，任何一个部门都是公司组成中必不可少的部分，都应该予以重视。

毛＊＊（销售经理）：在这里我懂得了团队的力量，一个团队的凝聚力是恐怖的，当大家抱着必胜的决心朝着一个方向前进的时候感觉太棒了。在未来的工作中，我将以充沛的精力、刻苦钻研的精神来努力工作，稳定地提高自己的工作能力，与企业同步发展。

邓＊＊（采购经理）：采购这一块在企业经营中具有重要的作用，原材料的采购控制着企业的生产量，影响着企业的获利水平。通过和团队成员一起探讨，我基本完成了采购这一方面的工作（编制采购计划、签订采购合同、与生产部和财务部协调等），但也存在着一些问题，还需继续加油改进。此外，本次企业模拟让我感受到了团队协作的强大，大家齐心协力起来一定能让企业走向正轨。

代＊＊（财务经理）：自己在企业财务管理核算方面的经验不足，导致前期流动资金匮乏，企业运转困难。好在中期在队员的帮助下稳住了局面，企业才能逐渐走上正轨，越做越好。在这次的模拟训练中我认识到了团队的重要性，也有信心在未来的工作中去勇敢地面对未知的困难。

薛＊＊（生产经理）：生产管理要考虑原材料的购买数量和生产线的管理状况，还要计算人员的利用能力等，用最低的成本投入最合适的生产从而为企业带来盈利。工作上还是有欠缺，首先没有计划好生产线的购买，导致产量一直提不上去；其次就是没有计算好原材料的购买，导致下个季度因缺原材料而无法生产成品；最后就是没有计算好仓库的吞吐量，这是最严重的问题，导致货物只进不出，无法满足商贸的需求，最终又导致一系列的问题发生。生产就是要管理，控制好吞吐量，保证能进能出，充分利用仓库的使用效率。所以在未来的工作中需要更加认真严谨地对待自己的工作，掌握科学的计算方法，为企业带来更大的收益。

专题活动六　经营总结大会

一、机构 CEO 总结

1. 主持人做简单的开场白，将参加实训的学生的思绪带到总结的气氛中来。

2. 开场视频，媒体公司将整个实训周期中的经典环节以视频的形式进行展示，作为实训的整体概括，以做纪念。

3. 参加实训的机构各选出一名代表就企业制作的 PPT 进行经营总结，并总结在实训过程中的感想。总结时间控制在 5 分钟之内。

4. 由主持人宣布在跨专业综合实训课程中获奖的机构及优秀 CEO，并邀请参加实训的校方领导颁奖。

5. 校方领导发表总结发言。

6. 主持人宣布散会，学生满载而归。

7. 其他。总结会召开的时间、地点、参会人员、奖品设定等，以校方实际情况而定。

在实训结束前提前通知各机构的负责人进行一个关于实训的总结，每位 CEO 总结的时间为 3 分钟。

二、领导讲话（可选）

请领导为整个实训课程做简单的评价，对学生在整个实训过程中的表现给予肯定并指出不足之处。

三、表彰优秀机构及个人

对实训过程中表现优异的个人给予表彰奖励。对经营过程中经营及服务较好的企业给予表彰。

参考文献

[1] 毕继东. 创业设计与实验 [M]. 北京：清华大学出版社，2016.

[2] 徐晓辉. 创业运营模拟实验教程 [M]. 武汉：武汉大学出版社，2018.

[3] 谢科范，吴倩，张诗雨. 基于七维度分析的创业团队岗位配置与角色补位 [J]. 管理世界，2010 (1)：181-182.

[4] 张玉利. 创业管理 [M]. 5 版. 北京：机械工业出版社，2019.

[5] 张森悦，吴景泰，荆浩. 基于“T”型人才培养模式的体验式实验课程体系建设 [J]. 中小企业管理与科技，2020 (1)：76-77.

[6] 谢毕生，包景岭，温娟. 生态工业园理论与实践 [M]. 北京：中国环境出版社，2011.

[7] 新道教育研究院. 中国经管实践教学发展报告 (2015) ——实验实训篇 [M]. 北京：清华大学出版社，2015.

[8] 张志强. 跨专业综合实训——VBSE 实践教程 [M]. 北京：电子工业出版社，2017.

[9] 邓文博，曾苑. 企业经营管理沙盘模拟实训教程 [M]. 北京：化学工业出版社，2016.